MW01174524

# Jean-Marie Rouart

*de l'Académie française*

# Napoléon

## ou
## La destinée

Gallimard

Quel roman que ma vie !

N.

# POURQUOI?

Longtemps, j'ai eu sur mon bureau un encrier surmonté d'une petite statue de Napoléon, un méchant bronze d'un émule de Barbedienne comme on en a fabriqué beaucoup sous la monarchie de Juillet. L'encrier était vide. J'imaginais l'ardeur que la contemplation d'un tel objet avait dû inspirer à son ancien possesseur. L'Empereur, figé dans sa tenue de petit caporal, la main glissée dans son gilet, avait je ne sais quoi de stimulant. Il semblait insuffler du courage à des bataillons invisibles. Je laissais errer mes pensées vers ce phénomène d'énergie vitale. Surtout dans les moments de désolation, d'à quoi bon qui assombrissaient mon existence; ne sont-ils pas le lot de ces bizarres animaux à plume qui ont la manie d'écrire et de rêver leur vie? À mon tour j'attendais de lui un coup de cravache au style, l'éperon qui donne de l'impétuosité au travail. Je ne parvenais qu'à me mettre l'imagination en feu.

Ce qui m'a toujours fasciné chez Napoléon, ce ne sont pas tant ses hauts faits qui flattent l'orgueil national, le conquérant tous azimuts, le général auréolé par les flonflons de ses victoires, que l'homme, si souvent au bord du gouffre. Ses échecs me parlent beaucoup plus que ses succès. Pas uniquement les désastres, grandioses, à sa mesure, qui sonnent comme les trompettes de l'Apocalypse, mais les échecs secrets qui ont ponctué sa vie. Ils me semblent beaucoup plus instructifs que ses succès. Sous la surface dorée de la gloire, comme d'une mer souterraine, jaillissent çà et là des crises de désespoir. L'histoire a tendance à les dissimuler, comme des faiblesses indignes d'un chef. Ainsi sa tentation du suicide : à vingt-cinq ans, à Paris, il voulait se jeter sous la première voiture qui se présenterait; en Italie, il appelait la mort pour échapper aux souffrances que lui causait l'infidélité de Joséphine; à Fontainebleau, lors de sa première abdication, il a absorbé le poison que lui avait préparé son médecin Yvan. Suicide manqué mais qui montre, dans ce caractère invincible, une faille noire.

Paradoxalement ces désastres ont toujours possédé pour moi une vertu revigorante. Ils montrent qu'aucun combat n'est jamais tout à fait perdu. J'ai pris l'habitude de m'y réchauffer comme l'Empereur lui-même trouvait un réconfort au soir d'une bataille incertaine devant un feu de bivouac, à partager le pain de ses grognards. Cette part irrémédiable d'échec au cœur des plus éclatants succès, elle m'a poursuivi. C'est la question qui recoupe le mystère sur lequel je n'ai pas cessé de m'interroger : la destinée.

Napoléon éclaire cette énigme mieux que quiconque. D'abord parce que lui-même avait le sentiment d'être un élu du destin. Il croyait à son étoile. Il en parlait comme de la chose la plus naturelle du monde. D'où, souvent, son courage, le sentiment de son invincibilité. Ses compagnons s'étonnaient de son goût immodéré pour les phénomènes surnaturels. Superstition de Corse ou d'Italien, il croyait aux signes, aux présages, aux prédictions.

Cet attrait pour l'irrationnel est ce qui me frappe le plus chez cet esprit positif, sorte de polytechnicien littéraire. Il a noué un dialogue permanent avec l'invisible.

Ce mysticisme l'a protégé de l'athéisme qui touchait ses contemporains. La religion trouvait chez lui bon accueil. Les athées l'agaçaient car ils détruisaient pour lui cette idée rassurante que le destin l'avait créé pour éclairer le monde et rester dans l'histoire de l'humanité une figure aussi illustre que celles d'Alexandre ou de César.

Henri Heine, le grand poète allemand, a provoqué un scandale en le comparant à Jésus. Si on fait la part du blasphème, on s'aperçoit que la vie des deux hommes — à considérer de Jésus seulement sa part humaine — possède un point où ils se rejoignent : l'un et l'autre nous livrent un message d'espérance. Certes d'une nature différente : on ne prie pas Napoléon comme on prie Jésus. Mais ce serait une erreur d'ignorer que l'exemple de Napoléon a sauvé bien des adolescents du désespoir. Ils ont chéri ce grand frère qui leur montrait un Himalaya auquel il était possible d'accéder. Jésus montre le ciel ; Napoléon la terre, l'horizon, l'infini qui, lui aussi, touche au ciel.

Je me suis beaucoup interrogé sur cette inusable passion que je porte à Napoléon. Elle met au jour mes contradictions : on ne peut pas dire qu'il fut un modèle de démocrate, qu'il se soit beaucoup embarrassé de morale et, paradoxe des paradoxes, j'ai la guerre en horreur. Mais la morale est certainement l'angle le plus inadapté pour l'aborder. Pas plus qu'elle ne permet de comprendre Wagner ou Verlaine, Alexandre ou César. Il faut le juger en artiste de la politique : les buts qu'il vise sont incommensurables. Le comparer à Louis-Philippe ou à Pompidou est le plus sûr moyen de se fourvoyer.

D'où vient cette sorte de fétichisme qui m'émeut devant les lieux où errent encore les souvenirs de sa présence ? Est-ce de mon enfance, que j'ai vécue au milieu des meubles à sphinges, héritage d'un ancêtre ébéniste qui, lui aussi, à sa manière, avait servi l'Empire ou de ce qu'un autre aïeul fut transformé en glaçon à la Bérézina ? Ce genre de souvenir est bien banal dans les familles.

Je n'ai pas de prédisposition particulière à l'idolâtrie mais pourquoi ne pas l'avouer, j'ai un pincement au cœur devant les lieux qu'il semble hanter. Ainsi l'été quand, de la maison que j'habite au cap Corse, je vois l'île d'Elbe sortir de la brume de chaleur. J'éprouve cette même émotion à Paris quand mes pas me portent vers les Invalides. La foule qui s'y presse saisit-elle le sens de ce bizarre pèlerinage ? Sans doute pas plus que moi. Car on n'approche pas ce qui touche à Napoléon avec son intelligence et sa raison. Le culte qu'on lui voue a des origines obscures.

J'ai beau m'interroger, je ne trouve pas d'explication satisfaisante. Pourquoi ai-je à mon tour contracté la religion de tous ceux qui à travers le monde, le temps et l'espace, continuent de communier dans la vénération d'un personnage qu'on semble sanctifier alors qu'il ne propose aucun message spirituel, sinon celui d'avoir hissé l'homme à une dimension si exceptionnelle qu'elle suggère l'intervention de la providence ?

L'unique raison claire que je trouve, la seule pour laquelle j'ai passé avec lui tant d'heures fiévreuses, tant d'années dans l'enthousiasme en écrivant ce récit de sa vie, c'est la détestation de la médiocrité, l'attrait pour ce qui élève : l'amour inconsolé de la grandeur.

PREMIÈRE PARTIE

# La jeunesse d'un chef

> Nous naissons, nous vivons,
> nous mourons au milieu du
> merveilleux.
>
> N.

I

*15 septembre 1786*

C'est d'abord un parfum que hume Napoléon à son retour en Corse ; un parfum ensorcelant, sauvage comme une haleine brûlante aux arômes de miel et d'épices. Il a dix-sept ans. Que de fois il en a éprouvé la nostalgie pendant ces sept années d'exil au pays du froid et des brumes ! C'est aussi une vue, l'une des plus belles du monde, qui s'étend devant lui. Son regard parcourt les vignes en espalier, le moutonnement des champs d'oliviers aux reflets métalliques, la masse sombre des bois de châtaigniers, des bosquets de chênes-lièges qui font une tache verte sur la terre rouge. Il plonge par-delà les maisons blanches d'Ajaccio jusqu'aux îles Sanguinaires et, au-delà, à main droite, dans le lointain, vers la baie de Sagone et les rochers escarpés de Cargèse. Au second plan, la mer d'un bleu céruléen. Ce paysage est à lui seul un théâtre car il se modifie à chaque heure du jour : presque doux à l'aube, âpre pendant le jour, dramatique quand l'incendie du soleil couchant enflamme les îles Sanguinaires. Il change selon les variations du climat : tantôt la mer se fonce comme un saphir, tantôt elle devient grise, tantôt presque verte. Les vents s'en donnent à cœur joie. Ils balaient la côte déchiquetée, faisant descendre du Monte Rotondo l'air glacé des neiges éternelles qui rafraîchit les odeurs profondes du maquis.

Cette odeur, celle de la Corse, elle le grise. Elle le rend fou. Comment définir ces parfums musqués aux essences si diverses que la chaleur exalte? Dans cette touffeur, l'on distingue les exhalaisons poivrées du ciste, de la marjolaine, des lavandes, du romarin. Une symphonie de senteurs que dégage le maquis où règnent les castagnettes des criquets et des grillons qui forment un mur sonore. Avec la brise du soir, s'y mêlent de suaves relents de jasmins et de mandariniers coupés par des relents plus âcres qui émanent des bergeries; là, fermente le lait des chèvres et mûrissent lentement, sous les voûtes sombres, des fromages à la puanteur diabolique.

Devant la terrasse de la maison patriarcale des Milelli, vieille bâtisse imposante qui menace ruine, Napoléon se sent vraiment chez lui. Cette campagne lui plaît. Pour l'adolescent qu'il est, elle représente une idée de la liberté et de vastes perspectives où peut errer l'imagination. Enfant, il a joué dans un grenier semblable où sèchent les châtaignes. Il peut se livrer à des promenades sur les chemins pierreux tracés par les Génois. Il y chasse le lièvre et la perdrix. Il aime — et il aimera toujours — la vie simple, rustique, les mœurs ancestrales et le rythme paisible du monde pastoral.

Les Milelli, demeure imposante récemment restituée à la famille — après quelles démarches! —, font aussi office de ferme. On y cultive la vigne, les oliviers. Les paysans, tous les dimanches, viennent y faire cuire leur pain dans le four mis à leur disposition. Car ici, on ne vend rien, on n'achète rien. Tout y est échange. Les poules, les brebis, les vaches, le miel, le poisson sont troqués contre des objets de nécessité. On vit en autarcie. L'argent n'existe pas.

Les Milelli, c'est la liberté. Napoléon s'y livre aussi à des orgies de discussions exaltées avec un jeune avocat, Andrea Pozzo di Borgo, qui deviendra son ennemi irréductible. Le soir, devant un feu dans la cheminée, où grillent des châtaignes et des petites saucisses corses, les *figatelli*, ils brûlent l'un et l'autre de dévorer l'avenir.

L'ambiance est tout autre dans la maison familiale d'Ajaccio, rue Malerba, qui retentit de tous les bruits de la rue et des aigres querelles de voisinage. Pas un instant de répit pour Carlo, en perpétuelles négociations pour reconquérir le troisième et le quatrième étage de la casa Buonaparte. Les épisodes de cette reconquête de la maison familiale, avec leurs cortèges de récriminations et de disputes, ont été le fond sonore de l'enfance de Napoléon. Un climat de promiscuité et de surpopulation fait monter la tension avec les voisins ennemis, pas loin d'être considérés comme des spoliateurs : les décidément inévitables Pozzo di Borgo. Chaque nouvel escalier, chaque nouvelle chambre, chaque mètre carré doit être gagné de haute lutte par Carlo, ce père d'une famille nombreuse (il a huit enfants) à la fois chicaneur, intrigant, ambitieux, qui n'épargne rien pour parvenir à ses fins. Il est même capable de se montrer accommodant, voire flatteur, avec les puissants dont il a besoin, ce qui a le don d'exaspérer le jeune et fier Napoléon. La construction d'une magnifique terrasse sera l'apothéose de ce combat immobilier dont le but était pour le couple Carlo et Letizia d'accéder à une réputation de notables en accord avec cette reconnaissance du titre de noblesse qu'ils ont eu tant de mal à obtenir.

Est-ce dans cette lente réappropriation, pièce par pièce, de la maison familiale que Napoléon puisera plus tard son esprit de conquête ? Du moins, il a fait à cette occasion l'apprentissage de la ténacité. Et il en tire, avec d'autres épisodes de sa jeunesse, l'horreur de l'humiliation.

Au comble de cette querelle de logement avec les Pozzo di Borgo, à laquelle se mêlent voisins, avocats, parents dans un concert de vociférations et d'imprécations, un geste fatal a eu lieu. Mme Pozzo di Borgo, de la fenêtre de son troisième étage, a versé le contenu d'un pot de chambre sur la tête de Letizia Bonaparte au moment où celle-ci, toute parée, sortait de chez elle pour aller à la messe dans la cathédrale des lazaristes. On n'ose imaginer la fureur vengeresse de Letizia. Toute la rue Malerba a dû vibrer de sa colère et de ses jurons d'exécration. Elle intenta un procès en réparation du préjudice et obtint, par voie de justice, le remboursement de la robe souillée. Mais ce dont on ne put la dédommager, ce fut de l'humiliation. Et de tous ses intérêts multipliés par la haine.

Letizia, c'est l'homme fort de la famille. « Une tête d'homme sur un corps de femme. » Elle est non seulement très belle, mais très intelligente. Elle possède un inébranlable bon sens et une intuition de sorcière. Cette intuition qui lui a fait deviner très tôt chez son petit Nabulio des dispositions particulières : l'ascendant qu'il exerce sur ses camarades de jeu lui paraît la marque de cet « esprit de principauté », comme elle l'appelle, qui distingue de manière précoce les meneurs d'hommes. Elle-même mène par le bout du nez son agité de mari, plus remuant qu'efficace, plus beau parleur que faiseur, qui fait le siège des bureaux comme son fils fera plus tard celui des places fortes, avec autant de succès.

Souvent humilié, jamais résigné, Carlo repart à l'attaque, inlassablement, pour forcer la porte des bureaux, faire avancer une requête, réchauffer l'examen d'un placet. Après avoir obtenu la reconnaissance de ses lettres de noblesse, il multiplie les demandes. Il veut récupérer la ferme des Milelli, puis l'étang des Salines pour lesquels il dit qu'un droit de fermage a été accordé à ses ancêtres. Il veut assécher ce dernier pour y planter des mûriers. Cette opération qui, sans le ruiner, endommagera une fortune déjà quelque peu branlante, montre chez lui un désir de moderniser l'agriculture en Corse. Son combat, perdu d'avance contre les chèvres en liberté qui dévastent les bois et les campagnes, lui vaut la réprobation des bergers, confits dans le respect des traditions, qui ne comprennent pas qu'on remette en cause un usage, fût-il néfaste et même suicidaire. Adepte des physiocrates, c'est un esprit avancé, un ami des Lumières. D'où son initiation à la franc-maçonnerie qui lui ouvrira les portes qu'il n'a pu déverrouiller par sa prestance, son bagout et son charme.

On va beaucoup critiquer la gestion de son patrimoine et la légèreté de son caractère — sans doute injustement. Tout comme on ironisera sur ses palinodies : il a en effet d'abord adhéré aux idées de Pascal Paoli avec lequel il s'est battu les armes à la main contre les Génois et les Français, puis, abjurant cet indépendantisme pur et dur, il s'est rallié à une farouche défense du parti français. « Buona Parte a choisi le bon parti. » À sa décharge, disons qu'il avait une nombreuse famille à nourrir et qu'il était bien difficile de s'y retrouver dans les broussailles des intrigues politiques corses, aussi inextricables et épineuses que le maquis. De toute façon, il n'est jamais facile d'être le père d'un génie tel que Napoléon. La gloire du fils a trop accentué les ombres d'un père méritant et courageux dans sa lutte pour forcer l'adversité.

C'est au cours de ses harassantes démarches que Carlo va rencontrer le nouvel homme fort de cette île récemment acquise par la France. Avec le général marquis de Marbeuf nommé gouverneur de la Corse, il a frappé à la bonne porte. Celui-ci va devenir le bienfaiteur de la famille. Cet homme petit aux yeux verts mêlés de gris, charmeur, malin, remarquable organisateur, est un excellent stratège politique — ses adversaires qui voudront le torpiller se casseront les dents. Il se montre impitoyable dans la vengeance, notamment avec Narbonne-Pelet lorsque celui-ci tente de l'évincer. Il aime ce pays dont on lui a confié la charge et avec lequel il trouve peut-être, si bizarre que cela puisse paraître, des points communs avec sa province d'origine, la Bretagne. Des pays de terres arides et de fortes têtes, aux landes sauvages enchantées par les légendes, que Paris aura toujours du mal à intégrer dans le moule commun. Pour ne pas trop s'encombrer de bagages, il a laissé son épouse moisir dans un de ses châteaux du bocage. Et il a très vite pris des maîtresses, certaines en titre comme Mme de Varèse et d'autres d'occasion, car ce vert galant a beau ne plus être de la première jeunesse, il a la passion des femmes. Et il semble que celles-ci ne se soient pas montrées trop cruelles.

Que le rusé Carlo Buonaparte ait jugé que Letizia, sa ravissante et jeune épouse, pouvait être un argument propre à déclencher les bienfaits de cet homme providentiel, porté sur le beau sexe, cela est probable. Même si la relation entre les deux hommes, également francs-maçons — ce qui rapproche —, s'est très vite établie sur le registre des intérêts bien compris. Si Carlo à un ardent besoin de Marbeuf pour satisfaire sa boulimie d'avantages, de subsides, de rentes, le marquis doit lui aussi se ménager des hommes influents pour mener à bien sa politique d'intégration. La famille Buonaparte, la première à se rallier, arrachée de plus au parti de Paoli, a de l'influence. Elle pourra servir d'exemple des nombreux avantages qu'il y a à choisir le parti français. Elle croulera sous les privilèges qui feront une double publicité à l'influence du marquis et au pouvoir bienfaisant de la France. C'est ainsi que Carlo obtiendra neuf cents livres de traitement en devenant assesseur de la juridiction royale d'Ajaccio, et sa nomination comme député de la noblesse — Marbeuf, pour donner un coup de pouce à la providence, invalidera l'élection de son principal

25

concurrent qui le devançait dans le scrutin. Il lui octroiera la concession d'une pépinière de mûriers pour l'administration royale et, enfin, l'éducation gratuite pour ses garçons à Autun, puis à l'école militaire de Brienne.

Une liaison entre Letizia et le marquis reste plus que plausible. Même si, dans ce domaine, les suppositions et le roman sont moins fiables que l'ADN. Certes, le vert galant a trente-quatre ans de plus que Letizia, mais il porte beau et il incarne le pouvoir avec magnificence. Ses palais à Ajaccio, à Bastia, sa résidence à Cargèse, son relais de chasse à San Martino di Lota où Letizia effectue de nombreux séjours, avec ou sans Carlo, ont de quoi éblouir une jeune femme ambitieuse qui, en outre, sait son jeune mari volage.

Il faut avancer avec prudence dans ce dossier d'alcôve où les draps sont depuis longtemps réduits en poussière comme les os des supposés amants, les miroirs ternis, l'écho des soupirs évanoui. Certaines lettres de Marbeuf à son intendant, dans lesquelles il lui demande avec insistance de loger Letizia dans une chambre voisine de la sienne, font rêver. La période la plus favorable à une liaison reste celle où Carlo, partant pour pousser ses requêtes à Paris, le 17 décembre 1778, n'en revient que le 23 mai 1779. Et, pendant toute cette période, où se trouve Letizia? À Bastia, dans la résidence du marquis. Un enfant mort naîtra en août à Ajaccio, en présence du marquis, visiblement affecté.

Bien sûr, l'affabulation qui touche tout ce qui a trait à la vie de Napoléon amène à la prudence. Mais on reste troublé : Bonaparte lui-même a eu des doutes sur ses origines et très peu sur la nature des liens qui unissaient sa mère à Marbeuf. À son retour d'Égypte, un soir, sous la nuit étoilée, à bord de la frégate *La Muiron*, il en fera la confidence au savant Monge. Il ira jusqu'à calculer devant lui des dates de sa conception et de sa naissance qui ne sont guère probantes. Il s'interrogera tout haut sur l'héritage de ses capacités militaires dans une famille qui en était totalement dépourvue. Alors que le général de Marbeuf...

Napoléon, qui enviait à Alexandre ses origines supposées divines qui l'auréolaient de prestige auprès de ses soldats crédules, ne s'est jamais formalisé des incertitudes qui entourent sa naissance. Elles lui paraissaient en accord avec le prodigieux élan romanesque de sa vie.

En tout cas, s'il tient peu de son père — sauf pour l'obstination —, Napoléon tient de sa mère par toutes les fibres de son esprit, de son corps.

Il est surtout un fils de la Corse et des Lumières. C'est cette hybridation qui fait son étrange et original génie. En lui bouillonne un sang ardent. « Du granit chauffé au volcan », dira de lui son professeur à l'École militaire. Il appartient à une race tenace, fière, indomptable et indomptée. Dès l'adolescence ces deux influences vont lutter avant de s'harmoniser et de s'unifier. Ce n'est qu'avec le temps que l'esprit des Lumières l'arrachera à la puissance d'attraction de la Corse, cette île âpre, tourmentée, dont l'histoire ressemble à la géographie. À travers ses convulsions et ses emballements successifs, ses fièvres et ses désillusions, elle se cherche confusément un destin. Son irrédentisme, la croyance qu'elle a dans son identité, en font la proie des aventuriers et de leur folie. Dans les mémoires est encore présente la tragi-comédie de von Neuhoff, un officier originaire de Westphalie qui, profitant des révoltes contre Gênes, parvint à se faire élire roi de Corse pendant sept mois sous le nom de Théodore I$^{er}$, avant de finir pitoyablement en 1756 à Londres, après avoir connu la prison pour dettes.

L'entreprise de Pascal Paoli renouvelle avec une personnalité d'une autre carrure ce grand rêve d'indépendance à la faveur des troubles suscités par l'acquisition de l'île par la France. L'instabilité causée par la Révolution créera une autre occasion favorable.

L'adolescence de Napoléon se déroule sous des influences contraires à la croisée de l'histoire : la petite en Corse, la grande à Paris. Tout est frémissement, signes avant-coureurs de bouleversements, agitation des idées, surchauffe des esprits. On attend quelque chose. Mais quoi ? Que de chimères et de rêves roulent dans sa jeune tête qui mêle les réminiscences de lectures désordonnées et les rêves de grandeur tirés de l'histoire romaine ! Son imagination est peuplée de statues et de beaux gestes antiques, un passé que contrebalancent l'esprit des Lumières, l'appel de l'universalisme, la tentation d'être un citoyen du monde et non plus un Corse emprisonné dans les fers de la corsitude. S'y ajoutent la lecture de Voltaire et, surtout, celle de Rousseau qui lui laisse une empreinte d'autant plus forte que l'auteur du *Contrat social* a rédigé un *Projet de constitution pour la Corse*. Un sujet qui, décidément, le turlupine. À quel débat intérieur se livre-t-il dans la confusion d'une adolescence qui se grise de paris impossibles ?

Pour compliquer les choses, Napoléon vient de perdre coup sur coup deux hommes dont l'influence sur lui a été capitale : son père, mort l'année précédente à Montpellier, et le général marquis de Marbeuf, son presque parrain, qui se meurt à Bastia dans son fastueux palais, emporté par une bronchite chronique. Cette confluence d'idées et de sentiments contraires embrume le cerveau de ce jeune homme qui sent frémir en lui un trop-plein d'énergie, un appétit à se réaliser mais, en même temps, une étrange incertitude sur l'objet qui lui permettra de canaliser ses forces. Ce n'est pas un hasard si la disparition de ces deux hommes laisse la place à une autre admiration, très forte dans la mythologie paternelle et insulaire : Pascal Paoli.

Par qui d'autre remplacer Marbeuf, le bienfaiteur de la famille ? Le séduisant gentilhomme incarnait pour le jeune Corse qui lui doit tant — et l'ingratitude ne sera jamais son fort — toute l'attraction française.

Tandis que son protecteur agonise en ce mois de septembre 1786, quels sont les rêves du lieutenant en second frais émoulu des écoles militaires de Brienne et de Paris ? Sans doute son esprit vole-t-il de la terrasse des Milelli jusqu'à Bastia, dans la chambre de l'hôtel du gouvernement, ancien monastère lazariste de style génois qui surplombe la mer, protégé par de formidables remparts, où le vieux séducteur rend son dernier soupir. Il a convolé, après la mort de son épouse,

avec une jeune fille de dix-huit ans — il en avait
alors soixante et onze — qui lui a donné une fille,
puis un fils, âgé de quatre mois au moment de
son décès.

Napoléon voit dans sa disparition un signe du
destin. C'est une porte qui se ferme entre lui et la
France. Sans doute se souvient-il, avec un brin de
nostalgie, de ses séjours, enfant, avec sa mère chez
Marbeuf à Bastia, dans son palais, ou dans son
relais de chasse de San Martino di Lota. La
maison existe toujours, avec les murs épais qui la
font ressembler à un fortin, les fenêtres en forme
de meurtrières, la paisible promenade plantée de
tilleuls d'où, quand le temps est clair, on voit
surgir sur l'horizon au-dessus de la mer une côte
montagneuse auréolée de brumes : l'île d'Elbe.

Son esprit prend une autre direction. Il va se
croire un destin en Corse. Trois ans avant que la
France n'entre en convulsions, que la Révolution
n'embrase les esprits, que tous les regards ne se
tournent vers Paris où l'histoire se fait, Napoléon
semble, lui, se désintéresser de ce pays dont son
père a été l'ardent soutien. Est-ce l'emprise intellectuelle de Paoli dont la forte personnalité,
l'œuvre réformatrice, le courage ont de quoi le
séduire ? Ou un sentiment de patriotisme propre
à chaque Corse qui a toujours du mal à se résigner à rompre le cordon ombilical avec son île
natale ? Un attachement sentimental que n'ont fait
que renforcer les mauvais traitements et les humiliations subis dans les écoles d'Autun puis de
Brienne ? Peut-être l'esquisse d'une ambition : il
peut, dans cette île, occuper un jour le premier
rôle.

Dans son refuge des Milelli, il croit que le destin le pousse irrésistiblement vers la Corse. Dans ce pays aride, souffle le sirocco qui vient du Sud lointain, chargé des effluves torrides du Sahara : ce vent porte avec lui des nuages d'un sable très fin qui retombe en poussière sur la terre corse, se colle sur l'écorce des oranges, ternit l'éclat du raisin et crisse sous la dent. Ce vent qui accable, coupe les jarrets et provoque une douce nonchalance, ouvre aussi les portes de l'imagination. Il suscite un mystérieux désir d'Orient. Mais, pour l'instant, la Corse cache l'Orient à Napoléon. Elle lui cache tout. Même la France.

II

*22 novembre 1787*

C'est un lieutenant en second pauvre et fier, qui promène son allure famélique sous les arcades du Palais-Royal. Ce n'est pas tant le manque d'argent qui le taraude que le sentiment de son inutilité. Dans le scintillement des quinquets, son pas résonne sur le pavé. Quel regard impitoyable il doit porter sur cette faune parisienne qui fréquente des lieux interlopes où le luxe se mêle à la débauche ! Une société frelatée où se côtoient joueurs décavés, écornifleurs, aigrefins, femmes du monde en quête de frissons et noceurs en attente de bonne fortune. Il fait froid en cette soirée du 22 novembre 1787. Pourtant, sa tête chaude de mille projets échafaude les ambitions les plus diverses. Il se rêve tantôt en écrivain tantôt en héros de Plutarque. Attiré par les idées nouvelles, il n'est pas du genre à se laisser griser. Il a vite fait de percer en elles ce qu'elles contiennent de fumées, d'esprit faux et de préjugés à la mode. Ce ne sont pas tant les chimères qui l'agacent, celles-ci lui plairont toujours. Il les préfère à l'étroitesse et à la platitude d'un réalisme à courte vue.

C'est un temps où, faute de moyens d'agir, Napoléon rêve. Ses songes sont aussi épars et désordonnés que les lectures auxquelles il s'adonne. Son esprit est doublement agité : dix-huit ans, c'est l'âge des turbulences de l'âme, des aspirations confuses. Rarement une adolescence a rencontré une époque aussi effervescente et grosse d'événements aussi graves : la philosophie et la politique s'agitent dans toutes les têtes. On sent obscurément qu'un monde est en train de finir et qu'un autre va naître. Les estaminets et les maisons de jeux résonnent des débats du jour. Chacun tient à sa réforme; les projets mirifiques pullulent. Tout le monde est philosophe, puisque c'est la mode. On s'enivre des recettes des physiocrates. Et, en même temps, on barbote délicieusement dans les rumeurs de scandales. Le roi, la reine, la cour sont l'objet de tous les commérages, des plus futiles aux plus graveleux. Les soubresauts de l'affaire du collier de la reine bruissent encore; Mme de La Motte, évadée de la Salpêtrière, vient de révéler dans un pamphlet qu'elle entretenait une liaison saphique avec la reine. Un torrent de boue inonde Versailles. Le pouvoir vacille, englué dans les rumeurs de turpitudes.

Insensiblement, on s'aperçoit que la monarchie n'est plus sacrée puisque plus rien ne l'est. La mode est de ne rien prendre au sérieux. Même pas la vie qu'un duel peut vous ôter pour une vétille. L'esprit qui règne en maître peut donner l'illusion qu'on est au faîte d'une civilisation. Mais un obscur pressentiment fait sentir, dans le pourrissement général et la corruption des mœurs, une invincible décadence.

Napoléon s'attarde à la devanture d'un libraire. Que n'a-t-il pas lu? Voltaire, Montesquieu, Rousseau, son dieu, mais aussi Racine, Corneille, Plutarque, Tite-Live, César, Cicéron. Rousseau ajoute son sentimentalisme aux austères réminiscences des orateurs romains. Le seul frein à son appétit de lecture, c'est le manque d'argent. Et, ce soir-là encore, il n'a que quelques sous en poche qu'il réchauffe dans sa main. Pour un maigre dîner aux Trois Bornes, rue de Valois.

Soudain, son attention est attirée par une jeune femme au maintien timide et réservé. Seule, le soir, dans ce lieu, son triste métier ne fait pas de doute. Il l'accoste avec un mélange de curiosité et de respect. Un dialogue s'engage, qu'il rapportera dans un roman :

« Vous avez bien froid, lui dis-je. Comment pouvez-vous vous résoudre à passer dans les allées ?

— Ah ! monsieur, l'espoir m'anime. Il faut terminer ma soirée.

— Vous avez l'air d'une constitution bien faible. Je suis étonné que vous ne soyez pas fatiguée du métier.

— Ah ! dame, monsieur, il faut bien faire quelque chose !

— N'y a-t-il pas de métier plus propre à votre santé ?

— Non, monsieur, il faut vivre. »

La jeune femme lui dit qu'elle est originaire de Nantes. Il l'interroge avec un peu de rudesse.

« Il faut, mademoiselle, que vous me fassiez le plaisir de me raconter la perte de votre p...

— C'est un officier qui me l'a pris.

— En êtes-vous fâchée ?

— Oh ! oui, je vous en réponds. Ma sœur est bien établie actuellement. Pourquoi ne l'eussé-je pas été ? »

Puis elle se montre plus directe.

« Allons chez vous.

— Qu'y ferons-nous ?

— Allons, nous nous chaufferons et vous assouvirez votre plaisir. »

La suite se devine : l'expérience du plaisir sur un galetas de misère. Le dégoût de s'être laissé entraîner. Et ce sentiment coupable d'avoir profité de la misère. Rien qui puisse remonter le moral déjà très bas de ce jeune officier qui trouve que, décidément, le monde ne ressemble pas à ses rêves.

Il regagne sa chambre à l'hôtel de Cherbourg, rue du Four-Saint-Honoré, tenu par les sœurs Védrines. Il y occupe la chambre 9, au troisième étage. Un lit étroit, une petite table en bois couverte de livres qui s'amoncellent aussi sur le plancher. De la fenêtre qui donne sur la rue borgne, montent les odeurs âcres de l'arrière-cuisine d'un estaminet. Assis devant sa table, il se met à écrire. Quoi ? Des rêves, puisque c'est la seule matière brumeuse qui soit à sa disposition. Son imagination le porte tantôt vers l'espoir de l'amour, tantôt vers l'esquisse d'aspirations à la gloire. Il brûle d'une passion d'autant plus vive qu'elle est sans objet. « Le sang méridional, écrit-il, coule dans mes veines avec la rapidité du Rhône. » D'où cette humeur instable qui fait alterner chez lui les moments d'enthousiasme et les accès de noire mélancolie. Les amourettes se succèdent. Avec Mlle Caroline du Colombier à Valence : tout leur bonheur « se réduit au milieu de l'été, au point du jour, à manger des cerises ensemble ». On parle aussi d'une idylle à la même époque avec une Mlle Pillet, à Auxonne. C'est là qu'il écrit son dialogue désenchanté sur l'amour dans lequel il répond à un interlocuteur, son condisciple Des Mazis : « Je fus jadis amoureux. Je fais plus que nier son existence. Je le crois nuisible à la société, au bonheur individuel des hommes, enfin je crois que l'amour fait plus de mal que de bien et que ce serait un bienfait d'une divinité protectrice que de nous en défaire et d'en délivrer les hommes. »

Mais, en cette soirée de novembre, ce qui préoccupe surtout Napoléon, c'est la Corse : « Cette petite île, trop peu connue sans doute pour l'honneur des temps modernes. » C'est par l'écriture qu'il tente de mettre en ordre ses idées et ses ambitions. Cette introduction à l'histoire de la Corse est loin d'être son premier texte. Il a déjà jeté pêle-mêle sur le papier beaucoup d'esquisses, d'essais sur les sujets les plus divers. Dans une période de dépression un an plus tôt, il a écrit un curieux texte sur le suicide : « Toujours seul au milieu des hommes, je rentre pour rêver avec moi-même et me livrer à toute la vivacité de ma mélancolie. De quel côté est-elle tournée aujourd'hui ? Du côté de la mort. Dans l'aurore de mes jours, je puis espérer encore vivre longtemps. Quelle fureur me porte donc à vouloir ma destruction ? Sans doute, que faire dans ce monde ? Puisque je dois mourir, ne vaut-il pas autant se tuer ? »

Le texte se termine par un chant d'amour à la Corse dont il porte le deuil : « Quand la patrie n'est plus, un bon patriote doit mourir. La vie m'est à charge parce que je ne goûte aucun plaisir et que tout est peine pour moi. »

La Corse, décidément objet de toutes ses pensées, revient dans deux autres textes nostalgiques. Dans son introduction à une *Histoire de la Corse* écrite dans un style emphatique, il s'exclame : « J'ai l'enthousiasme qu'une étude plus profonde des hommes détruit souvent dans nos cœurs. La vénalité de l'âge viril ne salira pas ma plume. Je ne respire que la vérité. » Puis, dans le même style ampoulé, il se livre à « un parallèle entre l'amour de la patrie et l'amour de la gloire ». S'adressant à une jeune fille, il cite pêle-mêle dans un fatras historique Turenne, le Grand Condé, Philippe, Alexandre, Brutus, Thémistocle, pour en arriver tout naturellement à se livrer à un panégyrique du « grand Paoli » chez lequel il retrouve le sublime patriotisme des Spartiates. Enfin, il imagine une lettre de Theodor von Neuhoff, l'éphémère roi de Corse, à Horace Walpole. De sa prison de Londres, le monarque détrôné supplie l'homme politique anglais de lui venir en aide : « Hommes injustes ! J'ai voulu contribuer au bonheur d'une nation. J'y ai réussi un moment et vous m'admiriez. Le sort a changé. Je suis dans un cachot et vous me méprisez. »

Napoléon ne s'arrête pas à ces esquisses. Il écrit des notes sur l'histoire ancienne et, plus curieusement, des réflexions sur l'histoire de l'Angleterre à propos d'un livre de John Morrow, un sujet qui, dans cette période — c'est aussi la mode intellectuelle du temps —, semble le fasciner.

Il prend des notes sur l'histoire des Arabes, sur le gouvernement de Venise. Plus tard, il publiera *Le Souper de Beaucaire*, un pamphlet en faveur de Robespierre puis, sous le coup d'une déception amoureuse avec Désirée Clary, *Clisson et Eugénie*, une bluette écrite sous l'influence du plus mauvais Rousseau. « Ô Rousseau, pourquoi faut-il que tu n'aies vécu que soixante ans ? Dans l'intérêt de la vérité, tu aurais dû être immortel. »

Tout est littéraire chez Napoléon : sa vie, ses rêves, ses proclamations, ses lettres à Joséphine, tout sauf ses écrits de jeunesse. Embourbé dans le pathos, ils expriment la confusion d'une âme qui ne s'est pas encore formée et reste la proie des influences. Il n'est pas lui-même dans ces textes brumeux et sentimentaux. Ce qui perce de lui, étincelant comme une lame aiguisée, c'est l'ambition de la grandeur, le refus de la médiocrité. Ce sont des écrits sous pression. Mais, dans ce fatras, soudain, une phrase jaillit : « Les hommes de génie sont des météores destinés à brûler pour éclairer leur siècle. »

Chateaubriand ne s'y trompe pas : « J'ai lu avec attention ce qu'a écrit Bonaparte, les premiers manuscrits de son enfance, ses romans… Je m'y connais ; je n'ai guère trouvé que dans un méchant autographe laissé à l'île d'Elbe des pensées qui ressemblent à la nature du grand insulaire... Le style du jeune Napoléon est déclamatoire ; il n'y a de digne d'observation que l'activité d'un vigoureux pionnier qui déblaie des sables. »

Moins indulgents encore furent les jurés de l'Académie de Lyon quand ils lurent le discours qu'il leur avait adressé sur le thème qu'ils proposaient : « Déterminer les vérités et les sentiments qu'il importe le plus d'indiquer aux hommes pour leur bonheur. » Le jury le déclara sans ambages : « Au-dessous du médiocre. »

Qui s'étonnera après ces revers que tant d'ambitieux incompris puissent trouver dans la vie de Napoléon de telles raisons d'espérer ?

## III

*10 juin 1793*

Le vent se lève. Encore le sirocco, le vent chaud venu du sud qui pousse avec lui une poussière dorée, le sable du désert. Les voiles du bateau se gonflent. Le brick qui l'emporte s'appelle *Le Hasard*. L'imposante forteresse de Calvi s'éloigne, éclairée par les feux du crépuscule. La gigantesque masse du Monte Cinto s'élève avec sa couronne de neige éternelle au-dessus de la sombre forêt d'Aïtone. Napoléon quitte la Corse. Il l'arrache définitivement de son cœur. Il n'y reviendra plus, sauf un bref séjour lors de son retour d'Égypte. Il ne nourrit plus aucun espoir d'en faire le théâtre de son ambition. Il roule des pensées amères en regardant la côte s'éloigner, puis disparaître. Six années durant, il a cru que son destin se jouerait là. Pour la passion de son île, il a négligé ses devoirs, compromis sa carrière. Et même failli être rayé des cadres de l'armée pour désertion. Tout cela pour en arriver à cet échec : fuir comme un voleur, détesté par ses compatriotes, considéré comme un traître à la patrie corse, sa maison pillée.

Il songe aux tractations qu'il a menées pour faire s'entendre les Peraldi, les Rocca Serra, les Giafferi, les Colonna d'Istria, les d'Ornano, ces clans en perpétuels conflits, en fausses réconciliations. Tant de manœuvres, tant de laborieux arrangements tissés patiemment dans un climat insurrectionnel qui ravive les rivalités, réveille les griefs, empoisonne les vieilles mésententes. Et pour quoi ?

Déception de l'ambition à laquelle se mêle une désillusion sentimentale. Que n'a-t-il pas fait pour entrer dans les bonnes grâces du vieux Paoli, le Babbo, le « père » que l'on révère. Il lui a donné des gages de fidélité. Il s'est attaché à ses pas. Il a voulu le seconder, comme autrefois son propre père, Carlo, avant de rejoindre le parti français. Mais il n'a essuyé de sa part que des rebuffades. Le Babbo s'est toujours méfié de lui et des siens. Sans doute a-t-il senti chez ce jeune homme au sang trop bouillonnant un rival dangereux. Il n'y a pas de place pour deux mâles dominants sur l'étroite terre corse.

Il se souvient avec amertume de la réaction de Paoli lorsqu'il s'était attelé à une histoire de la Corse, entreprise qu'il jugeait très propre à gagner sa faveur. Celui-ci lui a répondu sèchement : « On n'écrit pas l'histoire dans les années de jeunesse. »

Que d'efforts vains pour inscrire son destin dans l'histoire de la Corse ! C'est l'un des épisodes de la vie de Napoléon qui laissent le plus perplexe. Entre 1786 et 1793, il a effectué trois longs séjours dans son île natale : vingt mois en 1786-1787 ; douze mois en 1790 ; deux mois en 1793. En tout, près de trois années. On pourrait comprendre cette attirance s'il n'y avait pas d'autres terrains où gagner de la gloire. Mais, durant cette période, que de théâtres d'opérations lui échappent ! Il n'est ni à Valmy avec Dumouriez, ni sur le Rhin avec Custine, ni en Savoie avec Montesquiou, ni en Allemagne, ni en Hollande, ni à Jemmapes, ni en Italie. Il semble ne pas s'apercevoir que le vent de l'histoire s'est levé ailleurs qu'en Corse. Une étrange myopie le lui cache.

En fait, le plus grand service que Paoli va lui rendre, c'est de le rejeter.

Pourtant, les choses avaient si bien commencé entre eux. Le Babbo est certes un homme d'envergure, très propre à exciter l'admiration d'un jeune homme qui considère encore la Corse comme sa seule patrie et qu'il aime avec ferveur. Jusqu'à son dernier jour, Napoléon ne pourra se départir de sa tendresse pour Paoli. « C'était un bien grand homme. Il m'aimait, je l'aimais, il nous chérissait tous. » C'est à la fois un homme d'action et un intellectuel. Pour Napoléon, qui n'est plus soumis à l'influence de Marbeuf — celui-ci est mort en 1786 —, il apparaît comme un héros providentiel, capable de réaliser ce rêve d'indépendance qui le hante. Déjà, à l'École militaire de Paris, un de ses professeurs, M. Valfort, excédé par ses plaidoiries trop passionnées, l'avait admonesté : « Monsieur, vous êtes élève du roi. Il vous faut vous en souvenir et modérer votre amour de la Corse qui, après tout, fait partie de la France. » La Corse n'est pas seulement l'objet de ses pensées mais le thème de la plupart de ses écrits de jeunesse. Après *Sur la Corse*, et une introduction à *l'Histoire de la Corse*, il rédige la réponse à Buttafuoco, ardente défense de Paoli.

C'est avec la Révolution et le flottement qu'elle introduit dans les rapports de la Corse et de Paris que s'organisent et se radicalisent les aspirations à l'indépendance. Les esprits s'échauffent ; les clans s'agitent. La famille Bonaparte se remue beaucoup sans qu'on puisse bien discerner si elle est toujours fidèle au parti français. Les frères Buonaparte sont de tous les complots. Ils intriguent. En réalité, ils semblent encore jouer le double jeu au gré de leurs intérêts et des opportunités.

Bonaparte, fervent adepte des idées nouvelles, croit que la Révolution va permettre à la Corse d'accéder à l'indépendance sous l'autorité de Paoli et, ainsi, échapper à « ces fonctionnaires français qui ont maintenu pendant vingt ans les Corses dans l'esclavage ». Paoli est en effet entré dans les bonnes grâces de Robespierre qui l'a chaleureusement accueilli à la Société des amis de la Constitution. À son arrivée en Corse en 1790, Bonaparte, à la demande du Club patriotique d'Ajaccio, écrit un brûlot contre Buttafuoco, député de la noblesse corse à l'Assemblée nationale qui avait stigmatisé l'activisme de Paoli et de ses partisans, ainsi que la création de milices nationales. Paoli accueille ce soutien sans enthousiasme. Il juge que son défenseur a montré trop de partialité. Encore une douche froide...

En septembre 1791, quatre bataillons de la Garde nationale ont été formés en Corse. Napoléon se fait élire, après une féroce campagne électorale, émaillée de violences et d'irrégularités, « lieutenant-colonel en second ». Mais il profite de cette élection pour jouer les frondeurs. Il propose même d'assiéger la citadelle tenue par les Français. Son supérieur, le colonel Maillard, adresse un rapport virulent à Paris. Il juge son activité « infiniment répréhensible » et il l'accuse de favoriser le désordre. Il hésite même à le traduire en justice.

Nommé capitaine, Napoléon participe à l'expédition de Sardaigne en tant que commandant du débarquement de l'expédition pour la prise de l'île de la Magddalena. Cet échec militaire, qu'il impute à un défaut de commandement, c'est-à-dire à Paoli, le révulse. Il n'hésite pas à s'adresser directement au ministre de la Guerre pour lui rendre compte dans une lettre de cette « honteuse expédition » et réclamer le châtiment « des lâches et des traîtres qui nous ont fait échouer ».

C'est alors que ses yeux se dessillent. Il comprend qu'il n'a aucun avenir avec Paoli. Seul le retient un lien sentimental avec son héros qui ne lui ménage pas les humiliations : « Je me soucie peu de son amitié », dit-il entre autres amabilités. Napoléon a compris que rien de constructif ne sortira désormais du salmigondis des intrigues corses. Pourtant, il a du mal à rompre, même s'il sait que Paoli tout en feignant de rester en bons termes avec la Convention a pris contact avec les

Anglais. En sous-main, Joseph Bonaparte et le très remuant Cristoforo Saliceti, député du tiers état de la Corse et fervent robespierriste, ont convaincu le Comité de salut public des menées antipatriotiques de Paoli. La sanction tombe vite : celui-ci est mis en accusation et traduit à la barre de la Convention.

Désormais, entre Paoli et Napoléon, c'est la rupture. Elle va être dramatique. Le 27 mai, les Bonaparte sont proscrits par l'Assemblée de Corse et voués par les mille neuf délégués à « une perpétuelle exécration et infamie ». Dans un ultime sursaut, Napoléon demande un rendez-vous avec son héros qu'il continue d'admirer. À Sainte-Hélène, il s'épanchera : « Les maux que m'avait faits Paoli n'avaient pu me détacher de lui. Je l'aimais. Je le regrettais toujours. » L'épisode de ce rendez-vous manqué a été raconté par Maupassant qui en a tiré un texte intitulé *Une page d'histoire inconnue*. L'écrivain décèle dans cette affaire rocambolesque la chance inouïe de Napoléon qui lui a permis d'échapper à une mort certaine : « Tout le monde, écrit-il, connaît la célèbre phrase de Pascal sur le grain de sable qui changea les destinées de l'univers en arrêtant la fortune de Cromwell. Ainsi, dans ce grand hasard des événements qui gouvernent le monde, un fait bien petit, le geste désespéré d'une femme, décida du sort de l'Europe en sauvant la vie du jeune Napoléon. »

Napoléon, voulant rejoindre Bastia où se trouvent les commissaires de la République dont Cristoforo Saliceti, décide d'avoir un ultime entretien avec Paoli à Corte. Il part à cheval avec son fidèle ami Santo Riccio qui lui sert de guide. Au hameau de Pagiola, il est arrêté par des partisans de Paoli qui ont reçu l'ordre de l'exécuter. Enfermé à double tour dans une maison de Vizzavona, il parvient à s'enfuir, mais un dénommé Morelli va s'emparer de lui et exécuter la sentence quand sa femme, s'attachant aux pieds de son mari, permet à Napoléon de s'enfuir. À Vizzavona, Napoléon est passé à deux doigts de la mort. À Sainte-Hélène, dictant son testament, il se souvint de cet épisode qui aurait dû finir tragiquement. Il n'oubliera aucun des protagonistes auxquels il devait d'avoir eu la vie sauve :

« Je lègue 20 000 francs à l'habitant de Bocognano qui m'a tiré des mains des brigands qui voulurent m'assassiner ;

« 10 000 francs à M. Vizzavona, le seul de cette famille qui fut de mon parti ;

« 100 000 francs à M. Jérôme Lévy ;

« 100 000 francs à M. Costa de Bastelica ;

« 20 000 francs à l'abbé Reccho. »

Napoléon, ayant rejoint Ajaccio avec l'escadre, va se mettre en quête de sa famille qui risque d'être la proie des représailles des paolistes en furie. Il l'a fait avertir par un fameux message : « *Preparatezi questo paese non è per noi.* » « Tenez-vous prêts, ce pays n'est pas fait pour nous. » Letizia et les siens se sont réfugiés aux Milelli. Puis, à dos de mulet, ils vont gagner le littoral à travers le maquis. Miraculeusement, Bonaparte les aperçoit sur le rivage, près de la tour de Capitello. Il les embarque pour Calvi où ils reçoivent l'hospitalité de leurs amis Giubega.

À bord du *Hasard*, Napoléon quitte la Corse. Sur le pont, il observe avec une longue-vue la forteresse de Calvi qui se dissipe dans le lointain. Il sait que, désormais, il va jouer son ultime carte en France. Il a tout perdu. Sa famille est ruinée. Et lui-même a vu se ruiner ses rêves au cours de ces six années dispensées en pure perte.

A-t-il imaginé qu'il pouvait réussir là où Paoli va échouer? Devenir roi de Corse ou son dictateur? Puis se servir de ce rocher pour conquérir la Méditerranée? Car, on a du mal à l'imaginer limitant son ambition à n'être que le roitelet d'une région déshéritée, en proie aux luttes des factions et aux déchirements des vendettas.

L'atmosphère qu'il va retrouver en France, il ne l'ignore pas, est aussi délétère que celle qu'il vient de quitter. C'est échanger des factions contre d'autres factions, des violences contre d'autres violences.

Mais il croit en son étoile. Il veut transformer l'échec en succès. Tirer profit de ses erreurs, trouver dans l'humiliation un surcroît d'énergie. Ce qu'il ignore, c'est que ce désastre qu'il vient d'essuyer dans son île natale, qui trouve une issue si lamentable dans cette fuite au crépuscule, avec tant d'ennemis à ses trousses, se répétera toute sa vie. Sur des théâtres de plus en plus vastes. C'est d'échec en échec, chaque fois surmonté, de mauvaise passe en déconfiture, qu'il va forger sa statue de héros hors du commun.

Oui, ce qu'il ignore, c'est que ce sont surtout ses échecs qui feront rêver les générations de l'avenir autant peut-être que ses succès. Les jeunes ambitieux qui le prendront pour modèle trouveront en lui un professeur d'énergie. Ils se consoleront de leurs déboires en se remémorant les épisodes où

le conquérant, vaincu par le sort, loin de désespérer, aiguisait sur l'adversité sa volonté inflexible.
Les Raskolnikov, les Julien Sorel, les Rastignac et
leurs créateurs s'enivreront de ce grand jeu qui l'a
mené là où le hasard et la volonté se rejoignent
dans une mystérieuse ordalie. Prototype du grand
homme que le destin semble vouloir toujours
éprouver pour savoir s'il est digne de la gloire qui
l'attend.

Le rivage s'éloigne. Napoléon a rassemblé sa
famille sur ce bateau de fortune. L'ambiance n'est
pas gaie. La toujours belle Letizia, silencieuse,
fière et dramatique, emporte avec elle le seul objet
qu'elle a pu sauver du désastre, un tableau enveloppé dans du papier journal : le portrait de Marbeuf. Sans doute dégage-t-il pour elle un parfum
de nostalgie, de vie fastueuse, d'espérance déçue,
d'amour peut-être et de mystère.

Napoléon, lui, n'emporte rien qu'une folle espérance dans son destin.

IV

*16 décembre 1793*
Encore une longue-vue. Face à la rade de
Toulon où mouillent l'escadre de l'amiral Hood et
celle du contre- amiral espagnol Gravina noyées
dans l'obscurité, Napoléon, imperturbable sous
l'averse, dans la nuit froide de décembre, scrute
son objectif : sur une éminence, la forteresse du
Caire occupée par les Anglo-Espagnols que les sol-

dats ont eu vite fait de surnommer « le petit Gibraltar ». Il dirige vers elle le feu des canons de Gribeauval qui ont déjà fait merveille à Valmy. Trois batteries ont été aménagées, qu'il a baptisées avec un sens aigu des symboles pour qu'elles parlent à l'imagination des soldats : « les jacobins », la « chasse coquins » et sa préférée, la plus exposée, « la batterie des hommes sans peur ». Il suit l'orbe des boulets rouges qui éclairent la nuit comme un feu d'artifice et allument des incendies dans la redoute tenue par l'ennemi. À la tête de ces bataillons d'infanterie qui, à son signal, vont passer à l'offensive, il se sent étrangement lucide. Il a beau être souffrant et se gratter jusqu'au sang — il a attrapé la gale —, il examine froidement la situation avec cette certitude, qui brûle au fond de lui-même, de l'excellence de son plan d'attaque. Il en tire une conclusion implacable : l'ennemi est perdu. Le plus intelligent, le plus compétent va l'emporter : et c'est lui.

Il sent le frémissement nerveux des soldats dans l'attente de l'assaut, une ardeur que n'attiédissent pas les uniformes trempés, la pluie qui tombe dru. Autour de lui, se dégage une odeur âcre de poudre, de grésil, de fer rougi, de vieux cheval mouillé.

La suite de cette victoire qu'il entrevoit, elle découle d'elle-même comme les déductions d'un raisonnement mathématique : sa promotion comme général de brigade à vingt-quatre ans. En trois mois, il aura conquis trois grades. Plus que cela, une réputation hors pair auprès de tous ceux qui ont cru en lui : Augustin de Robespierre, le frère de Maximilien ; les représentants du peuple en mission Fréron, Saliceti ; les généraux qui ont eu l'élégance de reconnaître les mérites de leur génial subordonné. Ainsi, Dugommier écrit au Comité de salut public : « Si on était ingrat envers lui, cet officier s'avancerait tout seul. » Ou le général du Teil qui adresse un dithyrambe au ministre de la Guerre : « Je manque d'expressions pour te peindre le mérite de Buonaparte ; beaucoup de science, autant d'intelligence et trop de bravoure. Voilà une faible esquisse des vertus de ce rare officier ; c'est à toi, Ministre, de le consacrer à la gloire de la République. » Tous les hommes qui participent à sa promotion entendent du même coup recevoir le bénéfice de leur perspicacité. En le louant à Paris, ils se louent eux-mêmes.

Cette victoire si prévisible a été pourtant précédée d'une douloureuse gestation qui ne la présageait aucunement.

Quatre mois plus tôt, c'est un capitaine proscrit qui a débarqué à Toulon, accompagné de sa famille, tous condamnés à la misère, au dénuement, à des logis de fortune trouvés au hasard de la guerre civile qui opposait les Montagnards aux Girondins. Le Midi était dans un bain de sang. Il payait cher d'avoir soutenu les Girondins. Ceux-ci venaient d'aggraver leur cas en se laissant déborder par les royalistes qui avaient fait appel aux Anglais auxquels ils avaient ouvert les portes de Toulon. Accusés de menées antirévolutionnaires — ce qui peut se discuter —, ils avaient commis la faute de s'exposer à un crime beaucoup plus grave : être des traîtres à la patrie.

Bonaparte n'a retiré qu'un seul bénéfice de sa proscription de Corse par Paoli : un brevet sans tache de patriotisme. Il prend soin de passer sous silence ses qualités de ci-devant noble qui avaient été si utiles à son père pour le faire admettre dans les écoles du roi. Et pour convaincre encore ceux qui peuvent douter de la sincérité de son patriotisme, il écrit en quelques jours un brûlot robespierriste : *Le Souper de Beaucaire*. Plus tard, beaucoup plus tard, il fera racheter par la police chez les libraires tous les exemplaires de cet ouvrage compromettant.

Où en est-il politiquement ? Certes, il admire Robespierre à qui il ne peut nier des qualités d'homme d'État. Il est profondément jacobin. Il croit que seul le pouvoir de Paris peut maintenir l'autorité dans le pays. Pourtant, il a été hostile à la condamnation du roi. C'est, au fond, un robespierriste modéré, même s'il affiche pour la galerie — et pour son ambition et sa sauvegarde — un jacobinisme intransigeant.

Si cet homme qui regarde toujours vers l'avant laisse sa pensée errer un instant dans le passé, il peut mesurer la somme des hasards qui l'a conduit là où il est. Certes, il croit aux décrets du destin, mais il voue curieusement à ceux qui s'en font l'instrument une reconnaissance religieuse, touchante. « Je regarde l'ingratitude comme le plus vilain défaut du cœur. » Et ils ont été nombreux ceux qui ont aidé à propulser le misérable capitaine proscrit à ce grade de général victorieux.

Il n'a que deux atouts en poche en débarquant à Toulon : sa compétence d'officier d'artillerie passé par les écoles du roi sans pour autant être suspect ni de royalisme ni de girondisme. Un patriote pur sucre, c'est une denrée devenue très rare en ce mois de juin 1793. Entre ceux qui ont émigré, ceux qui, suspects de sympathie pour les fédéralistes girondins, ont été exécutés ou démis de leurs fonctions, et les prudents qui savent que le Comité de salut public n'hésite pas à punir de mort les généraux malchanceux, rares sont les officiers qui peuvent ou veulent prétendre à la vocation de l'héroïsme.

Deuxième atout : son ascendant. Cet « esprit de principauté » décelé si tôt par sa mère. Froid, taciturne, il en impose à ses interlocuteurs. Ils sentent en lui une force que rien n'arrête. Il subjugue d'un regard.

D'abord, c'est le général Jean du Teil, frère d'un officier qu'il a connu à Valence et qui, justement, commande des batteries sur la côte. Il lui confie une charge qui n'est guère flambante : réquisitionner les chariots nécessaires au transport des poudres.

Inutile de dire que Napoléon ronge son frein. Mais il ne faut pas négliger l'entraide corse. Dès qu'il apprend que Saliceti, un ami de son frère Joseph devenu représentant du peuple en mission, qu'il a connu lors de ses mésaventures contre les paolistes, est au Beausset, il lui demande un rendez-vous. Corses plus patriotes, comment pourraient-ils ne pas tomber dans les bras l'un de l'autre ? Justement, un responsable de l'artillerie, le général Dommartin, a été grièvement blessé : tout de suite, Saliceti offre la place à son jeune compatriote qui devient commandant provisoire de l'artillerie.

Autre coup de chance, le commandant chargé d'investir Toulon, Carteaux, est un incapable qui multiplie les bourdes. Napoléon, avant de prendre Toulon, va ne faire qu'une bouchée de Carteaux. Il faut dire que le pauvre bougre, ancien artiste peintre monté en graine grâce à ses appuis politiques, n'a rien d'un stratège. C'est un général sans-culotte. Sa bonne volonté ne remplace pas la compétence. Surtout pour un siège qui requiert une particulière connaissance de l'art militaire auquel le brave homme ne comprend goutte. Avec Napoléon et Saliceti comme adversaires, il ne fait pas le poids. Ces deux-là, experts en manœuvres politiciennes, en ont maté de plus coriaces dans le maquis des intrigues corses.

Et puis, comme si cet appui ne lui suffisait pas, Napoléon bénéficie d'un soutien inattendu : un autre représentant du peuple en mission, Stanislas Fréron, lui apporte son soutien. Entre deux tueries et deux débauches, celui-ci a flambé d'amour pour sa jeune sœur, Pauline, rencontrée à Marseille. Un bien triste sire que ce fils de la tête de Turc de Voltaire qui, pour faire oublier ses origines dans le parti de la calotte, se livre à toutes les surenchères dans les exactions. Il a même proposé, après la fuite du roi à Varennes, de faire traîner la reine attachée à la queue d'un cheval fougueux comme la malheureuse Cunégonde.

Les heures de Carteaux sont comptées.

Deux mois plus tard, il cède la place au général Dugommier. Napoléon, sans respect excessif de la hiérarchie, a pris soin de le dévaloriser auprès du ministre de la Guerre. Une façon d'agir héritée de Carlo qui, à la moindre contrariété, faisait directement appel aux ministres. Dugommier, autant par respect pour ses capacités que par habileté diplomatique, se soumet rapidement à l'ascendant du jeune protégé des délégués du peuple en mission qui, de plus, ont rallié à sa cause le juvénile et sympathique Augustin de Robespierre, le frère de Maximilien, venu en inspection, qui juge aussitôt Bonaparte « d'un mérite transcendant ». Il peut compter aussi sur la bienveillance du ci-devant vicomte de Barras, acolyte de Fréron, un aventurier qui a l'art de se sortir des mauvais pas et de faire de l'argent de tout. Un concussionnaire dans l'âme. Travers qui aura le double avantage de l'enrichir et de lui sauver la vie. Son manque d'intégrité patriotique, en le brouillant avec Robespierre, l'amènera à être un acteur décisif du 9-Thermidor.

Dans les plus petits calibres, Toulon est l'occasion pour Napoléon de se lier avec des officiers qui feront parler d'eux : le ci-devant Marmont, le fantasque et courageux Junot, le charmant et très prometteur Muiron, fils d'un fermier général.

Ce succès remporté au siège de Toulon, outre qu'il montre les multiples compétences de Napoléon non seulement comme stratège et artilleur mais aussi pour faire reconnaître ses mérites, va revêtir une grande importance dans son existence : c'est le moment où il rencontre vraiment les Français. Il comprend très vite quelles prouesses il est capable de faire accomplir à ce peuple à la fois courageux, ironique et fidèle. Peut-être est-ce de ces premiers moments que vient son attachement à sa nouvelle patrie. Français par le sang versé… Il a compris qu'avec de tels braves, selon sa propre formule, rien n'est impossible. On peut faire marcher ces rêveurs au bout du monde.

Si Napoléon possédait une lorgnette permettant de voir l'avenir, il verrait que les hommes publics qui l'ont soutenu sont vraiment des envoyés en mission non seulement du Comité de salut public, mais du destin. Pour sa chance avec le séduisant et intrigant Barras, pour le pire avec Augustin de Robespierre. Car sa fortune va brusquement tourner avec le 9-Thermidor. Dans sept mois exactement, au lendemain de la chute de Robespierre, il sera arrêté, accusé de trahison, assigné à résidence à Nice et à deux doigts d'être exécuté avec tous les séides du tyran.

Accusé de trahison et de dilapidation par Saliceti, qui a rapidement retourné sa veste, il est en passe d'être envoyé enchaîné à Paris et traduit devant le Comité de salut public. C'est son arrêt de mort. Junot, son aide de camp, propose de le faire évader. Stoïque, il refuse. Il se justifie sans se renier : « J'ai été un peu affecté par la catastrophe de Robespierre que j'aimais et que je croyais pur. Mais fût-il mon père, je l'eusse moi-même poignardé s'il aspirait à la tyrannie… Entendez-moi, détruisez l'oppression qui m'environne et restituez-moi l'estime des patriotes. Une heure après, si les méchants veulent ma vie, je l'estime si peu, je l'ai si souvent méprisée. Oui, la seule idée qu'elle peut être encore utile à la patrie me fait en soutenir le fardeau avec courage. »

Sauvé in extremis, il connaît une telle misère à Paris, à l'hôtel du Cadran bleu, au Quartier latin, qu'il songe à nouveau au suicide : « Si cela continue, je finirai par ne pas me détourner quand passe une voiture. » Ne sachant plus vers qui se tourner pour conjurer le sort défavorable, il envisage même de s'expatrier et d'aller organiser l'artillerie du sultan de Constantinople. Depuis le 9-Thermidor, les bureaux du ministère de la Guerre se méfient de lui. Avoir été soutenu chaleureusement par le frère de Robespierre le rend suspect. Il aggrave son cas en refusant un commandement en Vendée, dans l'armée de l'Ouest : il ne veut pas aller combattre des Français. Devant sa mauvaise volonté, il est rayé des cadres de l'artillerie. Sans argent, demi-solde, il se voit contraint de quêter un souper chez ses amis pour survivre.

C'est alors que se produit le miracle. La Convention thermidorienne assaillie de toutes parts, à la fois par l'extrême gauche et par les royalistes, charge Barras de sa défense. Celui-ci aussitôt nommé fait appel à Bonaparte qu'il a connu à Toulon pour réprimer l'insurrection royaliste. Le 13 vendémiaire (5 octobre) il canonne les insurgés sur les marches de l'église Saint-Roch. Les royalistes dispersés en un tour de main, il fait figure de sauveur de la République tant a été grande la peur de l'insurrection. Dix jours plus tard, en récompense, il est nommé général de division, puis commandant de l'armée de l'Intérieur. Désormais on le considère comme le bras armé de Barras. L'avenir s'ouvre devant lui. Il a évité le gouffre. De justesse.

## V

*Le 2 mars 1796*

Après les beaux gestes et le courage de la République romaine, voici le temps des orgies et des compromissions du Bas-Empire. Alternance oblige. Barras incarne le Directoire par sa cupidité et sa luxure comme Robespierre, qu'il a vaincu, incarnait la Convention par son intégrité et son intransigeance. Quatre années parmi les plus sales, les plus corrompues de l'histoire. Les géants disparus, les médiocres et les intrigants pullulent, occupant les places avec avidité, furetant les prébendes, se détruisant à coups de complot, de calomnie, de perfidie. La Révolution qui, dans son excès, vient de faire surgir des hommes d'exception, se ratatine et fait sortir de leurs trous ces petits animaux nuisibles qui se repaissent des dépouilles des morts. Ce festin sur des cadavres, l'ivresse de la corruption amènent les plus grandes intelligences à la paralysie et au cannibalisme. Trop occupés à se choisir les bons morceaux et à se dévorer entre eux, ces hommes créent les conditions de leur anéantissement. Peut-être certains, lucides, en sont-ils conscients ? Mais ils ont eu si peur. La mort les a frôlés de près. Ils n'en reviennent pas d'être vivants. Et cette idolâtrie de la vie leur ôte tout respect d'eux-mêmes.

Barras pourrait leur être supérieur dans l'intrigue, l'habileté manœuvrière, mais il manque à sa personnalité ce je-ne-sais-quoi de force profonde, de caractère qui en impose et sacre le grand homme. De petite noblesse provençale, il s'est converti très jeune à la concussion aux Indes pendant le siège de Pondichéry, puis il a fréquenté intimement Mme de La Motte, l'instigatrice de l'affaire du collier de la reine, et son entourage le plus dépravé qui soit. On ne fait pas mieux comme école de débauche. Il a pourtant du courage, de l'intelligence, le goût de l'aventure. Il ne lui manque que cette qualité essentielle quand on veut exercer un ascendant en politique : l'estime. Certes, il se juge supérieur, mais les autres le méprisent. Talleyrand, qui sera son obligé puis son acolyte, l'a peint d'un mot : « Il parfumerait même du fumier. » Quant au peuple, plus direct, il le surnomme le « roi des pourris ».

Son passé lui colle à la peau. Pas d'avoir été régicide, tant d'autres ci-devant l'ont été. Non, ce qu'on reproche à ce séducteur, c'est de mêler deux défauts assez vils : c'est un profiteur et un sanguinaire. Il s'est complu en compagnie de Fréron à faire couler le sang à Marseille, à Toulon, dans une féroce répression dont il touchait les dividendes en espèces sonnantes et trébuchantes, en argenterie, en or que des malheureux, terrorisés, lui offraient en échange de leur vie ; et aussi en jeunes corps de femmes qui cédaient à la peur, au chantage pour sauver qui un mari, qui un enfant. Il n'éprouve aucun remords de ses turpitudes. Bellâtre infatué il se pardonne tout. Durant cette période marseillaise, lui aussi, comme son complice Fréron, son double en beaucoup plus vil, mériterait une apostrophe comme celle d'Isnard au Conseil des Cinq-Cents : « Partout où je rencontre un crime, je ne trouve que Fréron. »

C'est pourtant avec cet homme qui ne lui ressemble en rien que Napoléon va devoir s'entendre. Comme il doit le mépriser, ce concussionnaire dépravé qui deviendra l'agent de son destin ! Peut-être nourrit-il à son endroit les sentiments de Lorenzaccio ? Il va tout lui devoir, sa sortie de la misère, sa femme, ses nominations.

Pour un caractère aussi fier que celui de Napoléon, ce doit être une épreuve de devoir feindre et flatter ce fat qui, s'il estime sa compétence militaire, ne lui croit aucune envergure. Mal fagoté, désargenté, dépourvu de manières, sans allure, il trouve qu'il fait tache dans son salon du Luxembourg. Pis, il juge que c'est un « niais ». Contrairement à Talleyrand qui a pressenti ses futuritions, il ne croira jamais à son étoile. Sans doute parce qu'il pense un peu stupidement l'avoir fait. Sa fatuité l'empêche de trouver du génie à un ancien subalterne. Cela va lui coûter cher... Même s'il coûtera également cher à Napoléon, qui le paiera grassement pour obtenir son effacement. Le jugeant assez vite inemployable en raison de sa prétention et de sa morgue, il l'exilera, l'obligeant à devenir ce qu'il était, un conspirateur médiocre prêt à se rallier au plus offrant, y compris à cette monarchie qu'il avait mis toutes ses forces à abattre.

Mais, alors, il est le prix à payer pour sortir de la proscription et de la misère. Non pas que Napoléon ne fût pas capable de s'accommoder d'une certaine pourriture quand celle-ci sert ses fins : ainsi Talleyrand ou Fouché, orfèvres l'un dans la prévarication, l'autre dans le crime. Il pourra même aller chercher des appuis plus bas encore, sans aucun scrupule, à la condition qu'ils le servent à accomplir sa destinée.

C'est par Barras également qu'il va contracter le plus bizarre et le plus aventureux des mariages. Le plus contraire en apparence à sa nature. Ce vertueux va épouser la sensualité incarnée. Son coup de foudre pour Joséphine de Beauharnais défie la raison. Non seulement ce n'est pas un bon parti — elle est ruinée et son père est mort banqueroutier —, mais elle traîne avec elle la pire des réputations : volage, elle accumule les amants, dont Barras qu'elle a fini par lasser ; elle est frivole, dissipatrice, superficielle autant que son amant est strict, fidèle, fleur bleue. Belle créole au charme enjôleur et au sourire aguicheur en dépit de ses vilaines dents, originaire de la Martinique, veuve d'Alexandre de Beauharnais, guillotiné, n'ayant elle-même échappé à la mort que de justesse, elle a mené une existence des plus dépravées ; on ne compte plus ses liaisons, à commencer par le général Hoche qu'elle a connu en prison. En compagnie de son amie Thérésa Cabarrus, devenue Mme Tallien, elle a été de toutes les débauches de cette époque riche en fêtes libertines et en orgies. Au temps de la mort a succédé la frénésie de vivre.

Leur union porte en elle dès le départ le germe d'une incompréhension profonde : elle l'admire mais ne l'aime pas, tandis que lui l'aime sans l'estimer. Pour éclairer ce couple si mal assorti, peut-être faudrait-il descendre dans les eaux troubles du sexe : s'il est devenu facilement son amant et un habitué de son hôtel particulier de la rue Chantereine, il l'a émue par l'impétuosité de sa passion, mais il n'a pas comblé ses sens. Toute l'admiration et toute la gloire qu'il va recueillir n'y changeront rien : elle n'éprouve pas auprès de lui ces frissons et ces délires qu'elle a connus dans les bras du voluptueux et expérimenté Barras.

Barras, puisque c'est décidément l'homme de la situation, croit qu'il va utiliser Napoléon pour renforcer et asseoir son pouvoir, sans savoir que Napoléon, sous ses airs de « niais », fait exactement le même raisonnement. D'ailleurs celui-ci n'a pas le choix. Barras est son seul atout. Sans lui, il n'est rien. On le connaît à peine. Son succès au siège de Toulon est ignoré à Paris. Sur le chapitre de la gloire militaire, c'est un inconnu alors que les généraux Moreau, Hoche, Jourdan, Marceau, Pichegru se sont couverts de lauriers.

Cette gloire militaire, Napoléon enrage de ne pas en avoir sa part. D'abord parce qu'il a conscience de la mériter, mais aussi parce qu'il sait que c'est par elle qu'il satisfera sa soif de pouvoir. La lente désintégration du gouvernement, son discrédit, la paralysie qui le menace, le danger auquel il est chaque jour exposé par les extrémistes de tous bords — jacobins, adeptes de Gracchus Babeuf, royalistes — signalent un régime en sursis, incapable de s'amender par lui-même. Il est condamné à la pire des politiques : ne pas choisir, « la balancelle », comme l'appelle Barras, qui consiste à donner des gages tantôt aux modérés, tantôt aux extrémistes. Le peuple, la bourgeoisie sont écœurés par ce spectacle de la corruption des dirigeants de Paris, de leur impuissance devant l'insécurité grandissante en province : tout manifeste une déliquescence purulente. Napoléon n'est pas le seul à faire ce constat que seule une épée pourra mettre les plaideurs d'accord. Beaucoup de chefs militaires se verraient bien dans ce rôle. Certains, comme Pichegru, se feront même élire au Conseil des Cinq-Cents avec le secret espoir de prendre le pouvoir de l'intérieur. Napoléon, et c'est son génie, pressent que le régime n'est pas encore tombé assez bas — « la poire n'est pas mûre » — et que, de plus, tout le personnel politique sera compromis et contaminé aux yeux du public par cette politique de chien crevé au fil de l'eau.

Un vautour qui se repaît de charognes trouverait dans cette époque faisandée un parfum délicieux. Pas un aigle. Napoléon, si habile à sentir les circonstances favorables, a compris que, dans ce terrain fangeux, il ne peut que se perdre.

En un clin d'œil, sa décision a été prise dès ce soir du 13 vendémiaire où il a sauvé la Convention en faisant canonner les royalistes sur les marches de l'église Saint-Roch, se rendant ainsi indispensable à Barras : il doit partir. N'importe où, mais partir. Qu'importe ce qu'il y fera. Il lui faut un théâtre légendaire. Personne autant que lui n'a autant besoin d'images pour s'éblouir. Cet homme si lucide, à l'esprit si viril, a des rêves d'enfant.

Et son rêve aujourd'hui, c'est l'Italie. Barras va lui permettre de le réaliser. Deux jours après son mariage avec Joséphine, il est nommé à la tête de l'armée d'Italie. Une armée qui manque cruellement de l'essentiel : elle n'a pas d'argent, pas de souliers, un armement médiocre, presque plus d'espoir. Bientôt grâce à lui elle aura tout, y compris la gloire.

## VI

*11 juin 1796*

S'il y a bien quelque chose d'atroce en ce monde, c'est d'atteindre le but dont on a rêvé et d'être au même moment poignardé par le malheur. Napoléon, qui a retrouvé à Milan la magnifique demeure du prince Serbelloni ce 11 juin 1796, dicte à son secrétaire une lettre à Barras. Le soir tombe sur la campagne et les feux du couchant éclairent les neiges éternelles qui couronnent les Alpes. Des rues avoisinantes et du Corso, il peut entendre les clameurs des festivités qui, depuis trois semaines, saluent sa victoire. Dans la ville en fête, les plus belles femmes d'Italie font assaut d'élégance dans leurs calèches. Une liesse qui est pure et soudaine comme l'éclosion du printemps. Une atmosphère d'ivresse amoureuse accompagne cette armée pauvre mais parée de sa jeunesse et de ses triomphes. Domptant son cœur blessé, il rend compte de ses succès à l'homme fort du Directoire.

Il pèse chaque mot car il sait que, si sa jeune gloire conforte sa position, elle ne doit pas cependant porter ombrage aux susceptibles Directeurs, toujours prompts à la défiance. Les révolutionnaires continuent d'être hantés par la trahison de Dumouriez. Quel sabre à côté d'eux dissimule un Monk ? Il témoigne déjà dans sa façon de les ménager qu'il n'est plus seulement un chef de guerre, mais un homme d'État. Il voit plus loin qu'eux. Ce sourd combat qu'il mène avec les Directeurs dont il dépend est aussi important que celui qu'il mène jour et nuit, à un rythme effréné, contre les armées ennemies. Une seule maladresse peut lui faire perdre tous les territoires qu'il a conquis. Au prix de quels efforts surhumains, avec des soldats affamés et en haillons, n'a-t-il pas obtenu ses fraîches victoires dont les noms sonnent encore à ses oreilles : Montenotte, Millesimo, Bego, Mondovi, Lodi... Cinq victoires en dix-sept jours. Ces succès, loin de l'enivrer, lui ont révélé le sens profond de sa mission. Non pas celle bornée, à courte vue, que lui ont confiée les idéologues du Directoire, comme Carnot : abattre les monarchies et, surtout, renverser le pape. Non, subitement a surgi en lui l'idée qu'il n'est plus un exécutant, mais un homme investi d'une mission plus haute : « Je me regardai pour la première fois non plus comme un simple général, mais comme un homme appelé à influencer le sort d'un peuple. Je me vis dans l'Histoire... Alors naquit l'étincelle de la haute ambition. »

Dans cette lettre qu'il dicte pour Barras, il tente encore une fois de faire entrer le Directoire dans ses vues. Éviter que celui-ci ne divise l'armée d'Italie en deux, l'une sous son commandement, l'autre sous celui de Kellermann. Il argumente pour démonter l'ineptie de ce plan, tout à la fois souple, persuasif et impérieux, parfois presque menaçant avec ses sous-entendus de démission. La missive va être cachetée. Napoléon la reprend. Soudain, de sa plume nerveuse, qui écorche le papier, il jette furieusement un post-scriptum déchirant : « Je suis au désespoir. Ma femme ne vient pas. Elle a quelque amant qui la retient à Paris. Je maudis toutes les femmes… »

On reste saisi devant ce cri du cœur. Comme a dû l'être le voluptueux Barras sous son écorce de débauche et de scepticisme. Le feu qui brûle dans cette lettre, qui peut y être insensible ? Ni le temps qui fane les enthousiasmes et refroidit les cœurs, ni la gloire qui efface les faiblesses n'ont diminué la puissance de cet aveu de détresse. On a mal pour ce général de vingt-sept ans qui, en pleine gloire, se sent trahi et n'a plus pour ressources que d'en faire la confidence à l'homme le moins fait pour éprouver de la compassion. Barras, l'ancien amant de Joséphine, qui l'est sûrement encore à ses moments perdus. Comme il faut être tombé bas pour n'avoir que lui à qui ouvrir son cœur ! Napoléon ne pouvant ignorer la duplicité du roué auquel il s'adresse, il ne reste qu'une explication : la folie, une folie qu'il n'a plus la force de se dissimuler et qui l'embrase depuis trois mois.

Elle est sans exemple, cette folie amoureuse, dans l'histoire des héros et des conquérants. Nul, au plus fort de ses projets et de ses ambitions, n'a été à ce point dominé par le désespoir amoureux. Napoléon révèle un gouffre. Un gouffre que nul ne peut soupçonner et qui, parfois, laisse incrédules ses admirateurs. La tentation est grande de dissimuler une telle faiblesse chez un héros construit à force de volonté et que gouverne l'esprit le plus rationnel qui soit. Il faut avoir recours à la légende pour trouver un guerrier à ce point blessé : Achille pleurant Briséis. Mais, dans l'histoire moderne, nul autre ne s'est laissé dominer comme lui par les désordres de la passion.

Ses lettres brûlent. On les lit avec une sorte de stupeur et, parfois, avec gêne, comme une indiscrétion. Ce sont les secrets de l'alcôve qui s'étalent au grand jour; comme si, soudain, les draps froissés par les étreintes se mettaient à parler; on sent le souffle des amants; on devient le confident de leurs frissons, non seulement de ce langage un peu niais des amoureux qui reconstruisent une langue qu'ils seraient les seuls à parler, mais des moyens qu'ils se donnent dans le plaisir, de leurs petites manies dans la jouissance. Parfois, ils passeraient même les bornes de la décence, si ce mot de « décence » avait la moindre signification dans le délire des sens : ainsi, quand Joséphine lui écrit une lettre avec son propre sang. De quel sang!

De Paris à Nice, il n'est pas un soir où il ne lui adresse une missive enflammée. Quand il parvient dans cette ville où il rejoint son armée, c'est à nouveau pour témoigner son amour de façon pressante, comme s'il craignait plus que tout le pouvoir d'effacement de l'éloignement : « Je n'ai pas passé un jour sans t'aimer; je n'ai pas passé une nuit sans te serrer entre mes bras; je n'ai pas pris une tasse de thé sans maudire la gloire et l'ambition qui me tiennent éloigné de l'âme de ma vie. Au milieu des affaires, à la tête des troupes, en parcourant les camps, mon adorable Joséphine est seule dans mon cœur, occupe mon esprit, absorbe ma pensée. »

Trois jours plus tard, nouveau cri : « Tu es l'unique pensée de ma vie. Vivre par Joséphine, voilà l'histoire de ma vie. J'agis pour arriver près de toi. Mourir sans être aimé de toi, mourir sans cette certitude, c'est le tourment de l'enfer, c'est l'image vive et frappante de l'anéantissement. »

Encore ces lettres sont-elles écrites dans les préparatifs de l'action. Il n'est pas encore aux prises avec l'armée des Autrichiens conduite par le vénérable général Beaulieu. Mais que dire de celles où il lui écrit du cœur même des combats, tout couvert encore de poussière et de sang, recru de fatigue, dans lesquelles il ne se lasse pas de l'appeler pour qu'elle vienne le rejoindre.

Ce n'est qu'une longue plainte déchirante d'amoureux délaissé qui pressent qu'on le trompe mais veut se convaincre malgré tout de l'amour de sa bien-aimée. Un lamento pathétique qui échappe du cœur du jeune général au milieu des fumées de destruction, du fracas des canons. Le soldat victorieux sort à chaque fois plus vaincu de ses lettres qui lui montrent la limite de sa puissance.

Le soir de Montenotte, sa première grande et vraie victoire, il lui écrit : « Un souvenir de mon unique femme, une victoire du destin : voilà mes souhaits. »

Mais Joséphine tant espérée ne vient toujours pas. Les lettres traduisent une obsession qui confine au délire. La folie le guette. D'autant plus qu'il sent dans les propos et les prétextes embarrassés de son épouse qu'elle lui ment. Elle feint d'être malade, puis, pour allumer dans son âme une flamme d'espoir, qu'elle est enceinte. Quel peu d'empressement elle manifeste à se mettre en route ! Elle semble insensible à la gloire de son jeune mari. Elle ne songe qu'à s'amuser à Paris, dans les fêtes de Barras ou en compagnie de son amant, Hippolyte Charles, un jeune lieutenant, sans parler des passades comme avec Murat.

Que lui importe la détresse de cet homme qu'elle avoue comprendre si peu. Elle est de plus en plus indifférente à ses appels désespérés : « Les fatigues et ton absence, c'est trop à la fois. Tu vas venir, n'est-ce pas ? Tu vas être ici à côté de moi, sur mon cœur, dans mes bras, sur ma bouche ! Prends des ailes, viens, viens… Un baiser au cœur et puis un plus bas, bien plus bas. »

Que de fois grelottant de fièvre, ne sachant plus à qui confier son infortune, il jette à Berthier : « Ma tête n'y est plus. »

Mais, comme si, peu à peu, il apprenait à cultiver sa souffrance comme un pavot enivrant, il se met à délirer dans ses lettres : « Bon dieu ! Dis-moi, toi qui sais si bien faire aimer les autres sans aimer, saurais-tu comment on guérit de l'amour ? Je paierai ce remède bien cher. Tous les jours, récapitulant tes torts, je me bats les flancs pour ne plus t'aimer. Bah, voilà-t-il pas que je t'aime davantage… Moque-toi de moi, reste à Paris, aie des amants, que tout le monde le sache, n'écris jamais, eh bien, je t'en aimerai dix fois davantage. Si ce n'est pas là folie, fièvre, délire ? »

Plus de trois mois après le départ de son mari, Joséphine arrive enfin à Milan où elle le retrouve au palais Serbelloni. Il aura fallu pas moins que la pression de Barras et des Directeurs inquiets de la santé mentale du général en chef de l'armée d'Italie pour la décider à partir. Pas seule. Hippolyte Charles l'accompagne.

On imagine leurs retrouvailles. Deux jours de corps-à-corps amoureux, de fièvre, de folie.

Napoléon peut étreindre son malheur. Sa volupté.

# VII

*15 novembre 1796*

C'est une bourgade tranquille au milieu des marais qui s'éveille sous le soleil et un ciel clair, lavé par des pluies incessantes. Traversée par l'Alpone, un affluent de l'Adige, elle ne sait pas encore en ce matin du 15 novembre 1796 qu'elle va entrer dans l'histoire. Elle n'est reliée que par deux digues à la terre ferme ; l'une d'elles longe le fleuve sur plusieurs centaines de mètres pour aboutir à un pont en bois d'une vingtaine de mètres qui l'enjambe à l'entrée du village. Et ce pont aussi va devenir légendaire. Le général autrichien Alvinzi, qui a pris position avec trois mille Croates dans les maisons transformées en bastions, croit celles-ci inexpugnables. Il n'a pas tort. Cette place investie, c'est le grain de sable qui bloque la formidable entreprise de contournement de ses troupes pour le surprendre à Villanova. Tous les généraux, Bon, Lannes, Verdier et Augereau lui-même, affrontent en vain l'ennemi qui les mitraille sur la digue. L'un après l'autre, les assauts échouent. Les corps s'amoncellent sur les berges, les colonnes françaises sont décimées par les balles et les boulets. Les soldats, qui ont si souvent montré leur bravoure, cette fois sont pris de panique. Ils refluent en désordre. En bonne logique militaire, ce devrait être la défaite. Rien ne paraît pouvoir empêcher que l'armée d'Alvinzi ne rejoigne celle de Davidovitch.

Mais on est à Arcole. Et avec Napoléon, tout devient possible.

Averti de la débandade de ses troupes, de l'échec complet de son plan, il joue le tout pour le tout. S'emparant d'un drapeau sans néanmoins franchir le pont, tel que le peindra la légende, mais prenant, contre toutes les règles militaires, la tête de ses troupes, il s'élance à l'assaut du pont. Les soldats qui refluaient, éberlués par tant d'audace, reprennent confiance et veulent racheter leur mouvement de lâcheté. Cet acte de bravoure est surtout un coup de folie. Napoléon semble à cet instant vouloir braver la mort, narguer le destin. Qu'attend-il de cette ordalie ? La réponse qu'il ne cessera de chercher : jusqu'où peut-il aller ? Autant que du drapeau, c'est de ce geste désespéré que s'emparera la légende.

Un grenadier tente de lui barrer le passage. « Vous allez vous faire tuer. Et si vous êtes tué, nous sommes perdus. Vous n'irez pas plus loin. Cette place n'est pas la vôtre. »

Napoléon l'écarte et se jette dans la mêlée. C'est alors que son tout jeune aide de camp, beau comme un dieu, le colonel Muiron, voyant que rien ne fléchit l'impétuosité du général en chef, se précipite vers lui pour lui faire un rempart de son corps. Soudain une déflagration. Napoléon est couvert de sang. Le biscaïen qui devait l'atteindre a touché Muiron qui s'écroule et glisse dans le fleuve. Dans la débandade qui suit l'affolement, Napoléon est entraîné à son tour dans le marais où il patauge, couvert de boue. Les grenadiers le hissent sur leurs épaules. On lui trouve un cheval qui l'emporte à Ronco.

La bataille se poursuit sans lui. Incertaine pendant deux jours. Les troupes d'Alvinzi sont finalement mises en échec. N'ayant pu se joindre à celles de Davidovitch, elles se retirent à Vicence. Vérone est sauvée. Après tant d'hésitations, c'est une victoire totale. Elle ouvre la porte aux négociations. Cinq mois plus tard, Bonaparte signera avec l'archiduc Charles le traité des préliminaires de Leoben.

Napoléon vient de perdre celui qu'il appelait son ange gardien. Jean-Baptiste Muiron avait vingt-trois ans. Napoléon écrit à sa jeune veuve, Euphrasie, qui attend un enfant. Quelles pensées l'agitent tandis qu'il dicte cette lettre tout empreinte de rigueur militaire où, à aucun moment, il ne laisse parler son émotion? Sans doute se reproche-t-il son entêtement à avoir voulu s'aventurer sur ce pont que nul ne pouvait franchir et qui ne le sera jamais. Mais aussi à la conséquence directe de cette bravoure inutile : la disparition de son ami qui a reçu la balle qui lui était réservée. On imagine la méditation sur le destin à laquelle il se livre : un fatalisme qui contraste avec son esprit positif. Tout est inscrit dans le ciel où brille son étoile. Tant qu'elle brillera, il sera invincible. Il le sait. « La balle qui me tuera portera mon nom. »

Cette bataille, pourtant, est décisive. Pas seulement au plan militaire. Elle lui apporte la certitude qu'il cherche. Elle lui prouve son invincibilité. Dès lors, le sacrifice de son ami Muiron compte moins dans l'ordre affectif que dans le livre secret où il enregistre les preuves qu'il est un élu de la destinée. Les morts qui s'abattent autour de lui ne l'émeuvent pas. Si proches qu'ils soient, si attachés à lui, il les regarde froidement comme s'il assistait à une tragédie que les dieux et les forces obscures ordonnent et organisent afin que l'histoire s'accomplisse. Aussi superstitieux qu'une vieille Italienne, il a conscience d'être protégé. La mort d'un Muiron comme plus tard celles d'un Desaix à Marengo, d'un Lannes à Aspern, d'un Duroc à Bautzen, d'un Bessières à Weissenfels ne font que lui confirmer que, dans ce théâtre d'ombres qu'est la vie, lui est échu un rôle d'exception. Aussi Muiron est-il beaucoup plus qu'un ami qui meurt en lui faisant un bouclier de son corps, il devient un signe céleste. Il le chérira comme tel.

C'est au siège de Toulon, deux ans plus tôt, sous une pluie battante, qu'il a fait la connaissance de ce beau jeune homme sur lequel toutes les fées semblaient s'être penchées. Riche, fils d'un fermier général, plein d'enthousiasme pour les idées nouvelles, il se rêvait en héros de Plutarque. Capitaine à dix-neuf ans, chef de bataillon à vingt ans, il appartient à l'artillerie comme celui qui va devenir son modèle et son maître. Entre les deux hommes, c'est le coup de foudre de l'amitié. Napoléon retrouve chez ce jeune homme cette ardeur et cette bravoure qu'il aime particulièrement dans ses subordonnés qu'il subjugue, surtout s'ils appartiennent à cette classe aisée, raffinée, cultivée, qui s'est affinée dans les serres de l'Ancien Régime. Jean-Baptiste Muiron, qui appartient à la noblesse de robe, est un porphyrogénète; il a été élevé comme fils d'un de ces fermiers généraux que honnissent les révolutionnaires, dans un milieu de la haute bourgeoisie financière. Son père, secrétaire au Conseil du roi, a financé l'expédition en Amérique de La Fayette. Lié d'amitié à la famille du duc de Choiseul, il a acquis à Sceaux une magnifique propriété qui appartenait au comte de Choiseul-Beaupré.

Jean-Baptiste Muiron, qui est passé par l'école d'artillerie de Douai, a montré au cours de ses études militaires la même passion que Bonaparte pour la culture générale. Comme lui, il se passionnait pour la Rome antique. À quinze ans, il est reçu au concours des écoles royales d'artillerie avec le grade de lieutenant en second. Très vite, il s'enthousiasme pour la Révolution, même si celle-ci va peu à peu abolir les privilèges de sa famille et frapper cruellement ses amis : le comte de Montmorin, la princesse de Lamballe. Ces crimes ne refroidissent pas son ardeur révolutionnaire. Il a compris qu'une nouvelle ère est en train de naître et, quel que soit son dégoût pour ces massacres d'innocents, il les accepte comme un mal nécessaire. Muté à l'armée d'Italie, sous les ordres du général Carteaux, le général sans-culotte, ancien artiste peintre, chargé du siège de Toulon, c'est alors qu'il fait la rencontre de sa vie : il a trouvé en Bonaparte le chef qu'il rêvait de servir. Celui-ci, aussitôt, distingue ce très jeune capitaine à la beauté et à la grâce insolentes. Dès leur première rencontre, il lui confie une mission de reconnaissance autour du « petit Gibraltar ». C'est là, pendant ce siège, qu'il va se lier avec des officiers aussi jeunes que lui, qui accompagneront plus tard la gloire de Bonaparte : Junot, Marmont. Gravement blessé d'un coup de baïonnette pendant l'attaque, il est promu chef de bataillon à vingt ans.

Il profite de sa convalescence pour aller à Paris défendre son père, qui a été mis en accusation par le Comité de salut public. Ce qui équivaut à une mort certaine à laquelle n'ont échappé que trois des trente-quatre ci-devant fermiers généraux, tous guillotinés.

Il plaide la cause de son père avec tant de fougue et d'intelligence qu'il parvient à émouvoir ses juges. Devant les membres de la Convention, fort du brevet de patriotisme et de bravoure qu'il rapporte de Toulon, mais aussi des certificats d'Augustin de Robespierre et de Billaud-Varenne, il parvient à sauver miraculeusement la tête de son père. Au péril de sa propre vie.

Je me suis beaucoup interrogé sur l'attachement de Bonaparte à Muiron, qui n'appartient pas à l'histoire officielle de Napoléon — même s'il apparaît dans le bas-relief de Rude à l'Arc de Triomphe. Il figure dans un panthéon secret que fréquentent ceux qui s'intéressent moins aux flon-flons de la gloire qu'aux arcanes de la destinée de Napoléon. Le vainqueur de Toulon a certainement perçu les talents de ce jeune homme dévoué et passionné. Mais, déjà, il voyait plus loin : il voulait s'attacher des hommes qui seraient les instruments et les compagnons de sa gloire. À cela s'ajoutait une sympathie particulière pour un cadet malléable auquel, par beaucoup de traits, il pouvait s'identifier. Certes, Muiron n'avait pas connu comme lui les affres de la pauvreté. Il appartenait cependant à sa famille d'esprit. Révolutionnaire mais dégoûté par les exactions et les crimes de la populace autant que par les excès sanglants des représentants en mission, il aspirait à une Révolution qui, après avoir corrigé les injustices, aurait replacé le mérite à sa juste place, s'assagirait et se purgerait de ses folies.

C'est pourquoi il s'était tant battu auprès des bureaux récalcitrants pour obtenir la venue de Muiron à l'armée d'Italie. Ce jeune homme lui était si précieux qu'il en avait fait son aide de camp, l'homme qui lui était le plus proche avec Berthier.

Le sang de cet ami qui l'a éclaboussé au pont d'Arcole, rien ne pourra en effacer la trace. Où qu'il aille désormais, Napoléon garde le souvenir de cet être aérien qui s'est sacrifié pour lui. Il parle à cet ami disparu comme à un autre lui-même. Jamais son image ne s'effacera. Jusqu'à Sainte-Hélène, il ne cesse de l'évoquer comme un frère chargé d'un message mystérieux venu du royaume des ombres. Comme l'intermédiaire privilégié de son dialogue avec l'invisible.

## VIII

*27 septembre 1797*

Installé à Passeriano, dans un paysage romantique entre mer et montagne, sur les bords du fleuve Tagliamento, dans une somptueuse demeure ayant appartenu à un doge de Venise, Napoléon négocie à Udine le traité de paix de Campo-Formio. Mué en diplomate — un diplomate au caractère un peu

spécial qui hurle, menace, casse de la vaisselle —,
il fait son apprentissage d'homme d'État. Il est
entré en pourparlers avec l'ambassadeur comte de
Cobentzel qui a remplacé le baron de Thugut. Et,
ce 27 septembre 1797, Bonaparte ne doit pas seulement faire face aux plénipotentiaires de l'empereur d'Autriche, mais aux cinq Directeurs ligués
contre lui. Ils ont eu besoin de sa gloire, mais,
aujourd'hui, celle-ci leur fait peur. Ce général en
chef de l'armée d'Italie est décidément trop peu
docile. Il a louvoyé avec une habileté diabolique
entre tous les pièges qu'ils lui ont tendus. Loin
d'avoir supprimé les monarchies et abattu le pape,
« ce foyer de la superstition », il les a ménagés avec
des arguments spécieux. Après lui avoir délégué le
général Clarke pour tenter d'amoindrir ses pouvoirs en matière de négociations diplomatiques
— mais celui-ci, au lieu de se muer en rival, a vite
été subjugué par celui qu'il devait contrôler et
espionner —, ils ont tenté de retourner le brave
mais peu subtil Augereau contre lui. C'est mal
connaître Napoléon. Il va avoir recours pour la
dixième fois au chantage qu'il n'a pas cessé
d'exercer sur eux pour les contraindre à se soumettre à ses vues. La lettre comminatoire qu'il leur
écrit est un chef-d'œuvre de sourdes menaces avec
toutes les apparences de la soumission. Il sait qu'il
n'a affaire qu'à des pleutres sous leurs airs de mata-
mores. Il connaît leur discrédit dans l'opinion
alors que sa légende ne cesse de grandir. De plus, il
a compris que l'une des clés de la popularité en
France, c'est de parler à l'imagination du peuple
en évitant de s'embourber dans les réalités quoti-
diennes. C'est la stratégie de l'éloignement dont il

va encore user et abuser. D'autre part, il n'ignore pas qu'en matière de politique comme en matière militaire, un homme seul, déterminé, l'emporte toujours sur cinq adversaires indécis, empêtrés dans leurs rivalités.

Il a décidé de les mettre au pied du mur. « Je vous prie, citoyens Directeurs, de me remplacer et de m'accorder ma démission. Aucune puissance sur la Terre ne sera capable de me faire continuer à servir après cette marque horrible de l'ingratitude du gouvernement à laquelle j'étais bien loin de m'attendre. Ma santé considérablement altérée demande impérieusement du repos et de la tranquillité. La situation de mon âme a besoin de se retremper dans la masse des citoyens. »

On imagine l'effroi des Directeurs à la lecture de ces mots, « se retremper dans la masse des citoyens », leur peur à l'idée de voir Bonaparte devenu un civil disponible aux sirènes de l'ambition. Eux, dont le pouvoir est si fragile, constamment menacé par la réaction royaliste — il y a à peine trois semaines que, le 18 fructidor, ils ont procédé à une répression sanglante —, miné par les luttes internes, il ne leur manquait plus que cette ultime catastrophe : voir leur réputation définitivement ruinée pour avoir désavoué un général adulé au beau milieu de ses pourparlers de paix. Ils font immédiatement marche arrière. Ils lui accordent un blanc-seing. Désormais, Napoléon a les mains libres pour traiter comme il l'entend avec l'Autriche. De cette épreuve de force dont il sort vainqueur, il a acquis la certitude que, désormais, les Directeurs ne lui refuseront plus rien. En proie à une peur panique, ils lui cèdent sur toute la ligne. Ils le nomment coup sur coup plénipotentiaire au congrès de Rastadt et lui offrent sur un plateau le commandement de l'armée de l'Angleterre chargée d'envahir les îles Britanniques.

Le Directoire, effrayé, opère désormais une fuite en avant : il est prêt à tout accorder à Napoléon plutôt que de le voir s'installer à Paris. Ce qu'ils ne savent pas, ces Directeurs, tant ils sont occupés à écoper leur bateau qui coule, c'est à quel point ils entrent ainsi dans les vues de celui qu'ils repoussent. Il ne tient à rien moins qu'à se compromettre avec eux. Il veut sauver sa gloire, loin de leur désastre.

Des échanges barbelés qu'il a entretenus avec les Directeurs et les responsables du gouvernement pendant près de deux ans, Napoléon n'a retiré qu'un seul bénéfice appréciable : il a trouvé en Talleyrand, nouveau ministre des Relations extérieures, un interlocuteur digne de lui. Entre les deux hommes qui ne se connaissent pas, immédiatement se crée un lien. Le jeune général en chef apprécie la culture, les manières, la subtilité de ce délicieux fantôme de l'Ancien Régime qui a connu le temps de la douceur de vivre. Il a du respect pour les aristocrates — « seuls ces gens-là savent servir ». Loin d'être infatué de ses succès, il sait que l'expérience et la sagesse de l'ancien prélat peuvent lui être profitables. Il est même capable de reconnaître ses excès d'impétuosité. Ainsi, avec le comte de Cobentzel, avec lequel il a ferraillé dur pour lui arracher la signature de l'accord de Campo-Formio. Il s'excuse en souriant de ses manières un peu rudes : « Je suis un soldat habitué à jouer ma vie tous les jours ; je suis dans tout le feu de ma jeunesse, je ne puis garder la mesure d'un diplomate accompli. » Et pour ne pas lui laisser un trop mauvais souvenir, il l'embrasse.

Napoléon a pris bien soin de ne pas maltraiter les rejetons des familles émigrées qu'il a trouvés sur son chemin en Italie. Il a fait preuve d'humanité avec eux, tout comme il a ménagé le pape. Et il s'est arrangé pour que cela se sache à Paris. En revanche, à Rastadt, il refuse de négocier avec Axel de Fersen, ambassadeur du roi de Suède, sous prétexte qu'il a couché avec la reine. Il ne le reçoit que pour l'humilier. Comme si déjà il s'identifiait à l'État, à la monarchie.

A-t-il pressenti en Talleyrand un futur allié contre les Directeurs tout empêtrés dans leurs intrigues ? À demi-mot, ils se sont compris. Entre le vieux prélat auquel son infirmité a fermé la carrière des armes et le jeune stratège couvert de gloire dont les rêves sont désormais civils, se noue une étrange alliance.

C'est lui qu'il prend pour confident de ses réflexions en matière constitutionnelle, en ayant soin de lui demander de les communiquer à Sieyès dont « il estime le talent » et pour lequel il éprouve « une amitié particulière ». Car ces deux pions-là forment déjà l'échiquier dont il compte bien se servir à l'avenir. Il met en pièces la Constitution de l'an III : « Le pouvoir du gouvernement dans toute la latitude que je lui donne devrait être considéré comme le vrai représentant de la nation. » Il accuse cette Constitution d'aboutir non seulement à la paralysie par l'inflation du pouvoir législatif, mais de condamner le gouvernement à la répression et à la violence : « C'est un grand malheur pour une nation de trente millions d'habitants et au XVIIIe siècle d'être obligée d'avoir recours aux baïonnettes pour sauver la patrie. Les remèdes violents accusent le législateur. »

Mieux, il lui a confié ses rêves orientaux, son souhait d'aller en Égypte pour ruiner le commerce anglais, un vieux projet de Choiseul qui, en dépit de ses allures chimériques, trouve aussitôt en Talleyrand un chaleureux défenseur. Celui-ci n'aura de cesse de lui obtenir ce jouet qu'il convoite avec tant d'ardeur.

Il ne reste plus aux deux hommes qu'à se rencontrer pour tomber dans les bras l'un de l'autre. C'est vite chose faite à l'arrivée de Bonaparte à Paris. Sa première visite est pour lui, à l'hôtel de Galliffet où demeure le ministre des Relations extérieures. Ils en sortent très satisfaits. Talleyrand est séduit : « Au premier abord, il me parut avoir une figure charmante ; vingt batailles gagnées vont si bien à la jeunesse, à un beau regard, à de la pâleur et à une sorte d'épuisement. » Il va proclamer haut et fort les grands mérites du jeune général en chef quand il le présente aux Directeurs lors d'une réception solennelle au palais du Luxembourg. Dans sa harangue vraiment prémonitoire, il pressent à son début l'extraordinaire phénomène d'identification du peuple à Napoléon : « Tous les Français ont vaincu en Napoléon ; aussi sa gloire est la propriété de tous ; aussi il n'est aucun républicain qui ne puisse en revendiquer sa part. »

Ovationné à Paris, il saisit l'occasion qui lui est

offerte de devenir membre de l'Institut, dans la section « mathématiques ». Il est largement élu. Ce n'est pas par goût des honneurs qu'il accepte de figurer au milieu des savants. Il veut opérer une subtile reconversion : apparaître comme un civil, un administrateur, un homme de la paix.

Politiquement aussi, il a évolué. Rien n'est plus significatif que la querelle qui l'oppose aux Directeurs à l'occasion de la célébration de l'anniversaire de l'exécution de Louis XVI en l'église ci-devant Saint-Sulpice rebaptisée le Temple de la Raison. Il leur donne une cuisante leçon de gouvernement qui montre à quel point il les domine par la sagacité politique : pour les régicides du Directoire, cette célébration doit permettre de souder les républicains autour d'un événement hautement symbolique de la Révolution. Napoléon n'y voit, lui, qu'une malsaine complaisance. L'acquis, c'est le 14-Juillet. Le 21 janvier n'est qu'un crime d'État. Un crime, ça ne se fête pas. Aussi est-il résolu à ne pas se rendre à la célébration. Il n'ignore pas qu'après tout le sang qui a coulé, son attitude sera appréciée par l'opinion comme un geste d'apaisement. Les Directeurs veulent au contraire, à tout prix, compromettre Napoléon dans leur manifestation. Que ne dirait-on pas si le glorieux chef de l'armée d'Italie était absent ? La négociation va être âpre, chacun campant sur ses positions. Enfin, un compromis est trouvé. Napoléon se rendra en civil avec une délégation de l'Institut à la cérémonie. Il sera présent, certes, mais avec son corps de l'Institut. Autre avantage, pensent les Directeurs : ainsi, on le verra moins au milieu de ses confrères. Déception. Tout le monde n'a d'yeux que pour lui. On l'acclame alors que les Directeurs n'ont droit qu'à des lazzis ou à l'indifférence.

Nommé au commandement de l'armée d'Angleterre, Napoléon ne peut rien faire de moins que de se rendre en inspection sur les côtes de la Manche pour évaluer les chances d'envahir l'Angleterre. Il montre son scepticisme au Directoire et revient sur son idée d'expédition en Égypte, qu'on juge farfelue. Mais on ne peut décidément rien refuser à ce général victorieux. On serait si heureux qu'il parte et, si possible, à la rencontre de l'échec pour ternir un peu l'éclat d'une gloire insolente.

Un des Directeurs — on les surnomme « les cinq mulets empanachés » — La Révellière-Lépeaux, un bossu entiché d'occultisme et de musique de chambre, écrit, parlant de Napoléon, que « la terre lui brûlait les pieds ». Les autres soupirent à l'idée de son départ : ils l'imaginent avec délice se perdant dans les mirages de l'Orient, s'effaçant de leur paysage comme un rêve.

Ils ignorent qu'ils bandent eux-mêmes l'arc d'une flèche qui va leur revenir en plein cœur. Car, si Napoléon part surtout par dégoût et pour préserver son image, sans savoir combien de temps il restera dans ce pays légendaire, c'est avec l'arrière-pensée de revenir un jour les balayer tous. Pour l'instant, comme il se le répète à lui-même : « La poire n'est pas mûre. »

Une constatation à laquelle fait écho le soulagement avoué de Barras : « Il est enfin parti. Le sabre s'éloigne. »

# IX

*11 août 1798*

Place Esbekieh, dans le palais des *Mille et Une Nuits*, abandonné dans sa fuite par Elfy-Bey, Napoléon touche un de ses rêves : l'Égypte. Bercé par le chant du muezzin et le gazouillis des jets d'eau dans les vasques en marbre, marchant dans les enfilades de couloirs et de salons bleu et blanc, décorés de mosaïques, avec une profusion de divans et de tapis, il peut s'abandonner un instant à caresser ses projets de constructeur : la création de l'Institut d'Égypte « pour les sciences et les Lumières » dont il va confier la direction à son indispensable ami, le mathématicien Monge. Il compte bien, avec lui et les savants qui l'accompagnent — il a littéralement vidé l'Institut de ses plus éminents hommes de sciences en état de marche —, aller explorer l'isthme de Suez afin d'y construire un canal qui a existé dans l'Antiquité. Et puis… et puis…

Mais une nouvelle terrible lui parvient : la flotte française a été anéantie dans la rade d'Aboukir. Trois vaisseaux et seulement quelques frégates ont réussi à s'échapper. Il est d'autant plus fou de colère qu'il a âprement combattu l'initiative de l'amiral Brueys : il lui a conseillé en vain de s'abriter dans le port d'Alexandrie. Il n'a même pas la ressource d'agonir d'injures le responsable de ce désastre : le pauvre amiral est mort à bord de *l'Orient* qui a explosé. Il sent le frisson de consternation qui parcourt ses officiers et ses troupes déjà tellement déçus par cette contrée désertique bien loin d'être le pays de cocagne qu'ils avaient imaginé : ce n'est partout que pauvreté, misère, fellahs sans ressources dans des masures en torchis. Et cette chaleur qui est l'haleine torride du désert.

Ce désastre, c'est un miracle qu'il soit intervenu si tard : la flotte aurait dû être anéantie par l'invincible Nelson bien avant d'aborder les côtes d'Égypte. Celui-ci, en effet, prévenu que l'escadre française avait levé l'ancre à Toulon pour une destination inconnue (on parlait de l'Irlande, de la Syrie, de l'Inde), l'avait pourchassée à travers la Méditerranée sans parvenir à établir le contact avec elle. L'amiral Brueys ne donnait pas cher de nos chances de succès dans une bataille navale entre des navires de transport de troupes, peu armés, chargés à ras bord par les bagages des scientifiques, et l'escadre de vaisseaux de guerre commandée par Nelson. Même si l'amiral Brueys jugeait qu'Alexandrie présentait pour la flotte le risque de s'envaser, il paraît incompréhensible qu'il ne se soit pas tenu sur ses gardes, sachant Nelson dans les parages. L'effet de surprise a été total. Stendhal, lui, n'y va pas par quatre chemins. Il juge sévèrement le personnel des amiraux : « Si Napoléon eût trouvé dans la marine un bailli de Suffren, il eût probablement marché sur les traces de Gengis Khan. »

Napoléon, comme à son habitude face à l'adversité, feint de prendre la catastrophe avec flegme. Il sait que la panique est comme les feux de maquis. On ne peut plus l'arrêter. Il pousse même le paradoxe jusqu'à considérer qu'il s'agit là d'une chance : « Cela nous oblige désormais à faire de grandes choses. »

Dans la troupe et dans les états-majors, plus d'un laisse parler sa mauvaise humeur. Notamment l'aigre Kléber, ce grand soldat qui n'a pas un caractère à la hauteur de son courage, a décidément du mal à accepter les lubies de son général en chef. Quant aux soldats ils sont gagnés par la démoralisation. Ils sentent l'ennemi partout. Un ennemi invisible qui se dissimule dans la population et se livre sur les prisonniers à des supplices odieux avant de leur couper la tête qu'ils exhibent sur des piques. Ceux qui ont la chance d'échapper à la mort n'échappent jamais à ces sévices humiliants en cours chez les Turcs dont, un siècle plus tard, le colonel Lawrence fera la cruelle expérience lorsqu'il tombera entre leurs mains. Ce désarroi des soldats et des officiers est d'autant plus perceptible que leurs souffrances qu'ils confient dans des lettres à leurs proches se retrouvent retranscrites dans les gazettes anglaises. La marine de Nelson livre en pâture à la presse toutes les correspondances saisies pour casser ainsi le moral des troupes françaises ; par ce procédé si peu fair-play, qui porte à son comble la guerre psychologique, que de secrets intimes sont révélés : éclaboussés par la lumière violente de la publicité qui trahit leur vie privée, des couples vont se déchirer, des amis se brouiller. Au cœur d'un pays hostile, les soldats doivent affronter aussi l'humiliation de se savoir trompés par leurs maîtresses ou leurs épouses, qui plus est à la connaissance de tous.

Napoléon croit à son destin. L'expédition d'Égypte n'a jamais été pour lui qu'un prétexte à une expédition beaucoup plus vaste. Son objectif : atteindre les Indes et aller porter le fer aux Anglais au cœur d'une de leurs plus importantes colonies. Battre les Anglais, bien sûr, mais, surtout, remettre ses pas dans ceux d'Alexandre, le conquérant des conquérants, l'inégalable. Il imagine ses soldats se baignant dans l'Indus. Ce projet, comment aurait-il pu l'avouer aux « avocats du Directoire », vétilleux et étriqués ? Mais ils ne sont plus là pour le brimer dans ses rêves. La distance a rompu les amarres avec le gouvernement. Cette terre d'Égypte va le sacrer chef d'État. Désormais, plus rien n'échappe à son contrôle dans ce pays. En matière d'organisation publique, sociale ou religieuse, il a l'œil à tout : « Je veux marier le Croissant et le Bonnet rouge, les Droits de l'homme et le Coran. » Il n'est plus un général en chef ayant des comptes à rendre aux Directeurs comme en Italie. Ici, il est son propre maître. L'ivresse du pouvoir, désormais, ne le quittera plus.

Au dire de son secrétaire, Bourrienne, « il se couchait à plat ventre sur les cartes étendues devant nous et plantait des repères vers les villes qu'il envisageait de conquérir ». Saint-Jean-d'Acre lui ouvrirait les portes de la Perse, puis de l'Inde où il joindrait ses forces à celles de Tippoo Sahib, un prince indien en rébellion contre les Anglais. Un message adressé par lui à Tippoo Sahib intercepté par les services britanniques avait d'ailleurs jeté l'alarme dans leur camp. Cette lettre les inquiétait d'autant plus qu'un de leurs agents à Francfort avait su, par les indiscrétions d'un Français, un certain Foujas de Saint-Fond, que l'expédition de Bonaparte consistait, « après avoir pris possession de certaines parties de l'Égypte, à poursuivre par l'Arabie, vers la Perse et l'Indus, à travers le fleuve, à peu près à l'endroit où Alexandre l'avait passé, et ensuite à avancer vers les possessions britanniques ». On voit à quel point les services de renseignement anglais étaient efficaces. D'autant plus que ceux-ci avaient su de quels livres se composait la bibliothèque réunie par le général en chef avant son départ : la plupart traitaient de la Perse et des Indes.

C'était comme si les Anglais lisaient à livre ouvert dans la pensée de Napoléon. Celui-ci, après avoir écrasé les mamelouks, va en effet se diriger vers Saint-Jean-d'Acre. « Si Saint-Jean-d'Acre tombe, je serai demain Empereur de tout l'Orient. » Il reviendra sur ce rêve fracassé, à Sainte-Hélène, confiant à Las Cases : « Saint-Jean-d'Acre enlevé, l'armée française volait à Damas et à Alep. Elle eût été en un clin d'œil sur l'Euphrate... J'aurais atteint Constantinople et les Indes, j'eusse changé la face du monde. »

Malheureusement, Saint-Jean-d'Acre, par sa résistance, stoppe ce rêve : « Un grain de sable arrêta ma destinée. » Plus tard, sans qu'on puisse vraiment le croire, il s'écrira : « Mon imagination est morte à Saint-Jean-d'Acre. »

Napoléon ignore encore que le sultan de Constantinople a déclaré la guerre à la France. Et, comme si toutes ces menaces qui l'enveloppent ne suffisaient pas — y compris l'insurrection du Caire qui sera noyée dans le sang —, il doit affronter un malheur privé : la nouvelle trahison de Joséphine connue quelques jours après avoir débarqué à Alexandrie.

Le mot de « trahison » est-il celui qui convient pour l'indolente et volage créole ? Quand ne l'a-t-elle pas trompé ? Elle n'a cessé de passer de bras en bras, de la veille au lendemain de son mariage avec Bonaparte. Aux étreintes de Barras ont succédé celles de Murat et d'Hippolyte Charles. À Milan, déjà, son escapade à Gênes avec ce mirliflore avait provoqué la fureur de son mari. Cette fois, c'est la tromperie de trop. Napoléon est décidé à rompre. En réponse à sa femme qui l'a humilié, il va utiliser une nouvelle arme : la vengeance. Mais l'Égypte n'est pas l'Italie où, en matière de jolies femmes, on n'a que l'embarras du choix. Les houris engraissées dans les harems déplaisent souverainement au général en chef : « des sacs de graisse parfumés ». Il fera pourtant une brève expérience avec l'une d'elles, mince, jeune et très jolie. Pour son malheur : elle sera égorgée après le départ des Français.

Napoléon, qui ne goûte guère cette main-d'œuvre étrangère, tourne alors les yeux vers une extravagante jeune femme, épouse d'un de ses officiers qui, contrairement aux ordres, l'a suivi, travestie en hussard. Pauline Fourès. Ce romanesque a déjà de quoi allumer l'imagination d'un homme qui aimera toujours le fantasque, l'imprévisible, le théâtral.

Ce n'est pas de gaieté de cœur que Napoléon s'embarque dans cette aventure amoureuse. Son cœur blessé ne peut écarter la pensée de l'infidèle Joséphine qui le lancine. Sa trahison l'obsède. Elle le hante. Si peu d'illusions qu'il ait jamais nourries sur sa fidélité, il voudrait croire à son amour. En vain. Il n'y croit plus. Il en souffre. Il voit se profiler devant lui la longue suite des tortures qu'il a endurées en Italie, les affres de l'absence et de la jalousie. Et tout cela pour quoi ? Pour qui ? Tant qu'il éprouvait des hésitations sur sa destinée, ses souffrances d'amoureux trahi le laissaient désemparé. Désormais, il doit se hisser au-dessus des faiblesses communes.

Il faut bien meubler ses nuits pour échapper à la solitude.

Quel plus joli meuble alors que Pauline Fourès, ancienne modiste de Carcassonne que tout le monde va bientôt surnommer Bellilote. Amusante, gaie, un peu fofolle, elle n'a pas froid aux yeux. C'est une proie facile pour le général en chef. Elle ne lui offre qu'une résistance symbolique au cours d'un dîner auquel il l'a conviée seule au palais de la place Esbekieh.

Un seul inconvénient : elle a un mari. Qu'à cela ne tienne, il sera promu capitaine et envoyé dare-dare porter des messages sans importance au Directoire. Mais la frégate qui éloigne le mari gênant est arraisonnée par les Anglais qui, au fait des raisons de son éloignement — décidément, ils sont très bien renseignés —, le débarquent à Alexandrie.

C'est trop tard : l'irréparable est commis, l'adultère consommé. Pauline se pavane au bras du général en chef, humant avec lui le parfum de la gloire, et congédie définitivement son mari.

On quitte l'histoire romaine de César et de Cléopâtre pour le vaudeville, et même l'opérette : tout est réuni, l'Orient, les pyramides, les savants qui s'égaillent dans les ruines des temples à la recherche des papyrus, et la jeune maîtresse du général en chef travestie en hussard.

Installée luxueusement dans une maison qui jouxte le palais d'Elfy-Bey, Pauline Fourès s'adapte très vite à ce rôle de maîtresse officielle. Elle participe à toutes les cérémonies en compagnie du général en chef qui a pour elle beaucoup d'égards. Elle est à ses côtés, avec le pacha Aboubokir, lors de la magnifique fête qui célèbre chaque année la crue du Nil. Très vite, Napoléon s'est attaché à elle avec ce caractère sentimental, affectueux et enjoué qui sera toujours le sien avec ses maîtresses. Seule Joséphine lui a fait éprouver une passion dévorante et exaltée. Mais, désormais, ce fil-là est rompu — du moins il le croit. À vingt-neuf ans, il s'est résigné à ne plus vivre l'amour absolu, à la manière des héros de Jean-Jacques Rousseau. Il accepte avec fatalisme que les femmes lui soient infidèles, puisque, si ce n'est dans leur nature — *così fan tutte* —, c'est dans l'essence même de l'amour, volage et volatil. Il n'en reste pas moins tendre, jaloux, très généreux et presque espiègle : comme si une part d'enfance subsistait dans les jeux amoureux. L'amour sera désormais pour lui un délassement, un moment d'abandon et de tendresse qui le distrait un instant — un court instant — de la tension du pouvoir. L'amour est aussi l'occasion pour ce curieux insatiable d'observer les femmes dans l'infinie variété de leurs caractères, de leurs attachements et de leurs émois. Toujours ce goût pour l'irrationnel, le magique, l'inexplicable, le merveilleux qu'elles lui procurent avec la beauté de leurs corps. Cet homme fidèle, ce mari à principes, a été rejeté presque malgré lui par l'inconduite de Joséphine dans l'infidélité perpétuelle.

Pauline Fourès était aussi, de la part de Napoléon, l'objet d'une autre sorte d'expérimentation : il voulait voir s'il pouvait avoir un enfant. Ce fut un échec. Sinon, son sort eût pu être bien différent. Stérile, il n'hésita pas à rompre avec elle dès son retour en France, craignant les commérages dont les journaux s'étaient fait déjà l'écho. Il la dédommagea fastueusement. Elle poursuivra sa vie d'aventurière, toujours charmante, toujours fofolle, s'entichant d'un certain Ranchoup, qu'elle épousa et que Napoléon nomma consul quelque part en Espagne. Elle le quittera, gardant son patronyme comme un nom de guerre. Elle s'adonnera à la peinture, tiendra un salon et aura une multitude d'amants avant de mourir, ruinée, en 1869, à quatre-vingt-dix ans. Quelle carrière !

Le procédé employé par Napoléon pour se débarrasser d'un mari gênant montre à quel point il avait pris les méthodes des potentats orientaux. Même si cette conduite est moins condamnable que celle de David qui, pour éloigner un général qui gênait ses amours, l'avait envoyé à une mort certaine, elle témoigne d'un singulier mépris et d'une exorbitante indulgence pour ses propres faiblesses. Car le malheureux Fourès risquait de passer des années dans les pontons anglais et, qui sait ? d'y laisser la peau. Cette perspective n'arrêta pas un instant Napoléon. Tel était son bon plaisir…

Cet excès de pouvoir paraît évidemment bien bénin en comparaison du crime commis sur les Turcs prisonniers à Jaffa. Deux mille d'entre eux — les plus optimistes disent mille — furent mitraillés dans le désert puis passés au fil de l'épée ou de la baïonnette au cours d'une boucherie qui écœura les vétérans les plus aguerris aux horreurs de la guerre. Chateaubriand, dans ses *Mémoires*, en fait l'acte d'accusation le plus grave contre Napoléon. Stendhal, lui, considère cet épisode plus froidement : comme la conséquence implacable des lois de la guerre. Il excuse de la même façon l'effroyable répression qui a suivi les insurrections de Pavie.

Napoléon manque de près la réalisation d'un projet qui, pourtant, lui tenait à cœur : le percement du canal de Suez afin de relier la mer Rouge à la Méditerranée. Il se rend sur place en compagnie de l'indispensable Monge, de Berthollet, de Costaz et Lepère. S'étant aventuré trop avant, il s'en faut de peu qu'il ne soit englouti avec sa suite dans les eaux de la mer Rouge comme, jadis, l'armée de Pharaon. Il reconnaît les vestiges de l'ancien canal et donne des ordres afin que les scientifiques puissent se livrer à des mesures et à des opérations de restauration. Il prononce alors ces paroles prophétiques : « Les restes du canal sont parfaitement conservés. Il n'y a aucune espèce de doute qu'un jour, les bateaux ne puissent transporter des marchandises de Suez à Alexandrie. » Il tenait là le moyen d'asphyxier le commerce anglais. Nul besoin d'aller jusqu'aux Indes.

Si l'on juge l'expédition égyptienne et syrienne du seul point de vue militaire, c'est un échec. Entre le désastre d'Aboukir, le recul devant Saint-Jean-d'Acre et le sort futur qui attendait l'armée, l'assassinat de Kléber, la reddition de Menou, la question est réglée. Si, en revanche, on la regarde de plus haut, avec le recul, elle apparaît comme une fabuleuse épopée, sans précédent dans l'histoire. Elle aurait manqué à notre patrimoine de rêves, d'exotisme, de magie dont la France s'est nourrie. A-t-on jamais vu une expédition militaire embarquer avec elle la moitié de l'Institut, des savants, un Monge, un Berthollet, un Geoffroy Saint-Hilaire ; Vivant Denon pour l'illustrer par ses dessins ; un poète pour en être le Homère ? Avouons que, pour une fois, avec le fade Parseval-Grandmaison, Napoléon n'a pas eu la main heureuse. Il ne sera pas son Xénophon. Ne manque que le peintre David qui, au dernier moment, s'est dérobé, provoquant la colère du général en chef privé d'une grande fresque historique.

La légende habilement mise en scène l'a finalement emporté sur les tristes réalités des revers militaires d'une expédition dont le but était chimérique. Certes, il y a eu les victoires, les pyramides, Jaffa, Aboukir, avec lesquelles Napoléon a eu l'habileté, en génial escamoteur, de camoufler ses échecs.

L'expédition d'Égypte est peut-être le projet de conquête le plus caractéristique de Napoléon : à la fois inutile et essentiel. Ses dividendes se peuvent mesurer non en traités commerciaux, en avantages territoriaux, mais dans une monnaie beaucoup plus rare, celle de l'ineffable. Elle montre qu'à l'évidence il n'est ni un chef de guerre, ni un homme d'État comme les autres. Là où les politiques travaillent dans la matière de la réalité, il sculpte dans le rêve. Mais ce rêve, par une étrange transmutation, devient réalité. Le faux devient vérité.

Pour comprendre un tel homme, il faut admettre que c'est un poète en action.

Ce que n'a certainement pas compris le courageux, mais limité, Kléber. Abasourdi par le départ à la sauvette du général en chef, dont il n'a eu connaissance que par une lettre dans laquelle il lui confiait le commandement de l'armée, il fulmine : « Notre homme est parti comme un sous-lieutenant qui brûle sa paillasse après avoir rempli du bruit de ses dettes et de ses fredaines les cafés de la garnison. » Fatale opposition entre un militaire un peu borné et un artiste de la politique.

Est-ce en songeant à ce pays, aussi soudainement conquis qu'il serait rapidement perdu, laissant dans l'ombre de sa vie un parfum ensorcelant, que Napoléon s'exclamait : « Je fais mes plans de bataille avec les rêves de mes soldats endormis » ? Ces soldats rouspéteurs, criailleurs, mauvais coucheurs, qui n'ont pas cessé de maudire ce pays magnifique mais ingrat, une fois rentrés dans leur contrée humide, des images plein les yeux, mettront du temps à s'éveiller de leur rêve : le chant du muezzin et les houris alanguies les hanteront longtemps. Comme si, en une seule année, par la grâce de ce diable d'homme, ils avaient vécu dix vies.

## X

*24 août 1799*

Un pari fou au cœur d'une entreprise qui est elle-même un coup de folie : Napoléon abandonne l'Égypte, ses généraux, ses soldats, ses rêves. Il s'embarque avec son état-major dans deux frégates vénitiennes baptisées du nom de deux officiers morts glorieusement : *La Carrère* et, surtout, *La Muiron*, du nom de son aide de camp qui s'est sacrifié pour lui à Arcole. C'est à son bord qu'il va effectuer le voyage en compagnie de Monge et de Berthollet. La plus incroyable aventure qui se puisse imaginer commence : un général en chef abandonnant son armée pour se jeter avec deux navires peu rapides et à peu près désarmés dans une Méditerranée infestée d'Anglais. Quasiment dans la gueule du loup : Nelson qui le guette avec son œil d'oiseau de proie et sir Sidney Smith au large du cap Bon. De n'importe qui d'autre, on crierait à l'inconséquence, à la déraison suicidaire. Mais Napoléon ne serait pas lui-même sans ce culot diabolique qui n'est que le reflet de son fatalisme : il croit en son destin. Et cela seul répond à toutes les objections. Comme en Corse, à Toulon, à Arcole, à Rivoli, comme avec les pestiférés de Jaffa, il s'expose aux plus grands dangers en toute sérénité. Qu'est-ce que la vie pour lui, sinon une perpétuelle ordalie dont il est certain de sortir vainqueur ?

Cette navigation périlleuse va durer plus d'un mois. Elle se déroule dans une ambiance de mysticisme et d'occultisme, de dialogue avec les ombres qui lui donne l'allure d'une expédition aux frontières du réel. On pense à la course du *Pequod* du capitaine Achab. Est-ce le danger, l'extravagance du pari, l'exotisme, l'invraisemblable accouplement de savants, de généraux et d'artistes ? Tous les personnages de cette aventure semblent se transmuer en allégories ou en zombis. On n'est plus entre ciel et mer, mais entre rêve et magie, abandonné à ces puissances des ténèbres qui paraissent tirer les fils du monde réel.

Et d'abord *La Muiron*! La superstition qui a conduit Napoléon à baptiser cette frégate du nom de son ami mort et à la choisir comme embarcation fait peser sur elle une ombre étrange et funèbre. Comment ce jeune et beau mort, emporté dans la fleur de l'âge, dans les boues de l'Alpone, ne serait-il pas étrangement présent? D'autant qu'ils sont nombreux, sur le navire, à l'avoir fréquenté et aimé.

Dans la nuit, et dans une incertitude plus oppressante que cette nuit, *La Muiron* attend la brise qui l'éloignera des côtes où croise l'escadre de sir Sidney Smith. L'amiral Gantheaume, au moment où Napoléon montait à son bord, lui a dit : « Je gouverne sous votre étoile. »

Au cours de cette traversée hérissée de périls, de menaces, d'alertes, Napoléon se livre à des rêveries éveillées qui, toutes, reviennent sur un sujet essentiel : la destinée. Il n'est préoccupé que de cela, de ce lien magique qui le relie aux étoiles, aux mystères de la vie, aux décrets de la Providence. Est-ce parce qu'il ne cesse de se faire relire par Lavalette, son aide de camp, les *Vies des hommes illustres* de Plutarque? Ce livre, il le connaît par cœur. Il semble ne chercher qu'une confirmation de l'intuition qui le domine : l'existence des grands hommes est tracée d'avance. Ils sont prédestinés. Pour lui, cela n'a fait aucun doute : il est de leur race et sur leurs traces.

À Berthollet qui l'interroge sur les dangers qu'ils courent, il confie : « Il faut savoir oser et calculer, et s'en remettre du reste à la fortune... Oser... calculer... ne pas s'enfermer dans un plan arrêté... se plier aux circonstances, se laisser conduire par elles. Profiter des occasions comme des plus grands événements. Ne faire que le possible et faire tout le possible. »

Un autre soir, toujours devant Berthollet, il laisse voir son surprenant mysticisme : « J'ai une âme de marbre que rien ne trouble, un cœur inaccessible aux faiblesses communes. Mais vous, Berthollet, savez-vous assez ce qu'est la vie et la mort ? En avez-vous assez exploré les confins pour assurer qu'ils sont sans mystère ? Êtes-vous sûr que toutes les apparitions soient faites des fumées d'un cerveau malade ? Pouvez-vous expliquer tous les pressentiments ? »

Et le voilà qui cite les exemples d'officiers ayant eu l'intuition de leur mort prochaine : le général La Harpe à Fombio, le capitaine Aublet surnommé Minerve pour sa beauté et sa vertu, tué à Mantoue après une apparition funèbre de son ami, le capitaine Demarteau. Tous deux étaient inséparables. « Aublet était l'esclave sublime du devoir, Demarteau, l'amant joyeux de la gloire. »

Il poursuit : « Certains des faits attestés dans ce rapport sur la mort des deux hommes tiennent du prodige. Il faut en rattacher la cause soit à des facultés inconnues que l'homme acquiert en des moments uniques, soit à l'intervention d'une intelligence supérieure à la nôtre. »

Bourrienne, son secrétaire, donne plusieurs exemples de son extraordinaire don de prémonition en Égypte. Un jour qu'il lui confiait que l'adjudant-général Gresieux avait refusé de lui serrer la main par peur de la peste, Napoléon s'était exclamé : « S'il a peur de la peste, il en mourra. » L'officier était mort trois mois plus tard. Même prescience lorsqu'une djerme, une grande barque armée par les Français qui l'avaient surnommée « l'Italie », s'était échouée sur un banc de sable du Nil : tous les soldats qu'elle transportait avaient été massacrés par les Arabes. À cette nouvelle, Napoléon s'était écrié : « L'Italie est perdue ; c'en est fait, mes pressentiments ne me trompent jamais. » Trois mois plus tard les Français étaient chassés d'Italie par les Autrichiens.

Lui qu'on imagine un monument de volonté laisse apparaître encore son fatalisme : « Misérables que nous sommes, nous ne pouvons rien contre la nature des choses. Les enfants sont volontaires. Un grand homme ne l'est pas. Qu'est-ce qu'une vie humaine ? La courbe d'un projectile. »

Le soir, il se promène en silence sur le pont, méditant sous la voûte étoilée. Pas difficile d'imaginer où le mènent ses pensées. Désormais, il ne s'en cache même plus. S'il rentre à Paris, c'est que sa décision est prise. Il doit prendre le pouvoir, chasser la « bande d'avocats » qui mène le pays à la ruine :

« Il faut balayer ces fripons et ces incapables, et mettre à leur place un gouvernement compact, de mouvements rapides et sûrs comme le lion. Il faut de l'ordre. Sans ordre, pas d'administration. Sans administration, pas de crédits ni d'argent, mais la ruine de l'État et celle des particuliers. Il faut arrêter le brigandage et l'agio, la dissolution sociale. Qu'est-ce que la France sans gouvernement? Trente millions de grains de poussière. Le pouvoir est tout. Le reste n'est rien. De peur des jacobins, des émigrés et des chouans, la France se jettera dans les bras d'un maître.

— Et ce maître? demande Berthollet, avec cet à propos de courtisanerie dont les grands savants ne sont pas exempts. Ce sera sans doute un chef militaire?

— Non pas, réplique Napoléon avec vivacité. Non pas. Jamais un soldat ne sera le maître de cette nation éclairée par la philosophie et par la science. Dans l'État, la prééminence appartient aux civils. »

L'auditoire se tait, chacun cherchant à deviner quel est ce civil prestigieux auquel songe le général en chef.

Rompant le silence, Napoléon laisse tomber :

« Je suis membre de l'Institut. »

Plusieurs fois, la petite escadre composée de deux frégates et de deux avisos voit apparaître des navires de guerre battant pavillon anglais, mais ceux-ci, soit négligence, soit vent défavorable, dédaignent de leur faire la chasse. Pourtant, il y a là toute l'intelligence française et une demi-douzaine de futurs maréchaux de l'Empire.

L'amiral Gantheaume a mis le cap sur la Sardaigne afin de débarquer à Toulon. Mais le vent contrarie ce projet — ce vent qui semble accompagner toujours la destinée de Napoléon — et voilà que le seul port qu'on peut atteindre est Ajaccio. Les symboles, décidément, s'attachent à ses pas. On débarque au milieu des acclamations. Les oncles, les tantes, les cousins, et même la vieille nourrice, Camille Ilari, tous lui font fête.

Napoléon fait les honneurs de la casa Buonaparte, rue Malerba, à ses compagnons. Puis, à cheval, il les entraîne aux Milelli.

Pendant sept jours, l'escadre est immobilisée. Puis le vent favorable se lève. Et le 17 vendémiaire, *La Muiron* mouille dans la baie de Saint-Raphaël, accueillie par une foule en délire. Pas question d'un séjour au lazaret. Les embrassades des admirateurs qui se sont rués sur le navire ont rendu cette formalité inutile. Et puis l'homme qui débarque, on le sent, n'est plus astreint aux lois communes. Dans peu de temps, il sera la loi.

La ferveur qui l'accueille va s'amplifier jusqu'à Paris. Dès lors, ce général en chef, qui débarque auréolé d'une gloire acquise dans un pays lointain, escorté par de prestigieux savants, encore tout ébaubis de leurs aventures, de généraux bronzés par le soleil de la gloire et d'un détachement de mamelouks à l'accoutrement bizarre qui ajoutent encore aux exploits une touche d'orientalisme, oui, ce général en chef de trente ans, on se dit qu'il ne peut être un homme comme les autres.

## XI

*16 octobre 1799*
Comme si son destin n'était pas assez romanesque, Napoléon va se payer le luxe d'une faiblesse à laquelle on s'attend le moins de la part d'un héros : le désespoir amoureux. Le bâtisseur

hors catégorie qui a mis à genoux les armées ottomanes et mameloukes, créé l'Institut d'Égypte, jeté les bases de la construction du canal de Suez, que tout Paris acclame avec un formidable élan de liesse, est touché au cœur. On pensait l'affaire Joséphine enfin terminée ; la belle créole évanouie comme un mirage dans le désert. C'était compter sans le cœur inflammable et enflammé du général en chef qui, parti pour lui annoncer un divorce, ne trouve rue Chantereine, rebaptisée en son honneur rue de la Victoire, qu'une maison vide. À 6 heures du matin, il pensait la surprendre au lit — avec quelle angoisse ! Mais non. Au lieu d'une femme sur laquelle il aurait pu assouvir sa fureur, son mépris à force d'insultes et de reproches : l'absence. Une absence toute parfumée de robes, de châles, de souvenirs, d'un lit qui lui rappelle tant de voluptés. Que dire de la jalousie ? Sans doute, ce lit a vu passer nombre d'amants. Et cette idée ravive encore le désir chez cet amoureux. Il pensait affronter une femme adultère et, dans ce matin sale d'octobre, il est condamné à se battre contre lui-même. Il erre de pièce en pièce, avec pour seul compagnon le mamelouk Roustam dans son accoutrement extravagant qui le suit comme son ombre.

Joséphine, pour une fois, n'est pas partie avec un amant. Apprenant que son mari a été mis au courant de ses frasques, elle s'est précipitée à sa rencontre avec sa fille Hortense. Mais ils n'ont pas emprunté le même chemin. Elle a pris la route de la Bourgogne alors que lui a emprunté celle du Bourbonnais. Ce malentendu va la sauver.

Que fait alors Napoléon, le soir de son arrivée, après avoir trouvé la maison vide ? Qui va-t-il voir pour se faire consoler ? Le mot n'est pas trop fort : Barras ! On croit rêver. L'épopée redescend dans le vaudeville. Ce n'est pas pour lui parler de l'abaissement de l'État, de la ruine de la France ou de ses exploits en Égypte qu'il se rend chez l'homme fort du Directoire — autant qu'il peut y avoir un homme fort dans ce régime d'impuissance —, mais de Joséphine. Uniquement de Joséphine. Il se plaint devant lui. Il s'humilie dans une scène qu'on a peine à croire. Cette dernière grande faiblesse dans une âme aussi forte inspire un malaise. Comme il a dû souffrir pour en arriver là !

Voilà Barras, le viveur, l'homme des parties fines, qui, de surcroît, en sait très long sur les débordements de Joséphine, transformé en conseiller conjugal. Quels sont ses sentiments tandis qu'il voit ce général que tout Paris acclame en héros, presque en sauveur, venir devant lui, fragile et désemparé comme un adolescent à sa première amourette ? Est-il attendri par le témoignage de cette passion, lui, le sceptique revenu de tout qui traite les femmes comme des objets de plaisir sans jamais compromettre son cœur ? Peut-être cette faiblesse le rassure-t-elle ? Ce général qu'il craint ne lui apparaît plus d'une étoffe si dangereuse. Comment pourrait-il se douter que Napoléon possède sur ce point un cœur double ? Il l'a déjà montré en Italie. Au plus profond du désespoir amoureux, il n'était pas moins capable d'accumuler les victoires, d'écrire vingt rapports au Directoire et de négocier avec les Autrichiens. Barras se laisse prendre à cette apparente faiblesse. Il ne peut ôter de sa tête l'idée que Napoléon est son protégé, qu'il l'a découvert, promu.

Il ne peut s'empêcher de le regarder comme sa marionnette, une marionnette parfois récalcitrante, désobéissante mais sur laquelle il garde un ascendant. Sans doute aussi dans son orgueil de mâle se dit-il qu'il sera toujours le plus fort, quels que soient leurs affrontements, tout comme dans la vie privée : n'a-t-il pas dominé Joséphine et tant d'autres alors que ce frêle amoureux transi s'est laissé dominer par elle ? Barras, dans ses fielleux *Mémoires*, rapporte cet échange pathétique sans doute pour jeter une ombre de discrédit sur un homme dont il n'a pas soupçonné la force.

La scène se passe dans le palais du Luxembourg, face à la rue de Tournon, où Barras a ses appartements richement décorés.

« Soyez philosophe, lui conseille Barras.

— Cela est bien aisé à dire », répond Napoléon en poussant de gros soupirs.

Puis il déballe tout à trac ce qu'il a sur le cœur.

« Lors de mon mariage, je n'ai point ignoré que Mme de Beauharnais, séparée de son premier mari, avait vécu avec Hoche, avec ses aides de camp et même avec des inférieurs. Mais, en l'épousant, j'ai cru qu'au moins tout cela était fini et qu'elle ne recommencerait plus. Elle a été une veuve. Eh bien, une veuve, c'est comme une fille libre : l'une et l'autre sont maîtresses de leurs actions. Il n'en est pas de même lorsque l'on a convolé en mariage : il faut s'y soumettre. Il y a une discipline obligée par l'ordre social. Après tout ce que j'ai pardonné à ma femme de ses antécédents, j'étais en droit de croire à une meilleure conduite. Je croyais qu'elle aurait fait balai neuf.

Au lieu de cela, ses débordements n'ont pas eu un moment de repos. »

Il se tait. Puis il reprend, comme s'il cherchait à approfondir encore sa blessure :

« À l'armée d'Italie même où je l'avais fait venir pour l'avoir près de moi, c'était tantôt un officier de cavalerie ou d'infanterie. C'étaient des conscrits. C'était, dernièrement encore, ce petit Charles pour lequel elle a fait toutes sortes de folies et à qui elle a donné des sommes énormes, jusqu'à des bijoux, se conduisant comme une fille. »

Et la conclusion tombe.

« En fait de folie, il n'y a que les plus courtes qui sont les plus excusables. Aussi je veux en finir avec celle de mon mariage. Je divorcerai. »

Barras plaide non pas la cause de Joséphine, dont il admet les erreurs, mais celle du mariage. En homme du XVIIIe siècle, attaché aux principes — c'est bien le seul auquel il soit resté fidèle —, il se donne en exemple :

« Je ne connais pas dans la société de personnes se respectant un peu qui ont usé du divorce et veulent en user encore, à commencer par moi, et je ne suis pas un saint. »

Ces propos raisonnables ont-ils convaincu Napoléon ? Il lui revient en mémoire les paroles d'apaisement prononcées par Collot, un fournisseur des armées qui défendait Joséphine : le secret de la politique, c'est de savoir transiger. Et l'opinion est reconnaissante à l'homme qui montre qu'il est aussi capable de transiger dans sa vie privée.

Revenu pour prendre le pouvoir, il sait que les commérages et la désapprobation qui suivront son divorce nuiront à sa réputation. N'est-il pas incongru de se préoccuper de sa vie privée quand on attend de vous de sauver l'État ? Oscillant entre la fureur et les appels à la raison, il lutte avec lui-même. Au fond, il aime la vie confortable et bourgeoise que lui a aménagée Joséphine. Elle a décoré avec beaucoup de goût la maison de la rue de la Victoire et le choix de la Malmaison le ravit. Le train de maison, avec son parfum aristocratique, ses manières, les usages qu'elle pratique à merveille, tout cela lui plaît. Il n'a à lui reprocher que ce qui touche au cœur : son infidélité. Elle a la tromperie dans le sang.

Le lendemain, à son retour, il ordonne qu'on lui ferme la porte. Elle brave l'interdiction. Elle supplie à la porte de leur chambre. Il reste inébranlable. Elle revient avec ses enfants, Eugène et Hortense, qui joignent leurs lamentations aux siennes.

Finalement, à l'aube, la porte de la chambre s'ouvre. Napoléon est en larmes. Il la prend dans ses bras. Qui pourrait croire en voyant cette étreinte du général en chef et de sa femme infidèle qu'il est à quatre semaines du jour où il va prendre le pouvoir ?

Avec ce pardon, un chapitre se clôt : le cœur aimant de Napoléon se referme à jamais. Revenu à une attitude plus philosophique en songeant aux leçons de l'histoire, il s'exclamera : « Les guerriers d'Égypte sont comme ceux du siège de Troie : leurs femmes ont gardé le même genre de fidélité. » Il connaîtra d'autres amours, plus jamais de délires. Plus jamais la folie.

# XII

*Le 18 brumaire 1799*

Le Napoléon du grand jour est en petite forme. Fébrile, nerveux, les traits tirés, plus jaune et bilieux que d'ordinaire sous son teint hâlé, il paraît encore plus petit et chétif au milieu du vaste hémicycle. Engoncé dans son uniforme brodé de général en chef, le chapeau à la main, on dirait un enfant malingre déguisé en militaire de parade. Le visage bourgeonnant de boutons de fièvre qu'il triture nerveusement, il fait face à la tribune où Lemercier, le président du Conseil des Anciens, l'invite à prêter serment. Il monte à la tribune d'un air rogue. Soudain, cet homme qui n'a jamais eu peur de rien, qu'aucun danger n'impressionne, est étreint par l'appréhension. Le trac le paralyse. Son esprit s'obscurcit. Se sent-il écrasé par la solennité de l'instant et le poids des symboles ? Tout autour de lui semble faire vibrer l'histoire de la France comme un résumé de gloires et de crimes : le palais des Tuileries, symbole de la royauté, cette salle qui fut le siège de la Convention ornée de statues antiques et du drapeau national. C'est dans ce lieu où flotte encore l'ombre de Robespierre que furent prises tant de décisions sanglantes. Derrière lui, la houle des députés du Conseil des Anciens qui, debout, l'acclament du haut des travées, affublés de leur toge et de leur toque, un accoutrement inspiré au peintre David par l'histoire romaine. Dans les tribunes, une quarantaine de généraux et officiers supérieurs en tenue, la plupart évoquant des heures glorieuses : Moreau, Macdonald, Lefebvre. Beaucoup de civils qui, tous, font partie de la conjuration et sont tenus en haleine devant la partie qui se joue. Du dehors, dans le froid matinal que réchauffe à peine un timide soleil, parviennent les clameurs de la foule qui, devant les grilles du palais, scande « Vive le sauveur ! ». Dans les jardins, dix mille grenadiers excités, l'arme au pied, piétinent dans le froid, attendant avec ferveur leur nouveau chef.

À la tribune, d'un ton cassant beaucoup trop impérieux, il prête le serment de fidélité à cette Constitution qu'il va faire voler en éclats. Soudain, entraîné par son mauvais génie, il improvise une tirade emberlificotée et fumeuse, semblable à cette phraséologie qu'il déteste chez les « idéologues ». Sait-il vraiment ce qu'il veut dire ? Il n'a rien préparé. Comme toujours, il a fait confiance à l'inspiration. Il se raccroche désespérément à des phrases pompeuses qu'il débite d'une voix hachée, de manière trop rapide. Ces vérités premières, assenées d'un ton martial, ne sont pas du goût des députés. Ils ont beau être acquis à l'idée de sa prise du pouvoir, ils aimeraient qu'il y mette au moins quelque forme.

« La République périssait, vous l'avez reconnu. Vous avez rendu un décret qui va la sauver. Aidé de tous les amis de la liberté, de ceux qui l'ont fondée, de ceux qui l'ont défendue, je la soutiendrai. Le général Berthier, le général Lefebvre et les braves qui sont sous mes ordres partagent mes sentiments. Vous avez rendu la loi qui promet le salut public : nos braves sauront l'exécuter. Nous voulons une République fondée sur la liberté, sur l'égalité, sur les principes sacrés de la représentation nationale. Nous l'aurons, je le jure. »

Les tribunes applaudissent. L'état-major du général en chef crie d'une seule voix : « Nous le jurons. »

Mécontent de son piètre discours et s'en apercevant trop tard, il s'arrache aux acclamations et, accompagné de ses principaux généraux, remonte sur son cheval gris à tête blanche. Il se dirige vers les jardins où l'attendent les dix mille grenadiers impatients de l'acclamer.

Soudain, au milieu des soldats, il aperçoit Bottot, le secrétaire de Barras venu aux nouvelles. Serrant son cheval contre lui, il l'interpelle avec véhémence, comme s'il s'adressait à Barras lui-même et non à un sous-fifre qui n'en peut mais. Théâtral, il s'exclame d'une voix forte, de manière à être entendu de la foule des soldats :

« Qu'avez-vous fait de cette France que je vous avais laissée si brillante ? Je vous ai laissé la paix, j'ai retrouvé la guerre. Je vous avais laissé des victoires, j'ai trouvé des revers. Je vous ai laissé les millions d'Italie, j'ai retrouvé partout des lois spoliatrices et la misère. »

Il continue sur ce ton exalté qui enthousiasme les grenadiers, toujours satisfaits de voir vilipendé le pouvoir civil. Ayant terminé sa harangue, il demande leur soutien aux soldats qui l'acclament de plus belle puis, tournant bride, il abandonne Bottot qui, heureux de s'en tirer à si bon compte, s'éclipse pour aller informer Barras au Luxembourg.

La première matinée du coup d'État s'achève. Plutôt bien. Même s'il a été marqué par des maladresses oratoires de Napoléon qui n'a pas su trouver le ton approprié : il s'est adressé aux députés des Anciens comme à des soldats. Des vétilles en comparaison des bévues qui vont émailler son discours du lendemain. Même si le principal intéressé ne s'est pas montré à la hauteur des circonstances, en revanche, la conjuration qui visait à mettre fin au régime du Directoire a été exécutée de main de maître dans les coulisses.

Sieyès a bien travaillé. Expert en manœuvres politiciennes, il a fait voter le matin même par le Conseil des Anciens une motion qui convoque cette assemblée ainsi que le Conseil des Cinq-Cents pour le lendemain au château de Saint-Cloud afin de tenir séance. Pour obtenir ce déplacement hors de Paris, on a allégué la menace d'une conjuration de l'extrême gauche. Pour plus de sûreté, Sieyès a négligé d'adresser leur convocation aux députés jugés trop turbulents ou peu sûrs. Puis, pour mettre fin au Directoire, il a donné sa démission de directeur, entraînant avec lui son inséparable ami Ducos. Ne reste plus qu'à attendre celle de Barras. Bonaparte s'est assuré de son retrait. Les deux Directeurs restants, Grohier et Moulin, mis devant le fait accompli, n'ont d'autre ressource que de démissionner à leur tour. Faute de Directeurs, le Directoire n'existe plus.

Napoléon, ne pouvant s'allier à Barras qui, décidément, le regarde de trop haut et qui a d'autres projets souterrains, s'est résolu à le rendre passif, c'est-à-dire inoffensif. Il l'a pris par son point faible. Il a carrément acheté sa démission grâce à des subsides fournis par les financiers Collot et Perregaux qui seront eux-mêmes largement dédommagés de leurs avances. Tandis que Napoléon harangue ses troupes dans les jardins des Tuileries, Talleyrand, autre acteur très agissant de la conjuration, est allé dans l'appartement de Barras au palais du Luxembourg, muni d'une lettre de démission en blanc et, surtout, d'une somme d'argent rondelette : « D'une main, il signa et, de l'autre, il palpa », comme l'écrit l'historien Albert Vandal. Un escadron de dragons, commandé par le général Sébastiani, un Corse d'une fidélité sans faille à Napoléon — comme il le sera à tous les régimes qui suivront —, l'escorte jusqu'à son magnifique château de Grosbois et l'y protège de tout acte de malveillance, y compris de lui-même. Une protection ressemblant à s'y méprendre à une assignation à résidence qui n'a pas d'autre but que de l'empêcher de nuire. Désormais, Barras est exclu de l'histoire. Par sa faute : il n'a pas eu assez de talent pour être le premier ; il a trop d'orgueil pour être un second. Condamné à l'oisiveté, confit dans l'aigreur, il n'aura plus comme ressource pour exercer son pouvoir de nuisance que d'écrire ses Mémoires.

C'est donc sur le ci-devant abbé Sieyès que Napoléon a jeté son dévolu. Il l'utilise comme un marchepied, un marchepied certes mou, mais nécessaire. Non qu'il ait la moindre estime pour le personnage prétentieux et fourbe dont les idées lui paraissent fumeuses. « Il siège sur un nuage. » Il incarne le type même de l'idéologue qu'il déteste. Mais, comme il le dit lui-même, « en politique, on ne peut pas être trop difficile ». On est donc loin d'un mariage d'amour. C'est la raison, la raison seule, qui les conduit irrésistiblement à s'entendre. Napoléon a besoin de Sieyès comme Sieyès a besoin de Napoléon. Ils sont en la circonstance indispensables l'un à l'autre. Napoléon, pour réussir son coup de force, en ménageant les formes légales — il y tient beaucoup —, doit avoir avec lui un homme habile, manœuvrier, très au fait des questions institutionnelles pour habiller l'opération d'une réforme constitutionnelle et y faire adhérer, autant que faire se peut, les membres du corps législatif. Or Sieyès, surnommé « la taupe de la Révolution », est un intrigant- né, un homme de couloir, spécialiste des manœuvres torves. Il l'a prouvé à maintes reprises depuis dix ans dans les circonstances les plus ardues en sauvant sa peau et en sacrifiant sans remords celle des autres. Cet homme serpent, insinuant, n'a pas son pareil pour réunir des majorités par de subtiles tractations. Lui, qu'on dit dominé par la peur, est redouté pour sa discrétion et son fameux silence. Déjà Mirabeau s'exclamait : « Le silence de M. Sieyès est une calamité publique ! »

Pour faire sa conquête, Napoléon n'y va pas par quatre chemins. Le point faible de Barras, c'était l'argent ; le talon d'Achille de Sieyès, c'est la vanité, une vanité immense et enfouie sous son air de ne pas y toucher ; son amour-propre s'est gonflé depuis dix ans de toute frustration de n'avoir pas été hissé au premier rang, lui qui avait obtenu en 1789 la célébrité pour son opuscule *Qu'est-ce que le tiers état ?* dans lequel il proposait de réunir les trois ordres. Aussi est-ce sans précaution oratoire que Napoléon, qui, quand c'est nécessaire, ne lésine pas sur la flatterie, lui déclare : « Citoyen, nous n'avons pas de Constitution. C'est à votre génie de nous en donner une. » Comme le corbeau de la fable, Sieyès se met à trouver soudain du charme à ce militaire qu'il jugeait un peu brutal.

Lui-même était en quête depuis quelque temps d'un allié, forcément un général, qui lui eût permis de liquider ses collègues qu'il méprise — hormis Ducos, son âme damnée — et de donner enfin le jour à cette Constitution qu'il porte en lui douloureusement sans pouvoir en accoucher et qui devrait rester son grand œuvre. Il la dorlote, dans son esprit encombré de spéculations chimériques, comme un futur nouveau-né.

Sieyès disait : « Je cherche une épée, la plus courte qui se pût être. » Il a d'abord placé son espoir dans un général qui correspondait en tout point à ses vues, à la fois ambitieux mais accommodant : Joubert. Peu connu, il ne lui manquait pour faire l'affaire qu'un petit surcroît de gloire. Qu'à cela ne tienne, il l'avait fait nommer en Italie. Au lieu de la gloire espérée, c'est la mort qu'il avait trouvée sur le champ de bataille, le 15 août 1799. Tout était à recommencer. Moreau lui parut ensuite un candidat possible : mais celui-ci était hésitant, velléitaire, et ne se sentait pas l'étoffe d'un politique. Ne restait que Bonaparte.

Une fois l'accord conclu avec l'impétueux général, Sieyès qui ne néglige aucun détail se met en tête d'apprendre à monter à cheval. Il veut être à la hauteur de la situation flatteuse qui se dessine devant lui et ne pas faire trop piètre figure à côté de son martial associé. Aussi est-ce à cheval, un peu courbatu, qu'il se rend ce matin du 18 brumaire du palais du Luxembourg au Conseil des Anciens. Il a prévu d'être escorté par un escadron de dragons. Mais, en fait d'escadron, ne restent plus que deux dragons. Les autres ont filé rejoindre Napoléon au jardin des Tuileries. Sieyès y voit-il un présage ? Déjà !

Mais la conjuration ne se limite pas aux amis de Sieyès. Elle est beaucoup plus vaste. Napoléon a réussi à obtenir le soutien de Fouché, ministre de la Police, qui déteste Sieyès depuis toujours. Il est là pour veiller au grain en cas de soulèvement populaire en fermant les portes de la capitale. Le général Lefebvre, gouverneur de Paris, a lui aussi été gagné à la cause. Les frères de Napoléon ne sont pas non plus restés inactifs : Lucien, qui a réussi à se faire nommer malgré son jeune âge président du Conseil des Cinq-Cents, et Joseph, l'artisan du rapprochement avec Sieyès, tentent de rallier leurs amis parlementaires.

Toute la famille, jusqu'à Joséphine qui accepte de se prêter au jeu en invitant Grohier, le président du Directoire, à déjeuner chez elle pour l'attendrir. En vain. Il ne viendra pas. Il a flairé le piège.

Tout est prêt pour la journée décisive du lendemain. Napoléon, comme à son habitude, est optimiste. Sieyès, lui, est inquiet : c'est son tempérament. Il a aussi une plus grande habitude que son « associé » des aléas des complots parlementaires. En pratiquant réaliste de la démocratie, il voudrait se prémunir contre toute éventualité fâcheuse en faisant arrêter une quarantaine de députés des Cinq-Cents parmi les plus récalcitrants. Refus de Bonaparte qui souhaite obtenir le consensus. L'avenir montrera que c'est Sieyès qui a raison. Mais quel argument opposer à un homme qui croit en son étoile ? À Sieyès qui lui demande : « Mais dans tout cela, où est la garantie du succès ? » ; il répond sans trahir le moindre doute : « Nulle part, mais dans une grande affaire, on est toujours forcé de donner quelque chose au hasard. »

Il ne mesure pas à ce moment — mais le mesurera-t-il jamais ? — l'abîme qui sépare le pays réel, l'opinion, l'armée, qui veut en finir avec ce régime d'impuissance qu'est le Directoire et la représentation parlementaire, le pays légal. Certes, à force de diplomatie, d'habileté, il pour-rait rallier les députés qui, dans leur majorité, ne voient pas d'autre issue que de faire appel à lui. Il n'en a pas le goût. Il ne l'aura jamais.

Au fond, il méprise la représentation nationale, les avocats beaux parleurs, les coupeurs de che-veux en quatre, les idéologues qui votent des lois tout aussi fumeuses qu'inapplicables.

Et lui, qui est pourtant capable de dissimula-tion quand c'est nécessaire, n'est ce jour-là pas d'humeur à faire le sacrifice de la franchise.

Plutôt que de quêter sagement une adhésion, il va se lancer dans l'arène parlementaire comme un taureau furieux.


## XIII


*Le 19 brumaire*
Saint-Cloud s'éveille ce dimanche dans un froid sec mais ensoleillé. Les pelouses et les alentours

du château sont jonchés de feuilles mortes. Les ouvriers ont préparé fébrilement la grande salle de l'orangerie qui doit abriter les délibérations du Conseil des Cinq-Cents. Ils ont eu beau travailler toute la nuit, ils ont pris du retard. Les députés convoqués pour 11 heures ne pouvant entrer en séance se réunissent par petits groupes selon leurs affinités devant le château et se livrent à d'infinies palabres. Accoutrés de leur toge et de leur toque rouge qui leur donnent l'impression d'être des héros de la Rome antique, ils se montent la tête : ils se croient face à un nouveau César. Plus les heures passent et plus les esprits s'échauffent. D'autant que les plus virulents des députés du Conseil des Anciens, que Sieyès avait « oublié » de convoquer la veille aux Tuileries, font éclater leur colère et se répandent en propos alarmistes. Un frisson de révolte commence à se faire jour chez ces juristes qui proclament à tout vent que la démocratie est en danger. Certains partisans du changement, dûment chapitrés par Sieyès, commencent à hésiter à franchir le pas. Les prudents et les peureux, sans compter les opportunistes, s'interrogent. Personne n'a envie d'être du mauvais côté du manche.

Même un militaire fervent de Bonaparte comme le colonel Thiebaut, humant une atmosphère de coup d'État raté — mais songeant plus à sa carrière qu'à l'État —, prend un coup de sang et rentre chez lui. Un bien mauvais calcul car Napoléon l'avait à la bonne. Voilà une belle occasion manquée de devenir maréchal d'Empire.

Des militaires, heureusement, il en reste. Hormis tous les fidèles de Bonaparte, Murat, Augereau,

Berthier, Lefebvre, Leclerc, près de cinq mille grenadiers sont en position aux abords du château. Formant le gros de la troupe, la fameuse 92$^e$ division de ligne, qui a suivi Bonaparte en Italie et qui l'adule. Elle attend son chef, la détermination chevillée au cœur et l'arme au pied.

Enfin, à 1 h 30 de l'après-midi, la séance du Conseil des Cinq-Cents peut enfin s'ouvrir sous la présidence de Lucien Bonaparte. Dès les premiers instants, c'est le tumulte. L'assemblée est en effervescence. Lucien est pris à partie. Les députés hurlent : « Pas de dictature ! À bas les dictateurs ! La Constitution ou la mort ! Les baïonnettes ne nous effraient pas ! » Paroles… paroles… Mais ces grands mots sonores enivrent les députés qui se croient revenus au bon vieux temps du 9-Thermidor. La contagion des protestations se propage contre le général séditieux.

Soudain, le député du Lot, Delbrel, demande que tous les parlementaires renouvellent solennellement leur serment de fidélité à la Constitution. On applaudit à tout rompre sa proposition. Chaque député, à l'appel de son nom, monte à la tribune pour prêter serment. À 4 heures, l'appel est terminé.

Au Conseil des Anciens, la contestation est également virulente. L'annonce de la démission de Barras, de celles de Sieyès et de Roger Ducos soulève un tollé. Un député propose la nomination de Bonaparte au Directoire. Il est hué.

Le principal intéressé attend, lui, dans une pièce nue, glacée, en compagnie de Sieyès, avec pour tout mobilier deux fauteuils. Sieyès allume du feu dans la cheminée. Sans doute se demandet-il s'il a choisi le bon cheval. Il se rappelle son judicieux conseil, hélas non suivi, de faire arrêter les députés trop turbulents. Décidément, la véritable tête politique, c'est lui, se dit-il, et cette idée lui procure une nouvelle bouffée d'orgueil.

Napoléon marche de long en large avec les signes de la plus grande agitation. Il triture nerveusement ses boutons de fièvre qui commencent à saigner. Sur son pantalon jaune, en haut de la cuisse gauche, s'étale une large tache de vin qui témoigne de son agitation. Augereau et Bernadotte lui demandent ses intentions. Il s'exclame : « Le vin est tiré, il faut le boire ! » Puis, avec précipitation, il quitte la pièce, rameute ses généraux et se rend dans la salle des Anciens, dans la galerie d'Apollon. Il se place debout au milieu de l'assemblée et harangue les députés d'une voix hachée. Il se montre tout aussi confus que la veille.

« Vous êtes sur un volcan… Permettez-moi de parler avec la franchise d'un soldat et… suspendez votre jugement jusqu'à ce que j'aie achevé… Le Conseil des Cinq-Cents est divisé ; il ne reste plus que le Conseil des Anciens. C'est de lui que je tiens mes pouvoirs. Qu'il prenne des mesures ! Qu'il parle ! Me voici pour exécuter. Sauvons la liberté ! Sauvons l'égalité ! »

Un député l'interrompt :

« Et la Constitution ? »

Napoléon explose :

« La Constitution ? Vous l'avez vous-mêmes anéantie. Au 18 fructidor, vous l'avez violée. Vous l'avez violée le 22 floréal. Vous l'avez violée le 30 prairial. Elle n'obtient plus le respect de personne. Je dirai tout… »

Face à la meute des contestataires, il perd les pédales. Il s'égare dans des phrases ronflantes :

« Si je suis un perfide, soyez tous des Brutus. »

Puis, ne parvenant pas à dominer l'orage, il se fait menaçant :

« Souvenez-vous que je marche accompagné du dieu de la victoire et du dieu de la guerre. Et si quelque orateur, payé par l'étranger, parlait de nous mettre hors la loi, qu'il prenne garde de porter cet avis contre lui-même. »

Sur cette apostrophe, creuse, digne de l'antique, il se retire avec ses généraux, laissant les députés abasourdis. Comme s'il n'avait pas subi son compte d'avanies, il se dirige vers l'orangerie où siègent les Cinq-Cents. Autant dire dans la fosse aux lions. Car il sait que la majorité non seulement lui est hostile, mais qu'elle s'encourage de la nouvelle réprobation des Anciens. Entrant dans l'assemblée, escorté par quatre grenadiers, il est accueilli par des cris :

« À bas le dictateur ! Hors la loi ! Vive la Constitution ! »

On l'insulte, on le menace. L'un des députés, un géant, le prend au collet et le secoue. Les grenadiers parviennent à le dégager. Une bagarre générale s'engage. Il est bousculé, malmené. Son visage ensanglanté par ses boutons de fièvre donne l'impression qu'il a été frappé. Aussitôt court la rumeur qu'il a été poignardé à coups de stylet. Toujours les folles réminiscences antiques !

Enfin ramené dans son appartement par les grenadiers, il prononce des paroles insensées. À croire qu'il a perdu la tête. Ainsi, il dit à Sieyès d'un air contrit :

« Ils m'ont mis hors la loi. »

Le vieux conspirateur, qui en a vu d'autres, garde la tête froide :

« Ce sont eux qui s'y sont mis. »

Et il conseille de faire marcher la troupe. Cette fois, Napoléon lui obéit. Enfin ! Il monte sur son cheval, mais, dans sa nervosité, manque de choir. Il se redresse et harangue les troupes, prétendant que les députés ont voulu l'assassiner. Une fable que clame également de son côté Murat à ses soldats.

Au même moment, Lucien, pour gagner du temps, jette avec lenteur sur la tribune les insignes de sa fonction, sa toque, son écharpe. Puis il se précipite pour retrouver son frère. Montant à cheval à ses côtés, il s'exclame de manière théâtrale, tout en prenant une épée et en la tendant vers la poitrine de Bonaparte, qu'il préférerait « tuer son frère si celui-ci prétendait attenter à la liberté ». Des mots, encore des mots dans cette journée folle qui ressemble au plus mauvais théâtre parlementaire ; un théâtre sans metteur en scène, sans auteur, avec des acteurs qui improvisent à leur fantaisie dans le désordre le plus complet.

Enfin, il y a des actes.

« Foutez-moi tout ce monde dehors », ordonne Murat à ses grenadiers.

Les soldats pénètrent dans l'orangerie, malmènent les députés qui s'enfuient en sautant par les fenêtres, terrorisés à la vue des baïonnettes dont ils n'avaient pas peur quelques heures auparavant. C'est la débandade générale. Le sauve-qui-peut dans ces accoutrements anachroniques prend une allure ridicule. La peur s'installe chez les députés.

Ils s'enfuient. Ils se mettent à courir dans les jardins, se dissimulant dans les bosquets. Certains regrettent un geste qu'ils risquent de payer cher. Maintenant que le coup d'État est un succès, beaucoup aimeraient ne pas avoir l'air d'y être hostiles. La nuit commence à tomber sur cette tragi-comédie. Au matin, on retrouvera autour du château les toques et les toges abandonnées par les députés dans leur fuite.

Le coup d'État a réussi. Reste à le légaliser. Sieyès en a l'habitude. C'est même un maître dans l'art d'habiller de formes légales les viols les plus patents de la Constitution.

Sur sa suggestion, les Anciens sont les premiers à rentrer dans l'ordre. Ils votent la constitution d'une « commission exécutive provisoire » composée de trois membres, trois consuls, pour rester dans la phraséologie de Rome qui, décidément, inspire cette époque *ad nauseam* : Bonaparte, Sieyès et son homme lige, Roger Ducos. À sept heures du soir, le projet est voté.

Sieyès, qui est un perfectionniste, veut en rajouter encore dans la fausse légalité. Il demande à Lucien de rameuter les débris de ces députés fugitifs. On en rattrape une trentaine, morts de frousse, qui se réunissent à 11 heures du soir sous la présidence de Lucien. Cette assemblée croupion ne peut que constater la disparition du Directoire et crée à son tour, ainsi que l'ont suggéré les Anciens, une commission consulaire composée de Bonaparte, Sieyès et Ducos, puis, pour éviter tout désagrément ultérieur, conformément aux habitudes des « démocrates de la Révolution », on purge à tout va les deux assemblées :

cinquante-quatre députés des Cinq-Cents et sept des Anciens parmi les plus remuants sont démis de leurs fonctions. Seuls deux parlementaires voteront contre l'exclusion de leurs soixante et un collègues. Ce qui en dit long sur le mûrissement rapide des esprits au cours de cette tumultueuse journée. Puis, estimant qu'il a assez œuvré pour le bien de l'État, le corps législatif tout entier décide de se mettre en veilleuse jusqu'à des jours meilleurs. Il sera remplacé, en attendant, par une commission de vingt-cinq membres. On peut jurer qu'ils n'ont pas été choisis parmi les plus contestataires.

En attendant ces sages mesures, les Anciens, qui ne sont plus que quelques dizaines, s'empressent de voter une résolution contre les fournisseurs. C'était le prix à payer aux financiers du coup d'État, les Perregaux et les Ouvrard, pour les rembourser de leurs avances.

Enfin, pour parfaire encore cette fiction de légalité — décidément, Sieyès est un puriste —, les trois nouveaux consuls, Bonaparte, Sieyès et Ducos, doivent venir prêter serment devant les résidus des deux assemblées de rester fidèles « à la République une et indivisible, à la liberté, à l'égalité, au système représentatif ». De la Constitution, il n'est plus question, et pour cause : elle est morte et enterrée. Personne ne songe à la pleurer.

Les trois consuls prêtent serment. Les députés applaudissent. L'assistance descend des tribunes pour féliciter les vainqueurs. Le moins que l'on puisse dire, c'est qu'ils l'ont échappé belle. Quel « ouf » de soulagement ils doivent pousser ! Sieyès se pourlèche les babines en pensant à sa Constitution qu'il va pouvoir enfin enfanter. Dix ans, c'est long pour une grossesse! Il congédie la berline chargée de bagages qu'en manière de précaution il avait prévue pour le cas où les choses tourneraient mal. Ducos se réjouirait s'il avait conscience d'exister. Mais il sait qu'il n'a aucun rôle que celui que lui concède Sieyès : il se contente de jouer les utilités. Pour l'instant. Il surprendra.

Napoléon, qui vient d'échapper de justesse au peloton d'exécution prévu dans la plaine de Grenelle pour les apprentis dictateurs, peut encore une fois remercier son étoile. A-t-il jamais douté d'elle ? En tout cas, un miracle a bel et bien eu lieu. Il n'a pas de quoi être fier. Même réussie, l'opération a été en tout point cafouilleuse. Pas du travail de professionnel, du vrai bricolage. C'était bien la peine d'être un familier de l'histoire romaine pour exécuter une prise de pouvoir aussi approximative. Même Tocqueville, bon démocrate, peu suspect de sympathie pour les entorses aux règles constitutionnelles, sera écœuré par son amateurisme. « Un des coups d'État les plus mal conçus et les plus mal conduits qu'on puisse imaginer, réussissant par la toute-puissance des causes qui l'amènent, l'état de l'esprit public et les dispositions de l'armée. »

C'est là le paradoxe de Napoléon. En la circonstance, il a été au-dessous de tout et surtout de lui-même, de son génie : il a failli faire rater un coup d'État que la France entière souhaitait et qui était, dans les esprits, aux trois quarts fait. Toute la différence avec de Gaulle en 1958 qui — sans qu'on puisse comparer les deux hommes, si dissemblables — a réussi à concilier une prise de pouvoir dictée par les circonstances et l'opinion sans pour autant violer les règles constitution-nelles. Différence aussi avec le coup d'État de son neveu, Louis-Napoléon, formidablement réalisé — Morny y a largement contribué —, mais qui, lui, ne pouvait, et pour cause — il était issu d'un bras de fer avec le législatif —, recevoir aucune onction légale. D'où sa fragilité.

Jamais sans doute dans l'histoire de France un homme n'a été à ce point ardemment désiré. Non seulement sa popularité avait atteint un point dif-ficile à imaginer, mais il apparaissait comme le seul chef capable de résoudre les maux multiples dont souffrait le pays. Après dix années de Révo-lution, on avait beaucoup détruit, mais peu cons-truit. Il régnait une sorte d'anarchie légale : l'autorité publique était en lambeaux ; partout le brigandage, l'arbitraire régnaient. Aucune route n'était sûre. Dans toutes les provinces, des rébel-lions sporadiques sévissaient avec leur cortège d'exactions. Pas seulement en Vendée. Les finances publiques étaient délabrées. L'adminis-tration de l'État allait à vau-l'eau. Les contribu-tions ne rentraient plus. La corruption, à son comble, enrichissait une classe cynique qui profi-tait de la déliquescence générale. Les agioteurs se frottaient les mains. L'esprit public était déchiré en factions irréconciliables. Les jacobins vou-laient la peau des royalistes qui, eux, n'aspiraient qu'au retour de la monarchie pour se venger de leurs humiliations et de leurs souffrances. Ces deux France-là se regardaient avec haine. Tout comme les athées militants et les catholiques privés de leur culte.

Le Directoire, impuissant à lutter contre ces

maux endémiques, ne trouvait aucun défenseur. Sa politique de l'« escarpolette » lui avait aliéné tous les camps. Car, loin, dans sa mollesse, d'avoir montré de la mansuétude, il a fait preuve, comme tous les régimes faibles et peureux, de proscriptions brutales et n'a pas lésiné sur les exécutions capitales comme avec Gracchus Babeuf et ses partisans. Pour toutes ces raisons, cette fois, « la poire est mûre », pour reprendre l'expression favorite de Napoléon. Elle désirait être cueillie. Sans doute eût-elle souhaité l'être avec seulement un peu moins de rudesse, pour ne pas dire de maladresse.

Évidemment, Napoléon aurait pu prendre le pouvoir par la force sans s'embarrasser des criailleries des légistes. Mais il ne voulait à aucun prix se mettre hors la loi d'une façon qui l'aurait ravalé au rang d'un despote oriental ou barbare. Dans le pays de Montesquieu, un honorable membre de l'Institut, de surcroît disciple des philosophes des Lumières, ne peut heurter l'esprit national en se comportant comme un vulgaire acteur de pronunciamiento. Sa légitimité était en jeu. Et, sans légitimité, on ne fonde rien. Et Dieu sait qu'il veut fonder. En fait, il ne pense qu'à ça.

# XIV

*Le 10 décembre 1799*

Il est imperturbable. Ses yeux bleu foncé sont plus impénétrables que jamais. Il écoute sans broncher Sieyès sortir de son fameux silence. Ce soir-là, dans les appartements du Luxembourg, le pontife accouche enfin de sa fameuse Constitution. Ça n'a pas été sans mal. Car lui, qui en parle sans cesse, il n'en a pas rédigé un traître mot. Son projet est resté à l'état gazeux. C'est ce qu'ont découvert avec stupéfaction ses amis. Depuis le temps qu'il en parlait, qu'elle était l'objet de sa constante préoccupation, ils pensaient que l'œuvre était prête. Mais Sieyès a sans cesse remis le travail à plus tard. En fait, l'intrigue a rongé son esprit jusqu'à la moelle, le vidant de toute aptitude à concevoir un grand projet. À force d'avoir critiqué, chipoté, traficoté, grignoté les œuvres et les actions des autres, il n'est plus capable de rien construire. Il ne faut pas moins que l'aide d'un de ses amis, Boulay de La Meurthe, mué en accoucheur, pour, pendant dix jours et dix nuits, lui arracher laborieusement, feuillet par feuillet, bribe par bribe, ce qui était censé être un monument constitutionnel. Sieyès est usé. Dix ans de Révolution joints à l'abus de ses randonnées dans les abstractions métaphysiques ont rendu sa pensée vague, chimérique et nuageuse. Ce familier de Spinoza ne parvient plus à redescendre les marches de l'empyrée pour aborder les réalités.

Napoléon est loin d'être surpris par cette montagne accouchant d'une souris. Depuis longtemps, il a jugé l'homme impitoyablement. Un idéologue, un esprit fumeux. Mais il sait habilement plier à ses intérêts ce philosophe qui bizarrement est surtout excellent dans les manœuvres de couloir. Maintenant, le temps n'est plus de le bazarder. Le capital moral qu'il représente peut encore servir.

Il faut presser ce vieux citron. Et avec cette aptitude vraiment géniale à profiter des circonstances, à exploiter les ressources qu'elles lui offrent, il réfléchit à la manière dont il va pouvoir transformer ce fatras constitutionnel, fruit d'une âme chimérique, en efficace instrument de pouvoir.

Personne n'est dupe. Les membres des commissions qui assistent aux débats, Daunou, sorte de moine soldat du droit, rédacteur du projet, tous se demandent comment va réagir l'impulsif consul tandis que la nuit se prolonge et que le père de la Constitution ratiocine autour d'un grand principe, « la confiance doit venir d'en bas et le pouvoir d'en haut ». Grâce à un subtil alambic, digne enfant de son esprit tortueux, Sieyès a réussi à conjurer les débordements de ce qu'il appelle la « démocratie brute », c'est-à-dire le suffrage universel direct. Il faut que le système représentatif, au moyen d'un écrémage, soit ramené à la désignation de quelques milliers de notables. Les soixante mille notables départementaux devront désigner six mille « notabilités nationales ». C'est parmi celles-ci que seront choisis les membres des assemblées législatives : le Sénat, le Corps législatif, le Tribunat et le Conseil d'État. La particularité de ce système, c'est qu'il élève le suffrage universel au rang d'un principe sacré mais ôte toute possibilité d'action à ses élus. Quant aux chambres, elles ont des fonctions distinctes les unes des autres. Le Tribunat s'exprime mais ne vote pas. Le Conseil d'État élabore les lois et le Corps législatif les vote.

Napoléon semble assez satisfait de ce système

qui, en instaurant le principe de la représentation nationale, la purge de ses principaux poisons ; de plus elle en élimine les extrémistes.

Le débat en revanche s'anime dès qu'il est question de l'exécutif. Au sommet de sa pyramide, Sieyès a imaginé, pour tenter de caser dans une fonction prestigieuse et fictive l'incasable Bonaparte, ce qu'il appelle « le Grand Électeur ». Celui-ci, absurde monarque proche des rois fainéants, confit dans les avantages matériels, serait chargé de désigner ses deux consuls ; doté d'un traitement de six millions, il aurait sa résidence au château de Versailles. Pour éviter toute dérive dictatoriale, il pourrait être « absorbé » par le Sénat à la moindre incartade.

Napoléon se lève, furieux. Il éclate d'un rire sardonique. Il s'empare du cahier que tenait Sieyès et barre d'un trait de plume ce qu'il nomme des « niaiseries métaphysiques ». Et il s'emporte.

« Est-ce que je vous entends bien ? On me propose une place où je nommerais tous ceux qui auraient quelque chose à faire et où je ne pourrais me mêler de rien. Cela est impossible ! Je ne ferai pas un rôle ridicule. Plutôt rien que d'être ridicule. »

Puis, s'adressant avec dédain à Sieyès, humilié devant son grand œuvre mis en pièces, il l'accable de son mépris.

« Comment avez-vous pu croire, citoyen Sieyès, qu'un homme d'honneur, un homme de talent et de quelques capacités dans les affaires, voulût jamais consentir à n'être qu'un cochon à l'engrais dans le château royal de Versailles ? »

Les rires fusent. Ils emportent à jamais cette

fiction de Grand Électeur dans les limbes où reposent les projets de Constitution mort-nés et les rêves des utopistes.

On se sépare fraîchement. Dans la nuit lugubre de décembre, Sieyès a compris qu'il a perdu la partie. Même s'il le pressent depuis longtemps. Il ne s'avoue pas vaincu. On se retrouve le lendemain. Mais qui doute encore de l'issue de ce bras de fer ? Napoléon veut un exécutif à sa mesure, qui évite en tout point la paralysie calamiteuse du Directoire. Sieyès mène sans y croire un combat d'arrière-garde. Il sent que plus personne ne le soutient. Même Ducos — le fidèle Ducos —, las de ces atermoiements, est passé dans le camp de Napoléon.

Il se rebelle une dernière fois, décochant une ultime flèche.

« Vous voulez donc être roi ? »

Napoléon hausse les épaules et, l'abandonnant à sa bouderie, fait mine de jeter son dévolu sur Roederer afin qu'il prépare une autre Constitution selon ses vœux. Sieyès, qui est malin, comprend aussitôt le danger : être jeté définitivement aux oubliettes de l'histoire. Il risque de disparaître avec cette Révolution dont il a été l'initiateur. Il fait aussitôt machine arrière. Il accepte sans broncher de voir son œuvre dénaturée et mise à la sauce de Napoléon. Il y aura désormais un Premier consul doté de tous les pouvoirs exécutifs et deux consuls pour l'aider, n'ayant qu'une voix consultative.

Pour faire avaler cette pilule amère à Sieyès, Napoléon emploie alors toutes les ressources de son charme. Il adresse à son constitutionnaliste métaphysicien, meurtri dans son amour-propre, de vibrants éloges auxquels celui-ci, morfondu, ne s'attendait certainement pas :

« Cette Constitution assure au peuple une représentation toujours honorable ; jusqu'à présent, il n'y a pas eu de véritable représentation nationale. Cette seule idée du citoyen Sieyès a plus fait pour la République que plusieurs victoires. »

C'est en touchant la fibre sensible de sa vanité qu'il s'était déjà fait un allié pour mettre en œuvre le 18-Brumaire. C'est encore sur cette fibre qu'il joue pour lui faire avaler son chapeau.

Il va beaucoup plus loin pour l'inféoder. Il sait, comme chacun se le répète plaisamment, que Sieyès « n'aime ni les hommes, ni les femmes, mais seulement lui et l'argent ». Aussi lui accorde-t-il la présidence du futur Sénat, avec le privilège d'en composer la majorité. Ainsi il pourra bourrer cette assemblée de la clientèle de comparses, de séides, d'obligés que la « taupe de la Révolution » traîne derrière elle depuis dix ans.

Pour lui rogner définitivement les ailes, il va satisfaire son esprit de lucre en lui accordant une donation nationale juteuse, le château de Crosne, ce qui achève de le déshonorer en montrant publiquement à quel point cette haute conscience de la République n'est en fait, comme tant d'autres, qu'un homme vénal. Devant le tollé qui suivra l'annonce de cette donation, Sieyès acceptera en échange l'hôtel de Monaco. Napoléon a ainsi fait coup double : il a discrédité non seulement un possible opposant, mais le Corps législatif tout entier que Sieyès semble incarner.

Pour parfaire ce scénario machiavélique et donner à la Constitution une onction légale, en compromettant encore Sieyès, si cela était possible, il lui demande solennellement de nommer lui-même les membres du Consulat.

Sieyès s'exécute. D'une voix blanche, il nomme Bonaparte Premier consul, puis Cambacérès et Lebrun deuxième et troisième consuls. Inutile de dire qu'il n'a guère le choix. Avec Cambacérès, Napoléon s'est flanqué d'un légiste de gauche et, avec Lebrun, d'un homme de lettres classé comme un ami des royalistes. Talleyrand, prompt à la caricature et latiniste distingué, les croque d'un mot : « *Hic, haec et hoc* », « Celui-ci, celle-là (allusion aux mœurs de Cambacérès) et cette chose ».

Les finasseries constitutionnelles achevées en un temps record, il est temps de passer aux actes. Il y a du travail pour tout le monde. La France est entièrement à reconstruire. Toutes les bonnes volontés, sans esprit de parti — c'est une grande nouveauté —, vont être requises.

Sans renier les principes de 1789, Napoléon, en quelques mois, instaure un nouvel état d'esprit et une véritable remise sur pied de l'État en ruine. L'énervé se calme. Il prend de la hauteur. Avec un très sûr instinct de ce que désire l'opinion, qui correspond d'ailleurs assez exactement à ses propres vœux, il veut « dessouiller la Révolution ». Garder le positif, le principe d'égalité devant la loi, et se débarrasser de la haine, du sectarisme. Il fait rapidement et de manière drastique le tri de ce vieux bazar de bondieuseries idéologiques qu'ont laissé dix ans de Révolution. Et d'abord les commémorations coûteuses qui célébraient les jours de proscriptions et de meurtres. Ainsi la mort de Louis XVI. On ne fêtera que le 14-Juillet.

L'odieux Manin, qui se vantait d'avoir assassiné la princesse de Lamballe et porté sa tête au bout d'une pique, est arrêté et déporté. Il supprime d'un trait de plume la loi sur les otages et va lui-même à la prison du Temple ouvrir les portes des malheureux qu'il libère en leur disant :

« Une loi injuste vous a privés de la liberté ; mon premier geste est de vous la rendre. »

Dans un même esprit de mansuétude, il supprime la prison pour dettes. Mieux, il va visiter les prisons pour voir comment y sont traités les prisonniers de droit commun. Il faudra attendre deux siècles et Valéry Giscard d'Estaing pour voir se reproduire un tel geste.

Même mansuétude vis-à-vis des émigrés : il atténue les rigueurs des lois implacables dont ils sont l'objet. Compréhension aussi vis-à-vis des catholiques. Ceux-ci sentent aussitôt que l'heure de la tolérance a sonné. Partout, il proclame :

« Les places seront ouvertes à tous les Français, de toutes les opinions, pourvu qu'ils aient des Lumières, de la capacité et des vertus. »

Sur le conseil de Sieyès, il a choisi un technicien, Gaudin, pour remonter les finances. Il récompense Talleyrand en le nommant au ministère des Relations extérieures. Fouché, qui s'est illustré à Lyon sous la Convention dans des répressions effroyables, a la charge de la police.

Loin de tenter de se venger de ses adversaires, notamment les opposants au 18-Brumaire et les députés récalcitrants, il leur offre des places. Pour lui, « il n'y a ni vainqueurs, ni vaincus ». L'heure est à la réconciliation nationale avec, comme ciment, le culte de la gloire. Ainsi distribue-t-il prébendes, postes honorifiques à tous ceux qui, l'ayant combattu, acceptent de le rejoindre. Même Barras est l'objet de ses avances. Mais celui-ci ne peut vaincre son orgueil : il refuse tout ce qu'il lui propose, le commandement d'une armée, une ambassade. Voyant que, décidément, il ne peut rien en tirer, Napoléon l'abandonne aux tracas et aux mesquineries de Fouché qui le déteste et lui fera payer son intransigeance en humiliations sans nombre.

La France a enfin trouvé son « sauveur ». Elle le lui prouve en votant le plébiscite qui ratifie la nouvelle Constitution et la nomination du Premier consul pour dix ans. 3 012 569 « oui » contre 1 562 « non ». On respire : la Révolution, commencée dans l'idéalisme, poursuivie dans le despotisme pour s'enliser dans l'affairisme, est finie. Fini aussi son cortège d'horreurs, d'actes arbitraires et de proscriptions. On n'en a conservé que le principe fondateur. Et on fait toute confiance à un homme pour reconstruire un État digne de ce nom. Les Français ont, avec un instinct assez sûr, choisi le chef le plus capable de leur redonner de l'espérance.

Pour bien montrer qu'il n'est pas issu d'un coup d'État de hasard, mais qu'il s'inscrit dans une tradition ancienne, le Premier consul s'installe au palais des Tuileries. D'abord ému, il confie à Bourrienne :

« Comme les Tuileries sont tristes. Tristes comme la grandeur. »

Le soir, avec cet humour dont il ne se départ jamais — signe de la distance qu'il conserve toujours vis-à-vis des bienfaits du destin —, il s'exclame devant Joséphine :

« Petite créole, venez dormir dans le lit de vos maîtres. »

## XV

*Le 20 mai 1800*

Habillé en bourgeois d'une simple redingote grise, sans que rien ne puisse trahir son identité, il progresse dans un magnifique paysage de montagnes couvertes de neige, dominé par le mont Blanc et le Gran Paradiso. Parti le matin même de Martigny, chevauchant un méchant mulet, tenu par la bride par un jeune guide valaisien, nommé Nicolas Dorsaz, le tout frais Premier consul gravit incognito le chemin pierreux qui surplombe les abîmes au fond desquels coule la Drance et conduit à Aoste par le col du Grand-Saint-Bernard. Le temps est clair, ensoleillé mais froid. Entre les plaques de neige à demi fondue, on commence à voir poindre des crocus et des edelweiss. Peut-être cette randonnée lui rappelle-t-elle la Corse, le Monte Rotondo et la simplicité des mœurs pastorales? Devant la mise simple et l'apparente bonhomie de son client, le jeune guide pense avoir affaire à un capitaine rejoignant son régiment. Jamais il ne pourrait imaginer qu'il est en présence du Premier consul de la France, commandant en chef des armées, allant rejoindre ses troupes en Italie : le fameux Bonaparte qui, récidivant l'exploit d'Hannibal et de ses éléphants, va arriver sur les arrières des Autrichiens pour les surprendre et couper la retraite du général Melas.

Une partie du chemin se fait sans qu'il sorte de son silence. Soudain, sur le sentier de Saraire, particulièrement abrupt à cet endroit, le mulet trébuche, fait un écart et envoie promener son cavalier vers l'abîme. Nicolas Dorsaz le rattrape in extremis et l'aide à se remettre en selle.

« N'ayez pas peur, capitaine, je suis là. Un bien mauvais endroit. Allez, ceux qui descendent au fond n'en reviennent pas. Dieu vous garde d'y aller, capitaine ! »

Il l'a échappé belle. Il regarde le gouffre, étonné de ce danger auquel il était loin de s'attendre. Soudain, comme si le geste secourable de son guide lui faisait prendre conscience de sa présence — et de son importance dans l'ordre du destin —, il l'interroge, le presse de questions sur sa vie, sa famille, ce que lui rapporte son métier, les accidents qui se produisent. Celui-ci lui avoue que le comble de son ambition serait d'avoir les moyens d'acheter une ferme et de pouvoir se marier. Deux jours plus tard, le guide éberlué recevra, pour satisfaire son rêve, une gratification de deux cents francs et apprendra du même coup l'identité de son prestigieux client auquel il a sauvé la vie.

Tout en parlant avec le jeune guide, Napoléon ne laisse pas d'être préoccupé. Depuis plusieurs jours, le fort de Bard qui garde le col du Grand-Saint-Bernard résiste et empêche le passage des troupes. Ce bastion imprenable dont il a, sur un rapport erroné, mésestimé la capacité de défense risque de tout faire manquer. Il enrage devant cet obstacle inopiné. Lui qui a si minutieusement étudié toutes les éventualités de cette campagne éclair, le voilà mis en échec par un ridicule bastion. Les rapports qu'il a reçus de Lannes, puis de Berthier, font le même constat pessimiste. Il sait l'importance de ces grains de sable importuns capables d'enrayer la machine la mieux huilée des préparatifs militaires. Il a connu la même mésaventure cuisante devant Saint-Jean-d'Acre.

Cet insolent fort de Bard, érigé sur un rocher, domine le défilé qui donne accès à l'Italie par Aoste. Lannes a tenté en vain de le réduire. Rien à faire. Le petit fort, commandé par un major intraitable, qui abrite cent Croates et dispose de dix-huit canons, continue de narguer l'armée française, bloquée dans le défilé. Plus de cinquante mille hommes et toute l'artillerie attendent qu'on leur ouvre le passage.

L'affaire est grave. Tout l'énorme dispositif militaire est stoppé par ce ridicule trublion. Napoléon a adressé le matin même à Berthier un ordre comminatoire. « Faites sentir au général Lannes que le sort de l'Italie et peut-être de la République tient à la prise du fort de Bard. »

La résistance de ce fort est d'autant plus irritante que tout le reste du dispositif a parfaitement fonctionné : la division Chabran a franchi sans encombre le Petit-Saint-Bernard ; la division Thureau a passé aisément le mont Cenis ; la division Lecchi a gravi le Simplon et commence sa descente en Italie ; enfin, la division Moncey a atteint le col du Saint-Gothard. Il imagine déjà l'ensemble de ses troupes jaillissant des montagnes comme autant de fleuves et jetant le désarroi dans les arrières des lignes autrichiennes.

Napoléon exagère-t-il lorsqu'il s'exclame que

« le sort de la République est en jeu » ? Ne cherche-t-il pas plutôt à justifier une idée folle, téméraire en diable, dont on se demande comment elle a pu germer dans sa tête pour le conduire à un pari aussi aventureux ? Veut-il encore une fois tenter le sort ? Pourquoi risquer ainsi un boulet, une balle, un biscaïen alors que son assise politique est bien loin d'être affermie ? Veut-il, par un exploit militaire, en remontrer à ses généraux, les Moreau, les Augereau, les Bernadotte, qui sont toujours rétifs à se soumettre à sa férule et leur montrer qu'il leur est encore supérieur ?

Non. Rarement une campagne militaire aura été conçue avec autant d'arrière-pensées de politique intérieure et extérieure. Cette apparente folie du Premier consul nommé depuis cinq mois, qui semble remettre en cause son pouvoir et met sa vie en péril alors que toute la France — et Paris au premier chef — bruisse de conspirations, d'agitations et d'intrigues, a été mûrement réfléchie. C'est par une victoire en Italie qu'il compte reprendre la main en France.

En effet, le pays, à peine sorti de l'anarchie, du marasme dans lequel il a failli sombrer, ne rêve que de recommencer les jeux délétères auxquels s'adonnent avec délices les factions et les ambitieux. Ce pouvoir encore instable suscite de nombreux appétits : Moreau, Bernadotte, Jourdan, Sieyès, le vieux matou qui a encore toutes ses griffes, espèrent qui rétablir le trône au profit du comte de Lille, qui s'en emparer à son propre compte. Mais la plupart s'agitent sans véritable objet précis, pour le plaisir de s'ébrouer dans la contestation, comme Germaine de Staël ou son immarcescible amant, Benjamin Constant. Advienne que pourra. La grande agitation de la Révolution, comme une forte houle qu'on ne peut plus calmer, continue de mettre les esprits en effervescence. La gent politique, de gauche comme de droite, des excités du jacobinisme, les « exagérés » comme on les appelle, aux ultraroyalistes, espère qu'un boulet ennemi la délivrera de ce maître qu'elle s'est choisi mais dont, déjà, elle ne supporte plus la poigne.

C'est pour raffermir son autorité sur ces turbulentes têtes chaudes qu'une victoire sur les Autrichiens est indispensable au Premier consul. D'autant plus que celui-ci sait qu'aucune négociation avec les puissances européennes n'aura de chance d'aboutir tant que son pouvoir n'aura pas été consolidé par une victoire éclatante. Bien sûr, il risque de tout perdre. Mais il ne serait pas lui-même si ce souci l'eût jamais effleuré. De comptes il n'a à rendre qu'à son étoile.

Alors, c'est vrai, à sa manière, le fort de Bard compromet le sort de la République. Napoléon va pouvoir se rendre compte par lui-même de son invincibilité. Après avoir passé la nuit à l'hospice de haute montagne, enseveli sous la neige, où il a été accueilli par les chanoines et a dîné en leur compagnie dans le réfectoire, on lui fait visiter la chapelle et la morgue où les corps des voyageurs égarés gisent, momifiés dans la glace. Que lui inspire le spectacle de ces morts ? Songe-t-il que, à la suite de sa chute de mulet, quelques heures plus tôt, il aurait pu être l'un d'eux ? Mais ce n'était pas son heure.

Les nouvelles du fort de Bard sont toujours

aussi mauvaises. Berthier commence à s'alarmer et, par courrier, lui demande s'il ne faut pas changer le dispositif. Napoléon s'impatiente. Même s'il a toute confiance en son chef d'état-major, il pense que celui-ci, pour une fois, n'est pas à la hauteur de la situation.

Après une nuit au hameau de Saint-Rhémy et une autre à Aoste, il retrouve Berthier à Verrès. De là, ils se rendent à cheval au défilé qu'obstrue l'invincible fort de Bard. Napoléon est impressionné par les imposantes défenses de ce bastion. Il ordonne à son escorte de se mettre au galop afin d'atteindre un sentier qui grimpe sur le mont Albaredo. Là, il abandonne sa monture et le franchit à pied, prenant soin de se cacher derrière les rochers et les broussailles afin d'éviter le feu des défenseurs du fort qui sont à peine à une centaine de mètres. Après avoir examiné la position et ausculté les points faibles de ce « vilain castel », il fait mettre en place plusieurs batteries. Elles vont bombarder la forteresse qui résistera encore quinze jours.

On finit par découvrir un sentier enneigé entre Verrès et Donnas. L'infanterie, plus de cinquante mille hommes, réussit à l'emprunter. Quinze canons seulement parviennent à être acheminés. Leurs fûts sont fixés sur des troncs d'arbres évidés servant de traîneaux et tirés par les grenadiers. Le gros de l'artillerie reste immobilisé. Lourd handicap au moment décisif. En face, l'armée autrichienne dispose de trois cents pièces d'artillerie.

Maintenant, il peut mettre en œuvre son plan d'invasion de la Lombardie. Il s'agit de couper la retraite du général Melas qui attend les Français au sud, sur la Riviera, imaginant qu'ils vont se porter au secours de Masséna, assiégé dans Gênes. La surprise est complète et, partout, c'est le désarroi. Les Français surviennent là où on ne les attendait pas, débouchant des montagnes. Les Autrichiens désemparés, qui vont de surprise en surprise, apprennent bientôt que ces armées ont à leur tête le Premier consul lui-même. Ils l'imaginaient à Paris, requis par d'autres responsabilités. C'est l'affolement.

L'armée française accumule les succès. Un courrier de Murat lui annonce que la citadelle de Milan vient de capituler. Autre bonne nouvelle : le fort de Bard est enfin tombé. Napoléon peut faire une entrée triomphale à Milan, en carrosse, dans son costume de Premier consul, sous une pluie battante.

Pour fêter cette victoire, on organise un concert à la Scala où Napoléon entend chanter la belle et illustre Grassini. Ils s'étaient déjà rencontrés trois ans auparavant, lors de la première campagne d'Italie. Leurs retrouvailles sont chaleureuses. Ils sont si heureux de se revoir qu'ils passent la nuit ensemble au palais Serbelloni. Berthier les retrouvera au matin, enlacés, en train de prendre leur petit déjeuner. La Grassini sera si satisfaite de leur rencontre qu'elle prendra bientôt le chemin de Paris où leur liaison se poursuivra encore quelques années.

Le jour même, Napoléon réunit deux cents prêtres. Avec stupéfaction ils l'entendent proférer des paroles qu'ils n'attendaient pas dans la bouche d'un jacobin.

« Persuadé que la religion catholique, apostolique et romaine est la seule qui puisse procurer un bonheur véritable à une société bien ordonnée et affermir les bases d'un bon gouvernement, je vous assure que je m'appliquerai à la protéger et à la défendre dans tous les temps et par tous les moyens. »

Et il ajoute :

« Nulle société ne peut exister sans morale ; il n'y a pas de bonne morale sans religion ; il n'y a donc que la religion qui donne à l'État un appui ferme et durable. »

Et, comme pour mettre ses actes en accord avec ses paroles, il assiste à un *Te Deum* au Duomo. Là, il rencontre le cardinal Martiniana qu'il charge de communiquer au pape « son ardent désir d'arranger les choses ecclésiastiques de la France ».

Décidément, c'est en Italie que se règlent beaucoup de questions françaises.

Ne manque plus qu'une dernière victoire pour mettre les Autrichiens à genoux. Mais Gênes vient de tomber aux mains des Autrichiens et le général Melas n'a pas dit son dernier mot.


XVI


*Le 14 juin 1800*

Après les pluies diluviennes de la veille, c'est un petit matin clair qui s'installe sur la vaste plaine de Marengo. Le soleil se lève sur un paysage planté de vignes et de champs de mûriers que traverse la Bormida, un affluent du Pô. Ce devrait être un jour paisible, car les troupes autrichiennes ont installé leur bivouac bien au-delà du fleuve. Napoléon a dormi dans le petit village de Torre di Garofalo. Il est réveillé en sursaut par le tonnerre des canons. Lui qui a si souvent surpris le vieux général comte de Melas par ses manœuvres inattendues, c'est à son tour de l'être par les Autrichiens. La veille, pourtant, il a pris la précaution d'envoyer un de ses aides de camp inspecter la Bormida afin de s'assurer que l'ennemi n'a pas jeté un pont pour franchir le fleuve. L'aide de camp a été formel : pas d'ennemi en vue. C'est à partir de cette fausse information d'un aide de camp trop prudent ou trop peureux pour remplir scrupuleusement sa mission que Napoléon a envoyé Desaix à Novi chercher le contact avec Melas. Il s'est également séparé de la division Lapoype qu'il a chargée de se rendre sur la rive gauche du Pô.

Il vient de commettre une faute contraire à tous ses principes stratégiques : au lieu de concentrer ses forces, il les a disséminées. Il comprend aussitôt la gravité de la situation. Dans cette plaine de Marengo où il aperçoit les maisons blanches du petit village de San Giuliano, il va devoir affronter un ennemi très supérieur en nombre et qui, surtout, possède une artillerie largement plus importante que la sienne. Elle dispose de cent canons et de trente mille hommes alors que les Français ne sont que vingt-deux mille hommes soutenus par seulement quinze canons.

Il adresse à Desaix un message désespéré : « Je croyais attaquer l'ennemi ; il m'a prévenu ; revenez, au nom de Dieu, si vous le pouvez encore. »

L'offensive autrichienne va durer cinq heures. Le corps d'O'Reilly a attaqué la division Gardanne, bientôt appuyé par la division Haddick et par un feu nourri d'artillerie. Gardanne se replie. Le général Victor, à court de munitions, doit également battre en retraite, entraînant le corps du général Lannes. Les Français reculent, laissant une partie de leur artillerie aux mains de l'ennemi.

Il sent qu'il est au bord de l'abîme. Seul le retour de Desaix et de ses six mille hommes peut encore éviter le désastre. Mais a-t-il reçu son message? En attendant, il fait appel à Monier et à la garde consulaire. Il est 2 heures de l'après-midi. Grâce à la garde, qui approvisionne en cartouches le corps de Victor, la cavalerie d'Ott est repoussée. Mais ce n'est qu'un répit. La garde doit à son tour reculer : elle a perdu deux cent soixante hommes sur huit cents. Toute la ligne française se retire sur San Giuliano.

La défaite est dans toutes les têtes. Elle semble irrésistible. Napoléon, assis sur un chemin de terre, au milieu des boulets qui roulent à ses pieds, fouette le sol de sa cravache. Seul un miracle peut le sauver.

L'armée autrichienne avance inexorablement. Loin de profiter de son avantage en chargeant les Français en déroute, elle se déplace avec lenteur, en bon ordre, comme à la parade. Déjà, les fanfares jouent les airs de victoire tant la partie semble définitivement jouée. Le comte de Melas, qui n'est plus un jeune homme — il a soixante et onze ans — et a fait deux chutes de cheval, abandonne le champ de bataille pour aller à Alexandrie adresser une dépêche à l'Empereur et lui annoncer la victoire. Il confie le commandement au général Kaim.

Ce répit permet aux forces françaises de se retirer en ordre, sans céder à la panique. Napoléon, qui observe le champ de bataille du haut du clocher de San Giuliano, n'a plus d'espoir qu'en l'arrivée de Desaix. Il est 4 heures. Soudain, au bout de sa lorgnette, il aperçoit le scintillement des baïonnettes et des sabres dans le fond de la plaine. Desaix arrive et aussi la division Boudet. Aussitôt, il crie aux soldats :

« Les réserves arrivent. Tenez bon ! »

Il monte à cheval et rejoint Desaix, flanqué de Berthier, Murat et Marmont. Il tient un rapide conseil d'état-major. C'est alors que Desaix aurait prononcé la fameuse phrase :

« Cette bataille est perdue, mais il n'est que 4 heures et il nous reste encore le temps d'en gagner une autre. »

La contre-offensive s'opère : Marmont, à la tête de son artillerie, et Kellermann, le fils du vainqueur de Valmy, chargeant avec sa cavalerie, vont jouer un rôle déterminant. Sans doute sont-ils loin d'imaginer pouvoir changer le cours de la défaite. Du moins, ils peuvent porter de sérieux coups à l'ennemi qui ne s'y attend pas et permettre aux troupes françaises de se reformer. Mais leurs assauts conjugués, renforcés par l'attaque héroïque de Desaix à la tête de la 9e demi-brigade légère, sèment le désarroi chez l'ennemi.

La charge de Kellermann qui, avec ses quatre cents cavaliers dissimulés derrière les vignes, enfonce les colonnes autrichiennes décide soudain de la victoire. Près de deux mille Autrichiens mettent bas les armes. Le général Zach est fait prisonnier.

Quand la nuit tombe, tous les Autrichiens ont retraversé la Bormida. La défaite s'est métamorphosée en victoire.

Une grande ombre pèse sur ce tableau : Desaix, le grand compagnon, l'ami de Napoléon, frappé d'une balle, est mort sur le coup. On cherche longtemps sa dépouille sur le champ de bataille. Savary le reconnaît grâce à la longue chevelure qu'il portait depuis l'Égypte où il avait reçu le surnom de « sultan juste ». Son corps, enveloppé dans un manteau de hussards, est transporté dans une villa de San Giulano où on l'installe dans un fauteuil. Il a l'air de dormir. Napoléon perd avec lui l'un de ses amis les plus chers. Il soupire :

« Pourquoi ne m'est-il pas permis de pleurer ? »

Il se reprend et laisse tomber :

« Ah, que la journée eût été belle si, ce soir, j'avais pu l'embrasser sur le champ de bataille. »

Il écrit aux consuls : « Je suis dans la plus profonde douleur de la mort de l'homme que j'aimais et que j'estimais le plus. »

Les généraux silencieux veillent la dépouille de Desaix. Cette mort d'un héros, cette bataille gagnée, mais si près d'être perdue, la peine de Napoléon à laquelle s'ajoute son agacement de devoir la victoire à ce jeune Kellermann qu'il n'aime pas, tout cela crée une atmosphère électrique entachant la joie qui suit d'habitude les victoires. On a gagné, mais à quel prix ! Napoléon, si sûr de son étoile, n'est pas loin de douter de lui-même. Cet épisode l'obsédera toute sa vie. Au point que, pendant son agonie à Sainte-Hélène, ses derniers mots, dans son délire, seront :

« Desaix ! Desaix ! Ah, la victoire se dessine. »

Pour honorer la mémoire de son ami, il fera construire un monument dans la chapelle de l'hospice du Grand-Saint-Bernard où sera inhumée sa dépouille. Sachant son attachement à la franc-maçonnerie, il demandera aux bernardins de l'hospice que, dans la tombe, soient également scellés des symboles de son affiliation : un mortier, un tablier de franc-maçon et une truelle.

Le lendemain, des parlementaires autrichiens demandent l'armistice. Le Piémont et la Lombardie sont libérés. La victoire est totale.

Aussitôt, il part pour Milan où il assiste à un *Te Deum* au Duomo, entouré de tout son état-major, ainsi qu'il l'écrit aux consuls : « Aujourd'hui, malgré ce que pourront dire nos athées de Paris, je vais en grande cérémonie au *Te Deum*. »

Provocation ? Non, tout le contraire ! Par cet acte symbolique qui fait suite à ses déclarations aux prêtres italiens lors de son précédent séjour à Milan, il veut refonder les relations de la France avec l'Église catholique. Peut-être aussi ce superstitieux renoue-t-il secrètement avec la religion de son enfance, avec ce Dieu qui lui a permis ce miracle de Marengo, grâce auquel désormais l'avenir s'ouvre grand devant lui.

Car toute la France acclame la victoire de Marengo. Les divisions s'effacent comme par enchantement ; les intrigues, les ambitions s'apaisent ; les poignards tirés rentrent au fourreau comme par magie. Les plus farouches opposants sont entraînés dans la liesse populaire. Même

Germaine de Staël, si critique, si peu portée à admirer un homme peu sensible à son charme, s'exclame :

« Rien n'a l'éclat de Marengo, mais il faut convenir que s'exposer, sa fortune faite, est plus brillant que de s'exposer pour la faire ! »

Napoléon, renforcé par son succès, rentre rapidement à Paris. Mais il ne se leurre pas. Il sait combien la chance est capricieuse. S'il a voulu gagner la partie en Italie, c'est surtout pour pouvoir avoir les mains libres en France et faire taire les opposants. Aussi est-il indifférent à toutes les manifestations, les pompes officielles. Elles n'effaceront pas la mort de Desaix. Elles ne le consoleront ni de la perte de son ami, ni de cet abîme qui s'est ouvert soudain sous ses pas lorsque, à 2 heures, ce 14 juin 1800, il a cru la bataille définitivement perdue. Son destin a tenu à un fil.

Aussi, de Lyon, écrit-il aux consuls : « J'arriverai à Paris à l'improviste... Ni arc de triomphe, ni aucune espèce de cérémonie... Je ne connais pas d'autres triomphes que la satisfaction publique. »

Ces paroles, pleines de simplicité, montrent soudain un homme à nu, plus attaché à la vérité qu'aux flonflons et à la grandiloquence des reconnaissances officielles. Sans doute porte-t-il un deuil secret. Il sait que désormais la tâche qui l'attend est immense. L'heure n'est plus à l'autosatisfaction, à l'encens bon marché. Il est seul face à l'histoire. Avec, devant lui, une France déchirée à refonder.

## DEUXIÈME PARTIE

## Le poète de l'action

> Je fais mes plans de bataille
> avec les rêves de mes soldats
> endormis.
>
> N.

I

*Le 3 juillet 1800*

Il est revenu aux Tuileries. Le canon l'a annoncé aux Parisiens qui se sont rués en masse aux portes du château. Ce retour a toutes les apparences d'un miracle. Certains vont jusqu'à y voir la main de la Providence. La foule est en délire. On l'acclame. On le réclame. Soudain, il apparaît au balcon. La musique de la garde se fait entendre. Manifestement, il est ému. Cette liesse populaire verse un baume sur son cœur blessé. Car quelque chose en lui est mort à Marengo. Est-ce parce qu'on a colporté la nouvelle de sa disparition — confondue avec la mort de Desaix —, parce qu'on a annoncé sa défaite en Italie, ce qui a failli être une réalité? Il se sent prématurément vieilli, usé. Comme s'il avait perdu cette illusion de jeunesse éternelle qui accompagnait ses rêves.

Soudain, il se dit que le temps lui est compté. Au sommet du pouvoir, il en mesure la fragilité. Ayant vaincu par un pari fou ses ennemis à l'extérieur mais aussi à l'intérieur, il sait que, derrière la joie apparente qui se lit sur les visages, il n'y a que bassesse, hypocrisie. Combien sont-ils autour de lui à le féliciter qui, pendant son absence, ont misé sur son échec et sa mort ? Ne se rendent-ils pas compte, ces esprits légers, prompts aux cabales, qu'il a sauvé l'État ? Que, sans lui, cet édifice fragile s'écroulerait, les entraînant dans sa perte ? Qu'il est le seul à pouvoir réunir les Français instables prêts à s'égorger à nouveau au premier prétexte ? Ces politiques rongés d'ambition n'ont eu en tête que leur intérêt. Il ne doit attendre d'eux aucune reconnaissance. Il a tenté de les réunir dans un grand projet de réconcilier tous les Français qui ne s'aiment pas. Et ils veulent revenir à leurs factions, à leurs haines, comme si cette Révolution sanguinaire ne leur avait pas suffi. Un voile noir devant ses yeux obscurcit la foule qui l'acclame. Le peuple ! Lui le comprend ! Mais, entre eux, étrangement, il perçoit un vide. À qui se fier ? À ses amis ! Il n'en a plus. Muiron, mort ! Desaix, mort ! Il n'est pas dupe de ceux qui l'entourent : Bourrienne, ce compagnon d'enfance, un concussionnaire dans le sang, avec « son œil de pie », que ses trafics vont bientôt éloigner de lui pour toujours ; Joséphine, il sait combien son amour est fragile et lié aux aléas de sa fortune. Ses frères, il ne leur fait guère confiance. Il n'en trouve aucun digne de lui succéder. Il le dit à Roederer :

« Je n'ai point l'esprit de famille. Ce que j'ai craint le plus pendant que j'étais à Marengo, c'était qu'un de mes frères me succédât si j'étais tué. »

Au sommet du succès, il éprouve un sentiment nouveau pour lui : le désenchantement. Bien sûr, la mort de Desaix est pour beaucoup dans ce climat moral. Il ne cesse d'y penser. Elle lui semble annoncer pour lui une ère nouvelle, la fin de la jeunesse, de leur rêve commun qui a eu son apogée en Égypte. Auprès de quel ami désormais pourra-t-il s'épancher ? Pour vaincre sa tristesse, il imagine les funérailles qu'il organisera pour lui au sommet du Grand-Saint-Bernard, dans ce paysage qui n'inspire que de grands sentiments, la pureté, l'infini. Il rêve d'offrir à sa dépouille les funérailles de Patrocle. C'est à son ami Vivant Denon, compagnon de l'aventure égyptienne, qu'il a demandé de dessiner un tombeau digne de lui.

Mais il faut s'arracher aux acclamations de la foule. Cambacérès l'attend dans son bureau. C'est le retour à la réalité des affaires. Celui-ci ne lui cèle rien des intrigues qui ont prospéré pendant son absence. Sans doute les exagère-t-il pour se donner de l'importance et prouver qu'il a su rester maître de la situation.

Napoléon montre son écœurement :

« Eh bien, on m'a cru perdu et on voulait essayer encore du Comité de salut public ! Je sais tout ! Et c'était des hommes que j'ai sauvés, que j'ai épargnés ! Me croient-ils un Louis XVI ? Qu'ils osent et ils verront ! Qu'on ne s'y trompe plus : une bataille perdue est pour moi une bataille gagnée. Je ne crains rien ; je ferai rentrer tous ces ingrats, tous ces traîtres, dans la poussière. Je saurai bien sauver la France en dépit des factieux et des brouillons. »

Puis il interroge l'ondoyant Cambacérès, essayant de sonder sa fidélité.

« N'avez-vous pas été embarrassé dans l'intervalle qui s'est écoulé entre les premières nouvelles de Marengo et l'annonce officielle de la victoire ?

— J'ai eu de vives inquiétudes et peu d'embarras.

— Comment donc ? Et si j'avais été tué ?

— J'aurais considéré le malheur comme irréparable. Après avoir cédé à une juste douleur, je me serais occupé de donner au gouvernement, à la République, un autre chef. N'ayant pas la prétention de vous succéder, j'aurais eu toute liberté dans ma manière d'agir.

— Qu'auriez-vous fait ?

— Sur le compte rendu au Sénat de votre mort, je lui aurais proposé de nommer votre frère Joseph Premier consul.

— Je sais, laisse tomber Napoléon, que vous êtes un homme de ressources. »

Sous l'ironie, il sent que sa mort, pour tous ceux qui l'entourent, ne sera pas la fin du monde. Une péripétie de plus. En prononçant ces paroles assorties d'un sourire, il a soudain pris conscience de cette éventualité qu'il n'a au fond jamais envisagée : sa mort. Jusqu'à quand sera-t-il protégé par son étoile ? Et, soudain, la mort qu'il n'a jamais crainte sur le champ de bataille lui apparaît comme la véritable défaite : elle seule peut interrompre l'œuvre qu'il se sent né pour accomplir. Cette pensée l'obsède désormais. Et comme si d'en avoir conçu l'idée donnait une réalité à cette menace, les projets d'assassinats vont se multiplier.

La haine qui l'entoure est comme une hydre aux mille visages. Les rapports qu'il reçoit de Fouché lui révèlent une fermentation inouïe des esprits. Tant de têtes brûlées veulent sa perte. Des républicains excités qui voient en lui un tyran à abattre. À l'autre extrême, les ultraroyalistes et les chefs chouans qui, désespérant de faire de ce jacobin un autre général Monk, ne voient d'issue que dans sa mort. Malgré ses efforts, il n'a pas réussi à les convaincre de l'inutilité de leur combat. Il les a reçus aux Tuileries en pure perte : Hyde de Neuville, Bourmont et, surtout, Cadoudal — Georges, comme on le surnomme —, un ours mal léché, un colosse au front têtu de bas-Breton. Il lui a même proposé le commandement d'une division pour prix de son ralliement. Mais aucun de ses arguments n'a porté, « il a épuisé le clavier sans produire aucune vibration ». Il n'a fait qu'exalter sa haine. À la sortie des Tuileries, Georges confiera à Hyde de Neuville qu'il aurait dû en profiter pour tuer le Premier consul.

« J'aurais dû prendre ce gringalet dans mes bras et l'étouffer. »

Comme ce retour au château des Tuileries, l'ancestral palais des rois, siège de la Convention honnie et maintenant demeure d'un Premier consul intraitable, a dû échauffer leurs têtes déjà brûlantes.

Georges n'a plus qu'une idée dans une tête qui n'en contient pas beaucoup : préparer « son coup essentiel ».

Napoléon sait la force de leur détermination. Loin d'être intimidé par sa puissance, de vouloir composer avec elle, elle justifie leur crainte de le voir durer. Quoi qu'il fasse, ils le poursuivront de leur vindicte. C'est une fureur sacrée qui s'est emparée de ces illuminés. Il ne peut les raisonner. Le feu qui brûle en eux ne pourra s'éteindre que par sa mort ou la leur. La Corse lui a beaucoup appris dans le domaine des passions furieuses. Il retrouve chez ces « Marat blancs » la fièvre idéologique qu'aucun argument ne peut apaiser. Si enclin qu'il soit à réconcilier les Français, il sent que ceux-là sont irrécupérables.

Ce qui aggrave ses craintes, c'est que ces exaltés n'hésitent pas, pour arriver à leurs fins, à trahir leur pays. Ils ont partie liée avec les Anglais, avec les Autrichiens, avec les Russes. Comme si la haine leur faisait oublier leur patrie. Le scandale de l'agence anglaise que vient de révéler Fouché éclabousse même ses proches : le prince de Coigny, pris en flagrant délit de conspiration en faveur des Anglais, est un ami de Joséphine.

Les désillusions n'entament pas sa détermination de faire face aux ennemis attachés à sa perte. Il veut leur prouver qu'il sera plus fort qu'eux parce qu'il a le peuple derrière lui. Ce peuple qui en a assez de la guerre civile.

Pour commencer, un geste magnanime : il choisit le lieu symbolique des discordes, de la haine, du sang : la ci-devant place Louis XV, ex-place de la Révolution, où s'élevait la sinistre guillotine, et rebaptisée place de la Concorde. Là, pour le 14-Juillet, en compagnie des deux consuls à cheval, a lieu une des rares commémorations de la Révolution qu'il a tenu à conserver. On n'y prend pas garde, mais on a placé une statue de Charlemagne rapportée d'Italie. Un symbole aux allures de présage.

Puis, toujours à cheval, il conduit jusqu'aux Invalides un long cortège composé de députés, de sénateurs, de maires, de préfets, de magistrats, de membres de l'Institut, tous ceux dont il veut faire les cadres de la reconstruction nationale. À voir l'attention qu'il prête à ses collègues de l'Institut, aux savants, aux hommes de lettres, la foule comprend que plus jamais on n'entendra ce blasphème prononcé à la Convention qui poussait avec mépris Lavoisier vers l'échafaud : « La République n'a pas besoin de savants. »

Lucien prend la parole dans l'église des Invalides, devenue le temple de Mars. On entend s'élever *La Marseillaise* chantée par la Grassini : elle semble s'adresser avec ferveur à son amant qui « a libéré l'Italie ».

Le soir, aux Tuileries, au milieu d'un Paris en liesse, des illuminations, des feux d'artifice, Napoléon lève son verre :

« Au 14-Juillet, au peuple français, notre souverain à tous. »

Sous l'emphase, il y a la même obsession : la concorde, réunir, fusionner. « Que je me trouverais heureux si je parvenais à voir tous les Français revenir à une même opinion ! »

II

*Le 22 septembre 1800*
Un char funèbre traverse Paris avec lenteur. Avec solennité. Sur le catafalque tiré par un cheval bai, semblable à celui qu'il montait à Saspach quand la mort l'a emporté, s'avancent lentement sur les pavés les restes d'une gloire de la France : Henri de La Tour d'Auvergne que l'histoire a

retenu sous le nom de Turenne. À côté du cercueil, sur un brancard, sont exposés son épée et le boulet qui l'a frappé. Le cortège pénètre dans la cour des Invalides, où un tombeau est préparé. Un roulement de tambour. Le Premier consul, immobile, écoute Carnot prononcer l'éloge funèbre. Deux symboles : un héros incontestable de la République salue un autre héros incontestable de la monarchie.

La voix de Carnot résonne sous la voûte des Invalides.

« Ce temple n'est pas réservé à ceux que le hasard fit naître sous l'ère républicaine, mais à ceux qui, dans tous les temps, ont montré des vertus dignes d'elle. »

L'ancien régicide, membre du Comité de salut public, l'artisan de la victoire de Fleurus poursuit dans un silence impressionnant :

« Ce ne fut point au maintien d'un système politique alors dominant qu'il consacra ses travaux, qu'il sacrifia sa vie, mais à la défense de son pays, indépendante de tout système. L'amour de la patrie fut son mobile, comme il fut, de nos jours, celui des Dampierre, des Dugommier, des Marceau, des Joubert, des Desaix, des La Tour d'Auvergne. Sa gloire ne doit pas être séparée de celle de ces héros républicains. »

Et il conclut :

« Citoyens, vos yeux sont fixés sur les restes du grand Turenne. Voilà le corps de ce grand guerrier, si cher à tout Français, à tout ami de la gloire et de l'humanité. »

Qui ne pourrait souscrire à cet hommage ? Quelques grincheux, quelques idéologues jacobins ? La foule, elle, se sent remuée dans ses entrailles. Elle est émue. Elle comprend. Elle sent qu'une ère nouvelle se lève, enfin délivrée de ce poison qui a fait tant de mal : l'esprit de parti. Cet éloge funèbre, si beau dans sa forme, si noble dans ses intentions, c'est du pur Napoléon. Il n'y a pas une phrase qu'il peut renier, pas une idée qui ne lui soit chère. Il a bien choisi son porte-parole. Chaque mot prononcé est un programme. Derrière cette vibrante symbolique, c'est une société nouvelle qui se dessine.

Pour réconcilier les Français, Napoléon n'a pas recours à des raisonnements secs ou à des théories abstraites. Il a décidé d'employer l'arme qui touche leur cœur : les symboles. Il a compris que ce peuple est ultrasensible à l'évocation de ceux qui ont illustré la grandeur de la France. Quelles que soient leurs opinions, à quelque parti qu'ils appartiennent, il faut parler à leur cœur et à leur imagination.

C'est aux hommes illustres qu'il va faire appel pour réconcilier les Français déchirés par dix ans de guerre civile. Il sait que la grande majorité le suivra. Ne resteront insensibles que les irréductibles. Ces extrémistes avec lesquels il sera sans pitié. Les deux France séparées par un fossé plein de cadavres doivent réapprendre à vivre ensemble en dépassant leurs haines et leurs idées de vengeance. Et pour que ce geste de la translation des restes de Turenne soit sans ambiguïté, il signe un arrêté quelques jours plus tard : le jeune Horace Camille Desmoulins dont le père, membre de la Convention, est mort sur l'échafaud est nommé élève au Prytanée français.

Comme on est loin de la politique de « la balançoire » de Barras et des Directeurs : alors, il s'agissait de frapper tantôt à droite, tantôt à gauche, d'exclure, de proscrire, d'anathémiser. Maintenant, l'heure est à la réconciliation.

Dans cette entreprise, il n'hésite pas à faire parler les morts. Leurs fantômes glorieux doivent montrer le chemin aux vivants. N'a-t-il pas lu et relu au point de la connaître par cœur *La Vie des hommes illustres* de Plutarque ? L'enthousiasme que ces destins ont suscité en lui, il parie qu'il élèvera aussi l'âme de chaque Français. D'où le reproche qu'on lui fera, notamment l'abbé de Pradt, d'être « tout d'illusion, comme on peut l'être quand on est tout d'imagination » et d'avoir voulu créer une « France imaginaire ». Ce réaliste rêve d'une France, non pas surgie de rien, comme une création spontanée, mais reconstruite à partir de son passé, de ce patrimoine exceptionnel que constitue son histoire. « De Clovis jusqu'au Comité de salut public, je me tiens solidaire de tout. Ceux qui n'aiment pas la France ne m'aiment pas. » Et, dans ce « tout », il va jusqu'à inclure — même s'il se garde de l'avouer en public — certains héros du camp adverse : Charette, qu'il admire, ou La Rochejaquelein, morts héroïquement pour leurs idées.

Dans cette appropriation des morts, il va très loin. Jusqu'à corriger leur vie et leurs paroles afin que la légende s'en empare. C'est ce travail sur la réalité qu'il a opéré dans la rédaction des bulletins de la Grande Armée qui ajuste le récit des batailles et permet, en les stylisant, de les installer dans l'épopée. Ainsi fait-il dire à Desaix mourant à Marengo cette parole : « Va dire au Premier consul que je meurs en regrettant de ne pas avoir fait assez pour la postérité. » Phrase apocryphe mais qui sonne d'un ton si juste qu'elle sera abondamment citée, colportée par ceux même qui savent que le héros foudroyé par une balle n'a pas eu le temps de la prononcer. Mais elle embellit la légende ! Elle cisèle le personnage mieux que ne le ferait une statue à sa gloire.

Aussi bien Desaix que Kléber, que pourtant Napoléon n'aimait guère et qu'il jugeait sévèrement, vont lui servir pour créer une idéologie et une mythologie de la gloire. Ne sont-ils pas morts le même jour, le ci-devant vicomte des Aix et le fils de maçon, l'un mort en Italie, l'autre en Égypte, l'un cultivé et méditatif, l'autre d'un caractère rustique et emporté, mais tous deux frappés par le destin dans deux grandes aventures guerrières de l'épopée napoléonienne ?

C'est à leur illustration que va s'employer le sénateur Dominique Joseph Garat, professeur à l'École normale supérieure, quelques semaines plus tard, place des Victoires, en présence du Premier consul :

« Kléber et Desaix, si dignes tous les deux d'entrer dans ces parallèles qui enseignent aux nations à apprécier les vertus, à distribuer la gloire, sont appelés bien plus naturellement à être rapprochés, à être comparés l'un à l'autre dans cet hommage solennel qu'ils reçoivent ensemble. »

Et Garat poursuit :

« La nation ouvre à ceux qui reçoivent ces éloges cette espèce de temple de mémoire, ce panthéon de tous les peuples et de tous les siècles qui existe partout où ce qui est sensible honore ce qui a été grand. »

Pour incarner encore plus profondément cette idée, Napoléon demande à Girodet un tableau qui pourrait l'illustrer. Le peintre s'exécute et brosse une fresque proprement délirante, intitulée *L'Apothéose des héros français morts pour la patrie pendant la guerre de la Liberté*. On y voit le vieux barde aveugle Ossian, figure chère au Premier consul, accueillir aux Champs-Élysées les grands héros français : de Charlemagne et de Turenne à Desaix, Kléber, Dugommier, Hoche, Joubert, La Tour d'Auvergne.

Dans ce tableau de Girodet, comme dans le discours de Garat, tout imprégnés des idées de Napoléon, on peut déjà préjuger de la suite. Ces héros, érigés au rang de symboles, dessinent la politique de l'avenir que le Premier consul construit avec autant de circonspection dans le détail que d'obstination : la radiation des émigrés. Cent mille hommes et femmes attendent de regagner leur patrie : avec quel soulagement ils doivent entendre ces paroles annonciatrices de leur réintégration dans la communauté nationale. « Une des plaies de la République, il faut nous en guérir le plus tôt possible. » En filigrane, on peut presque y lire la création de la Légion d'honneur. Et, point d'orgue de cette tolérance nouvelle, le rétablissement du culte catholique. Sur ce point, Napoléon n'a pas dissimulé en Italie que l'ostracisme a assez duré.

Il veut donner à la société des bases solides, « des masses de granit ». Quand on veut réconcilier ceux qui se sont haïs, qui se haïssent encore, pourquoi les priver de se réconcilier aussi avec Dieu, le chef des puissances invisibles qui gouverne tout, y compris la mort ?


## III


*Le 25 octobre 1800*

Dans une cellule de la prison de la Conciergerie, un homme somnole. C'est un des rares moments où cet Italien agité, bavard, demeure silencieux. Seul dans son cachot, orgueilleusement seul, il échafaude encore des projets fumeux où l'histoire romaine se mêle à l'époque présente. Il pense à son œuvre, à son buste de Washington, à la fameuse statue de Michel-Ange, *Brutus*, étrangement inachevée et qu'il rêve de terminer. Cet artiste empli de tant de rêves a-t-il eu le temps d'être dégrisé par les interrogatoires de la police, les tortures, par ce coup de massue de la réalité qui l'a conduit dans cette cellule au milieu des rats et des immondices ? Non. Il fait partie de ces hommes de feu et d'imagination que rien ne terrasse. À moins que ce ne soit la folie ? Une folie qui lui a toujours fait mêler rêve et réalité et donne à son talent d'artiste un accent original. Canova, dont il a été l'élève, l'apprécie. David, son ami, l'aime jusque dans ses foucades qu'il ne prend pas au sérieux. Ce sculpteur, c'est Giuseppe Ceracchi.

Soudain, il entend du bruit dans le couloir. La clé grince dans la serrure, on tire le verrou. Pénètre alors près de lui un homme qu'il connaît bien — mieux que beaucoup d'autres — puisqu'il a sculpté ses traits pour un buste qu'il n'a pas eu le temps d'achever. Ceracchi frémit. L'apparition de cet illustre visiteur à cette heure tardive lui paraît aussi irréelle qu'une hallucination. C'est le genre d'épisode romanesque que son imagination, pourtant fertile, n'aurait jamais pu enfanter. L'homme devant lui est celui qu'il a le plus aimé, le plus admiré avant de le haïr au point d'avoir voulu le tuer. Le jacobinisme a mis le feu à la cervelle fragile de Ceracchi. Il est devenu un mystique de la Révolution, un illuminé du robespierrisme. Pour lui, les membres du Comité de salut public étaient des saints. À Rome, à Naples, comme républicain, il a connu la prison et la proscription pour ses idées. Il est toujours prêt à mourir pour elles.

Entre les deux hommes s'instaure un étrange dialogue.

« Que me veux-tu ? demande Ceracchi.

— Je veux te sauver.

— Toi ! Et pourquoi ?

— Parce que je vaux mieux qu'un insensé qui immole son ami à sa fantaisie.

— À son devoir.

— Ce n'est pas vrai : qui t'a chargé parmi mes compatriotes de les sauver malgré toi ? Toi, italien, ne devais-tu pas rester à Rome, combattre en franc républicain ou mourir pour la liberté, et non pas céder et fuir en lâche ?

— Tu as raison, mais la France est ma patrie adoptive et si ma faute m'a déshonoré en Italie, l'amour pour la liberté me réhabilitera en France.

— Tu peux vivre encore : il m'est pénible de

laisser éteindre un beau génie, d'enlever aux arts un homme tel que toi ; change de façon de penser, Ceracchi, ou, si tu y persistes, va, fuis des terres soumises à mon autorité et jure de ne plus rien entreprendre à mon désavantage.

— Ma destinée est accomplie.

— Sois raisonnable. Procure-moi le plaisir de faire une belle action.

— Et mes amis ?

— Tes complices ? Songe à toi, pas à leur sort.

— Il sera le mien.

— C'est une folie.

— Les fous comme moi sont rares.

— Ceracchi, tu aimes tes amis, il dépend de toi de les arracher au supplice : abjure tes sentiments régicides.

— Régicides ! Es-tu donc déjà roi ?

— Silence, malheureux, tu joues avec la hache tranchante.

— L'arrêt rendu, comment me sauveras-tu ?

— Tu t'adresseras à moi, tu me demanderas ta grâce.

— Je la demanderai à l'Être suprême... à un homme, jamais. Si, pour vivre, il faut m'avilir, ne t'en flatte point. Tu ne flétriras point ceux que tu veux pardonner pour éblouir par une fausse clémence. Adieu, Bonaparte.

— Adieu, Ceracchi. »

Quel sentiment traverse à cet instant les deux hommes qui se sont aimés et que la mort va séparer à jamais ? Celui que Ceracchi admirait et qui était son ami, et que pourtant il a voulu tuer, lui offre un pardon qu'il refuse avec orgueil. L'un et l'autre doivent se souvenir de leur première rencontre à Milan, pendant la première campagne d'Italie, dans la liesse de la victoire, de leurs retrouvailles à Paris après l'aventure égyptienne, de leurs discussions aux Tuileries dans cette langue italienne qui les rendait si proches, presque familiers tandis que Ceracchi tentait de sculpter la figure de son illustre modèle que, déjà, il projetait de tuer.

Cette « conspiration des poignards », dont Ceracchi a été l'âme avant d'en être le bras armé, cela fait près d'un mois qu'elle a été découverte au cours d'une soirée à l'Opéra où on jouait *Les Horaces et les Curiaces*.

Ceracchi et son principal complice, le peintre Topino-Lebrun, bon peintre d'histoire, ami de David, fiévreux conventionnel, auteur d'un fameux tableau, *La Mort de Caius Gracchus*, s'étaient abouchés avec un Corse nommé Arena pour tuer le Premier consul dans sa loge. La police avait éventé le complot. Tous les conspirateurs armés de poignards avaient été arrêtés au moment où ils allaient accomplir leur crime à l'Opéra.

Mais rien n'est très clair dans cette affaire. Ceracchi et Topino-Lebrun sont entrés en contact avec un ancien capitaine à la retraite, un certain Harel, qui, selon toute vraisemblance, était un agent provocateur. N'est-ce pas lui qui les a poussés à commettre un crime, projet dont il a immédiatement rendu compte au général Lefebvre ? Fouché lui-même n'y croyait pas. Il y voyait des propos d'après boire de rapins excités par l'alcool.

Mais les conjurés appréhendés en flagrant délit, rien ne peut plus arrêter le bras de la justice. Peut-être une grâce serait-elle intervenue de la part du Premier consul pour épargner au moins la mort à son « ami » Ceracchi. Sans doute. Mais une affaire autrement grave devait très rapidement l'écarter de toute idée de mansuétude.

## IV

*24 décembre 1800*

En ce début de soirée brumeux de la veille de Noël qu'on continue de célébrer en catimini en dépit de tous les oukases révolutionnaires, il fait un froid sec sur Paris. L'atmosphère est aux réjouissances. Dans les Tuileries, « tristes comme la grandeur », il somnole, allongé sur un sofa, près d'un grand feu dans la cheminée monumentale, entouré de ses compagnons d'armes préférés et de sa famille. Il aime cette atmosphère bourgeoise, détendue, où il peut, pendant quelques brefs instants, se délasser loin des fracas du monde, des intrigues et oublier la haine de ses ennemis. Mais cette quiétude est troublée par un léger tracas domestique : Joséphine, qui aime sortir, et Hortense, surtout, qui adore la musique, veulent l'entraîner à l'Opéra où l'on joue *La Création du monde* de Haydn. Cette idée de sortir dans le froid pour aller à un concert et renouer avec son personnage officiel ne le réjouit pas. Il renâcle. Peut-être sent-il, avec cette force si puissante chez lui de l'intuition, qu'il ne doit pas y aller. Il doit suivre son inclination de rester au chaud avec sa famille. Une discussion s'engage. Hortense, à laquelle il résiste difficilement, tente de le persuader de sortir.

À un jet de pierre des Tuileries, dans une petite rue marchande, un homme vêtu d'une blouse bleue, petit, plutôt chétif, qui conduit une carriole bâchée, attelée à une jument noire, s'adresse à une toute jeune fille de quatorze ans, les cheveux roux, le visage marqué par la petite vérole. Transie de froid, elle vend des petits pains que confectionne sa mère, une marchande de quatre-saisons de la rue du Bac. Il lui propose douze sous pour garder sa carriole. Il lui confie un fouet. C'est presque une scène des *Misérables*. Mais il ne s'agit nullement de Jean Valjean et de Cosette. Celle-ci s'appelle Marianne Peusol. L'histoire ne la retiendra pas. En revanche, le nom de la petite artère encombrée où se déroule cette scène deviendra célèbre : la rue Saint-Nicaise.

Dans le salon des Tuileries, les femmes se liguent pour le pousser à se divertir.

« Tu travailles trop, Bonaparte », lui lance Joséphine.

De son sofa, il répond qu'après tout, les femmes peuvent se rendre seules au concert. Joséphine s'obstine : pas question d'y aller sans lui.

La tendre pression d'Hortense finit par emporter sa décision. Il se lève brusquement.

Tous ceux qui ont assisté au dîner, Berthier, Lannes, Lauriston, se préparent à le suivre. Joséphine est en retard. Elle est allée chercher un châle. Le balourd général Rapp, en manière de moquerie, critique la couleur de son châle. Alors s'engage une petite dispute amicale. Joséphine dit plaisamment à Rapp qu'il s'y connaît autant à critiquer une toilette qu'elle à attaquer une redoute. On perd du temps.

Toujours pressé et peu disposé à écouter ce genre de futilités, il a filé, suivi de Berthier et de Lannes. Un carrosse les attend. Un escadron de grenadiers à cheval de la garde consulaire leur fait escorte. Les grilles des Tuileries s'ouvrent. La garde présente les armes.

À deux cents mètres de là, un homme vêtu d'une blouse bleue, qui surveillait la grille des Tuileries, court avertir un autre homme en blouse bleue. La petite jeune fille rousse joue avec le fouet qu'on lui a confié, attentive à remplir sa mission et à mériter ses douze sous. Bientôt, un grondement se fait entendre sur les pavés qui résonnent dans la rue étroite. Les badauds s'arrêtent, habitués à voir passer le cortège. Les curieux se massent. Au Café d'Apollon, les dîneurs ont pris place pour le réveillon. Dans la boutique d'un chapelier, Ometz, une jolie fille en jupe de nankin rayé se demande si sa tenue convient pour le réveillon. Les boutiquiers sont affairés : il y a toujours des retardataires qui viennent faire leurs dernières emplettes ou se faire une beauté. Le perruquier Vitry, le costumier Buchener, l'horloger Lepeautre, surtout le marchand de vins Armet se félicitent de voir que les affaires reprennent.

Au moment où le grondement de la cavalerie et des carrosses résonne plus fort sur le pavé à l'entrée de la rue, un des hommes en blouse bleue s'affaire fébrilement sous la bâche de la carriole et s'éclipse prestement, laissant la jeune fille rousse jouer avec son fouet. Elle admire les beaux grenadiers à cheval qui passent au grand trot. Des curieux se portent aux fenêtres et crient :

« Vive Bonaparte ! »

À cet instant, une déflagration épouvantable retentit. Une lueur aveuglante éclaire la rue, comme si la foudre venait de tomber. Une pluie de débris blesse les passants : pierres, verre brisé, vitres, tuiles dégringolant des toits, suivie par une clameur de hurlements et d'appels au secours.

Dans ce hourvari de plaintes et de gémissements, au milieu de cet encombrement d'objets et de détritus, après un sentiment d'effroi, succède un autre sentiment : celui du miracle. La voiture du Premier consul a passé sans encombre. Les trois voitures qui suivent, stoppées à l'entrée de la rue, empruntent un autre chemin.

Sur le pavé, c'est un spectacle de désolation : des morts, des blessés qui agonisent, des bras, des cuisses, des têtes arrachés jonchent le sol au milieu des débris. De la jeune fille rousse, il ne reste plus qu'un tronc ; ses bras ont été projetés à trente mètres. Du cheval qu'elle gardait, il ne subsiste que la tête et un côté du poitrail. Quant à la carriole, elle est réduite à un fragment d'essieu projeté à une centaine de mètres. Toutes les vitres des Tuileries ont été brisées.

Les trois hommes en blouse bleue ont disparu. Ils se sont mêlés à la foule et ont profité de l'affolement pour s'enfuir.

Arrivé indemne à l'Opéra, les vitres de sa voiture ayant volé en éclats, le rescapé encore éberlué par ce qui vient d'arriver est accueilli par des acclamations. Au moment de l'explosion, il le racontera, il a cru qu'il était subitement transporté sur le fleuve Tagliamento en Italie où, la montée des eaux ayant emporté sa berline, il avait été très près de se noyer.

Après plusieurs ovations, il se retire. Le cocher, un certain Germain surnommé César, par sa présence d'esprit, a contribué à lui sauver la vie. Aux Tuileries, à son retour, tout le monde est en émoi. Souriant, presque joyeux, il dit à ses officiers :

« Eh bien, messieurs, nous l'avons échappé belle. »

Plus tard dans la soirée, Fouché, le ministre de la Police, arrive. On réunit un comité de crise. Le Premier consul lui reproche d'avoir ignoré ce complot. Pour lui, les coupables sont désignés : les jacobins extrémistes, les *exagérés*. Les émules de ceux-là mêmes qui, deux mois plus tôt, ont organisé la conspiration des poignards, les Ceracchi, les Topino-Lebrun, les Arena. Tous ont avoué leur tentative d'homicide.

Fouché, impavide, laisse passer la tempête. Il connaît trop l'irascibilité du Premier consul et ses réactions impulsives pour tenter de le raisonner. Les ennemis de Fouché — et Dieu sait qu'ils sont nombreux — profitent de l'occasion pour tenter de l'éliminer. On le suspecte de vouloir protéger ses amis jacobins, les complices de ses exactions quand il était à Lyon. Celui-ci préfère se taire. Il n'a pas dit son dernier mot.

Dès le lendemain, la police fait des prodiges. On identifie la jeune fille rousse, la petite Marianne Peusol. Un maquignon se présente spontanément à la police et reconnaît les restes de la jument noire qu'il a vendue quelques jours plus tôt. Un loueur de carrosses vient à son tour apporter des précisions sur l'un des hommes en blouse bleue. Leur signalement est diffusé. Il correspond en tout point aux portraits de trois chouans surveillés par la police : le chevalier de Limoëlan, un gentilhomme breton, Carbon et Saint-Régent. Tous trois sont activement recherchés. Rapidement, deux d'entre eux sont arrêtés. Le chevalier de Limoëlan s'enfuit en Amérique. Il deviendra prêtre et passera sa vie dans la dévotion à expier son crime.

Ses complices seront jugés et guillotinés, suivis de près par les branquignols de la conspiration des poignards : Ceracchi, Topino-Lebrun et Arena, condamnés autant par le tribunal que par l'opinion qui réclame vengeance pour la mort de la malheureuse Marianne Peusol.

Si ces tentatives d'assassinat ont manqué leur but, elles provoquent un étrange ébranlement moral sur celui qui en était la cible. Cette haine sourde autour de lui, ces hommes prêts à tout pour le tuer, il sait qu'ils ne sont pas des individus isolés. Des hommes, derrière eux, tirent les ficelles. Il les connaît. Il sait que la vie militaire, où l'on s'expose sans cesse, exige deux choses : la foi en la vie et le mépris de la mort. Ce qu'il a peur de perdre, c'est la foi en la vie.

Désormais, il sait que la partie engagée avec ses ennemis sera une lutte à mort. Les monarques en exil ont compris qu'il ne sera jamais un général Monk. Il est un obstacle sur le chemin de leur trône. Et rien ne leur fera lâcher prise. Ni à eux, ni à ceux qui les entourent, leurs conseillers que la haine a poussés à s'engager dans les armées des ennemis de la France.

Entre eux, il y a du sang. Celui indélébile de la Révolution. Désormais, c'est son sang à lui qu'ils veulent faire couler. Et le Corse qu'il est, se mêlant à l'homme qui déjà se sait indispensable à la cohésion française, décide en son for intérieur qu'il ne sera pas le dernier à tirer l'épée contre ses agresseurs en mal de couronne.

V

*6 février 1801*

Il marche à grands pas dans son bureau des Tuileries. Il relit la lettre que lui a fait parvenir Louis XVIII. Il en pèse chaque mot, analyse chaque phrase en les répétant à haute voix devant Roederer, un conseiller d'État avec lequel il aime penser tout haut. Il mesure ce qu'il a dû en coûter à l'orgueilleux Louis XVIII d'écrire une pareille lettre. Ces compliments, ces flatteries, comme il a dû courber sa vanité pour donner à son style un ton aussi suave. Quel effort pour dompter sa haine ! Il ne se trompe pas. Louis XVIII, en confiant sa missive au duc d'Avaray, a laissé tomber ces mots amers :

« C'est un billet bien cher joué à une loterie de peu d'espérance. »

« Dès longtemps je me suis dit que le vainqueur de Lodi, de Castiglione, d'Arcole, le conquérant de l'Italie, de l'Égypte sera le sauveur de la France ; amant passionné de la gloire, il la voudra pure et préférable à une vaine célébrité. Nous pouvons assurer le repos de la France. Je dis "nous" parce que j'ai besoin de Bonaparte pour cela et qu'il ne le pourrait sans moi. Il est temps que je vous montre les espérances que j'ai fondées sur vous. Un grand homme doit lui-même fixer son sort, celui de ses amis. Dites ce que vous désirez pour vous, pour eux, et l'instant de ma restauration sera celui où vos vœux seront accomplis. »

Il n'est pas dupe du contenu de ce message, même si sa forme flatte agréablement son amour-propre. Ce qu'il en aime surtout, c'est le style marqué du sceau de la grandeur. Peut-être se dit-il que c'est le genre de lettre qu'il aurait pu écrire. Et puis elle le conforte dans son rôle historique. Oui, il est en lieu et place des rois de France. Leur époque a passé. Ils sont réduits à n'être que des quémandeurs.

« Cette lettre est fort belle, dit-il à Roederer, mais ma réponse ne l'est pas moins. Ce serait une belle chose à mettre dans le *Journal de Paris* : "J'ai reçu, Monsieur, votre lettre ; je vous remercie des choses honnêtes que vous me dites. Vous ne devez pas souhaiter votre retour en France : il vous faudrait marcher sur cent mille cadavres. Sacrifiez votre intérêt au repos et au bonheur de la France : l'histoire vous en tiendra compte. Je ne suis pas insensible aux malheurs de votre famille : je contribuerai avec plaisir à la douceur et à la tranquillité de votre retraite."

— Cela me fait frissonner.

— Vous avez tort. Livrer la France à Louis XVIII serait l'action d'un traître. »

C'est que le prétendant au trône s'agite beaucoup depuis son exil de Mitau, en Lettonie. Il a fait parvenir des lettres à Lebrun, le deuxième consul ; plusieurs émissaires ont pris contact avec Talleyrand ou même avec Joséphine dont on sait qu'elle a gardé une faiblesse pour l'aristocratie. Ces manœuvres l'agacent sans entamer sa résolution :

« Les Français ne peuvent être gouvernés que par moi. Je suis dans la persuasion que personne d'autre que moi, fût-ce Louis XVIII, fût-ce Louis XIV, ne pourrait gouverner en ce moment la France. »

Joséphine ne serait pas hostile à ce qu'il accepte du roi un rôle de connétable. Cette idée l'exaspère :

« Je pourrais rappeler le roi et le faire monter sur le trône. Mais à quoi cela servirait-il ? La difficulté n'est pas de rétablir le roi et la royauté. »

Et il ironise :

« Si je restaure les Bourbons, ils m'élèveront une statue et mettront mon corps dans le piédestal. »

Ce qui l'amène à mépriser les Bourbons, c'est leur lâcheté. À leur place... Il ne l'a pas dissimulé à d'Andigné et à Hyde de Neuville quand il les a reçus aux Tuileries.

« Les princes n'ont rien fait pour la gloire. Ils sont oubliés. Que n'étaient-ils dans la Vendée ? C'était là leur place.

— Le cœur les y a toujours appelés ; la politique des puissances étrangères les en a toujours éloignés, répond d'Andigné.

— Il fallait se jeter dans un bateau de pêche », dit Bonaparte avec mépris.

Il ne se dissimule pas plus que, sous son discours aux dehors pleins de noblesse et d'esprit chevaleresque, le monarque en exil, dans le même temps où il lui fait des propositions de conciliation, ourdit des machinations contre lui, des projets d'invasion, y compris des tentatives d'assassinat.

Tandis que, d'une main, il tend au Premier consul un rameau d'olivier, de l'autre, il garde sous le coude son projet du « grand assaut », imaginé par Hyde de Neuville. Il s'agit de combiner un débarquement anglais sur les côtes bretonnes, le soulèvement des provinces de l'Ouest, de Lyon, de la Provence et l'intervention des Autrichiens. Le commandement de ce projet est confié au général Willot. Évidemment, la défaite autrichienne à Marengo oblige à modifier ce plan et à l'ajourner. Reste l'assassinat. Cadoudal se fait fort d'y parvenir, en dépit de l'échec de la rue Saint-Nicaise. Louis XVIII, trop prudent pour donner son approbation, laisse faire ses sbires. Ils ont trouvé un nom de code à l'usurpateur : Félix.

Pour contrer les menées du monarque en exil, Napoléon a de nombreux atouts : le temps travaille pour lui. Les Français, dans leur grande majorité, ont accepté la République. Et ils veulent le calme, non des bouleversements. Son pouvoir, Napoléon ne l'a pas arraché contre la volonté des Français, il correspond à leurs vœux.

Autant par bon sens que par stratégie politique, il décide de faire revenir les émigrés. Dans la masse des cent mille réfugiés à l'étranger, on ne compte pas que des monarchistes purs et durs. Beaucoup d'entre eux sont même disposés à rallier le nouveau régime.

Il est prêt à accueillir les rejetons de familles de l'aristocratie qui accepteront de collaborer avec lui, non seulement en amnistiant leur passé, mais en l'oubliant. Connaissant mieux que personne les ressorts de l'âme humaine et combien est cruel de vivre loin de sa patrie, dans la nostalgie et le regret, d'être pauvre, incompris, il est sensible à la situation de ces émigrés qui se sont laissés égarer par la passion, les influences, les amis et qu'on condamne à rester prisonniers de leurs erreurs de jeunesse. Cette expérience d'exilé, ne l'a-t-il pas connue lui-même quand il a quitté la Corse ? Suffisamment pour savoir ce qui se passe dans la tête d'un jeune homme fier qui veut servir son pays, qui a de l'ambition, qui veut acquérir de la gloire ou, du moins, une place ; et imaginer les affres d'un père qui veut vivre avec décence et nourrir sa famille.

Il a compris que l'ancienne monarchie a perdu de son prestige pour beaucoup de jeunes aristocrates. Eux aussi, s'ils ont un peu d'intelligence et de sens des réalités, ont été contaminés par les idées nouvelles. Comme le jeune Chateaubriand qui, à Londres, a publié un essai sur les révolutions.

Il n'ignore pas non plus les vertus des héritiers de la classe dirigeante de l'Ancien Régime : « Seuls ces gens-là savent servir. » Et il pressent que ceux-ci peuvent rapidement retrouver dans son règne, fondé sur le mérite, la bravoure, l'honneur militaire, la gloire, des valeurs qui sont en sympathie avec celles de l'aristocratie et avec son origine même. N'a-t-il pas honoré Turenne, Charlemagne et chanté les louanges d'Henri IV ? Déjà dans son entourage le plus proche, on trouve des hommes et des femmes qui ont appartenu à l'ancienne noblesse : à commencer par Joséphine dont le mari est mort sur l'échafaud, Desaix ci-devant comte Des Aix, le ci-devant Marmont, Charles-François d'Andigné, son compagnon du régiment de La Fère qui l'a suivi en Égypte, Joseph-Ange d'Hautpoul qui dirige la cavalerie, Talleyrand qui descend d'une des plus illustres familles de l'Ancien Régime, Jean-Jacques de Cambacérès, fils d'un conseiller à la Cour des aides.

Il ne se trompe pas. Dès que les décrets autorisant le retour des émigrés sont publiés, les enfants de l'ancienne aristocratie se précipitent pour servir auprès de lui : Charles de Flahaut, fils naturel de Talleyrand, est très vite récupéré comme officier de cavalerie à l'état-major de Murat ; Philippe de Ségur et son frère Octave font des offres de services aussitôt acceptées ; Philippe de Ségur, petit-fils du maréchal, n'entre pas sans arrière-pensée au service du Premier Consul. Il espère ainsi faire de l'« entrisme » avec ses amis aristocrates et transformer peu à peu le régime en le grignotant de l'intérieur. Mais il ignore encore les pouvoirs de séduction de Napoléon et la solidarité que crée le compagnonnage des armes. Très vite, la conversion sera complète. Et sa fidélité sans faille.

Au fur et à mesure que les émigrés reviennent en France, ils désertent les rangs des royalistes ultras qui rêvent de revanche. Louis XVIII voit les troupes de ses partisans diminuer à vue d'œil. Ne lui restent fidèles que quelques fanatiques ou d'irréductibles chouans comme Cadoudal, qui ne désespère pas de pouvoir renverser le nouveau régime au moyen de ce qu'il appelle son « coup essentiel ».

# VI

*10 juillet 1801*

La Malmaison. Il marche dans une allée du parc. Soudain, il entend les cloches de Rueil qui sonnent à toute volée. Ces cloches qui s'éveillent après un si long silence, c'est aussi son œuvre. Que de sentiments le traversent alors ! N'a-t-il pas passé son enfance à l'ombre d'une cathédrale à Ajaccio ? Et le son des cloches a bercé ses jeunes années. Il est sensible à ces émotions qui réveillent sa nostalgie. Pourquoi ces cloches s'étaient-elles tues ? La Convention avait voulu éradiquer le pouvoir religieux, comme si une nation pouvait se passer de religion. Et la remplacer par quoi ? Le culte de l'Être suprême, si abstrait, si peu conforme à ce besoin de sentiment et d'image auquel aspire le peuple français ? Pourquoi aller contre la nature humaine, ses penchants fondamentaux, ses coutumes, ses traditions ancrées dans le passé ? Quelle perversité de l'intelligence peut-elle conduire à voir dans les cloches des ennemies ? Il se souvient de sa discussion avec Treilhard, un jacobin borné :

« Oh, vous aussi, vous êtes contre les cloches religieuses ! Et pourquoi, s'il vous plaît ? Ce son est doux dans les campagnes ; lorsqu'il arrive de loin à l'oreille, il invite à la réflexion, à la mélancolie ; il avertit que l'homme songe à quelque chose de plus relevé que les affaires ordinaires. Les cloches et les canons sont les plus grandes voix de la civilisation ; elles luttent avec le tonnerre, cette voix terrible de la nature. Je vous en prie, ne brisez pas les cloches. »

Ce n'est nullement une pose chez lui, ni une attitude de circonstance. Au cours de ses promenades à cheval, ses amis l'ont vu, chaque fois que parvenait le son d'une cloche, ralentir son pas, s'arrêter. Il se taisait et semblait enseveli dans ses pensées. Il l'avoue à l'ancien conventionnel Thibaudeau :

« À chaque fois, je suis ému tant est forte la puissance des premières habitudes. Quelle impression cela ne doit-il pas faire sur les hommes simples et crédules ? Que vos idéologues, vos philosophes répondent-ils à cela ? Il faut une religion au peuple ! »

Ses convictions en matière religieuse sont bien floues. Certes, il croit en son étoile. Mais il n'a jamais dit qui avait créé cette étoile ni qui protège sa destinée prodigieuse. Il n'est pas athée et l'incrédulité lui déplaît comme toutes les certitudes matérialistes des esprits qui se croient forts. Il y voit une mode héritée de ce XVIIIe siècle qui a confondu la lutte contre le cléricalisme et celle contre la foi religieuse dans une même aversion. Il n'est pas loin de partager les idées de Voltaire qui, tout en pourchassant l'infâme, faisait construire une église à Ferney. Au fur et à mesure qu'il se rapproche des idées de Voltaire, il s'éloigne de Rousseau qui a tant marqué son adolescence. Maintenant, il le juge néfaste. Mais il lui garde une tendresse comme à une passion de jeunesse. D'ailleurs, il vient de se rendre en pèlerinage sur sa tombe, dans l'île des peupliers, au château d'Ermenonville. Après avoir longuement médité, il murmure :

176

« Peut-être eût-il mieux valu pour le bonheur des peuples que lui et moi n'eussions jamais existé. »

L'esprit philosophique a créé un terrain moral favorable au protestantisme. Il le sait. Mais il se refuse à l'instituer comme religion nationale, par crainte de créer des divisions religieuses. Pour lui, le catholicisme correspond mieux au génie français :

« En relevant la religion qui a toujours dominé dans le pays et qui domine encore dans les cœurs, et en laissant les minorités célébrer librement leur culte, je suis en harmonie avec la nation et je satisfais tout le monde. »

Ce combat pour rétablir le culte et trouver un accord avec le pape par un concordat, il ne se dissimule pas qu'il va soulever bien des oppositions. Mais le bon sens le lui impose s'il veut opérer la réconciliation nationale.

« Je ne suis pas dévot et j'avoue que je préfère après une victoire le *Te Deum* chanté dans une église à la plus belle promenade civique sur les quais et les boulevards de Paris. Qu'est-ce qu'un État sans religion, sans rapport intime entre Dieu et le peuple ? D'ailleurs, est-ce de la liberté que de ravir à vingt-six millions de Français ce qui fait leur consolation ? Je crois le concordat nécessaire, je le signerai. »

Aucun cynisme dans cette approche réaliste de la question religieuse. La raison l'y conduit autant que le cœur. Même si, quand il se laisse aller aux confidences, il semble plus opportuniste que vraiment attaché à la foi de sa mère qui, elle, ne cache pas qu'elle regrette les bonnes vieilles messes d'autrefois :

« Ma politique est de gouverner les hommes

comme le plus grand nombre veut l'être. C'est, je crois, la manière de reconnaître la souveraineté du peuple. C'est en me faisant catholique que j'ai gagné la guerre en Vendée, en me faisant musulman que je me suis établi en Égypte, en me faisant ultramontain que j'ai gagné les esprits en Italie. Si je gouvernais le peuple juif, je rétablirais le temple de Salomon. »

Cette liberté de culte que consacre le Concordat, c'est autant sa volonté que le désir du peuple. Et l'hostilité qu'il rencontre vient de ses éternels adversaires : les idéologues, les philosophes à la petite semaine qui n'ont pas dépassé le matérialisme du siècle des Lumières. Les excès de la Révolution, les sacrilèges, les persécutions ont plus choqué les Français qu'ils n'ont arraché des cœurs la croyance catholique. Le clergé a eu ses martyrs qui ont fait oublier les tartuferies et les capucinades du clergé de l'Ancien Régime.

Comme négociateur auprès des émissaires du Saint-Siège, l'archevêque Spina et le père Caselli, il choisit un personnage dont le moins que l'on puisse dire est qu'il est haut en couleur : un prêtre fanatique, un chouan illuminé converti par les circonstances à la modération et à une onctueuse duplicité ecclésiastique, l'abbé Bernier. Il traîne une mauvaise réputation : on dit qu'à l'époque où, véritable moine soldat, il affrontait les armées de la République, il célébrait la messe sur les cadavres des bleus.

Quand le cardinal Caprara demande au Premier consul si cette rumeur est fondée, celui-ci répond qu'il n'en a pas la preuve mais que cela est tout à fait possible.

« Ce n'est pas un chapeau rouge qu'il faut à cet homme, mais un bonnet rouge ! s'exclame le cardinal.

— J'ai bien peur que cela ne nuise à l'abbé Bernier pour la barrette. »

Cela ne lui nuira pas. En récompense de ses estimés services, il obtiendra l'évêché d'Orléans.

Alors qu'un de ses émissaires, envoyés à Rome pour négocier, demande au Premier consul comment il doit traiter le pape, celui-ci lui répond :

« Traitez-le comme s'il avait deux cent mille hommes. »

Enfin, le jour de la proclamation du Concordat, un *Te Deum* est célébré à Notre-Dame en présence du Premier consul, entouré des principaux dignitaires du régime. À l'issue de la cérémonie, le Premier consul demande à Augereau, connu pour son jacobinisme et son caractère bourru, ce qu'il pense de la cérémonie.

« Très belle, répond le général. Il n'y manquait qu'un million d'hommes qui se sont fait tuer pour détruire ce que nous rétablissons. »

Il s'attendait à cette mauvaise humeur. Il sait qu'elle passera avec les années tant les anciennes mœurs sont indéracinables.

Lui qui n'aime rien tant que de voir son œuvre, qu'elle soit militaire ou politique, illustrée par les arts de son époque, ainsi que l'a fait Girodet avec son tableau sur la translation des cendres de Turenne aux Invalides, avec quelle avidité se fait-il lire par Hortense à la Malmaison des passages du nouveau livre de celui qui est devenu la coqueluche des salons : Chateaubriand. *Le Génie du christianisme* lui apparaît comme un ouvrage hautement salutaire. Il va non seulement apporter au Concordat sa consécration artistique, mais aussi sensibiliser les esprits, détruire les préjugés des sceptiques, déjouer les arguments de ce qui reste du parti philosophique. Quant à la dédicace de Chateaubriand, comment ne chatouillerait-elle pas son amour-propre ? Il l'avouera : « Je n'ai jamais été mieux loué. » Le jeune homme qui a vécu au milieu des sauvages dans les steppes d'Amérique a vite compris les ficelles de la nouvelle société, peu différente en cela de l'ancienne. Avec cette dédicace, il se surpasse dans l'art de la flagornerie : « On ne peut s'empêcher de reconnaître dans vos destinées la main de cette Providence qui vous avait marqué de loin pour l'accomplissement de ses desseins prodigieux. »

Et Chateaubriand signe avec cette formule de politesse aux termes de laquelle il allait si peu souscrire : « Votre très humble et très obéissant serviteur. » Chateaubriand ne sera ni humble, ni obéissant, ni serviteur de Bonaparte.

Quand Hortense lui lit des passages du *Génie du christianisme*, il est sous le charme d'un style qui lui rappelle le meilleur Rousseau auquel se mêlerait le délire opiomane d'Ossian, bien loin des fadaises de Bernardin de Saint-Pierre qu'il déteste. Il y retrouve son déisme en même temps qu'une critique du rationalisme de l'Encyclopédie, « cette Babel des sciences et de la raison ». Face aux savants, il s'est toujours montré plus proche des spiritualistes que des matérialistes, plus proche de Monge que de Berthollet. Il se fait répéter cette phrase par Hortense : « La religion chrétienne est la plus poétique, la plus humaine, la plus favorable à la liberté, aux arts et aux lettres. »

Comme il est sensible à cet éloge des cloches qui, grâce à lui, retentissent à nouveau librement dans toutes les églises de France après ce long et absurde silence dicté par le dogmatisme idéologique : « Cette cloche, agitée par les fantômes dans la vieille chapelle de la forêt, celle qu'une religieuse frayeur balançait dans nos campagnes pour écarter le tonnerre, celle qu'on sonnait la nuit dans certains ports de mer pour diriger le pilote à travers les écueils. »

Il aime ce style qui porte des vérités avec tant de mélodieux accords. Il pressent dans ce jeune homme ambitieux et fier, aristocrate mais ouvert à la marche de son temps, un talent qui siérait bien à son règne, lui qui se désespère de n'avoir pas Corneille pour contemporain. « Je l'aurais fait prince. » Son rêve serait de pouvoir compter, à côté de David pour la peinture, de Canova pour la sculpture, des frères Jacob-Desmalter, de Percier et Fontaine pour les arts décoratifs, un écrivain qui ait le sens du sublime pour chanter son épopée et sa gloire. Il sait qu'il ne peut compter ni sur Mme de Staël avec sa fatigante logorrhée et sa manie du dénigrement, ni sur le sec, froid, calculateur Benjamin Constant, et encore moins sur le fade Parseval-Grandmaison, l'avantageux poète officiel, auteur d'un *Philippe-Auguste* en douze chants, auquel sa participation à l'expédition d'Égypte n'a pas plus enflammé le style désespérément fadasse que son entrée à l'Académie française ne lui a donné de modestie.

Alors qui d'autre pour avoir une chance qu'il

porte son éloge à la postérité, sinon ce jeune homme au verbe magique qui serre les poings d'ambition rentrée, faisant sa cour à sa sœur, Élisa Bacciochi, avec une ardeur qui ne trompe pas sur la place à laquelle il aspire ? N'est-il pas le protégé de ce gros butor de Fontanes à tête de sanglier, l'amant d'Élisa qui, lui aussi, se pousse sans vergogne vers les ors du pouvoir ? Tant de choses les portent l'un vers l'autre : l'amour de la France, la fascination pour son histoire, l'aspiration à la grandeur, le goût de l'ordre, la conscience que la Révolution a engendré une société nouvelle ; et aussi peut-être un même caractère : ce mélange d'indépendance et d'ambition, d'habileté et d'intransigeance, le mépris de l'argent et aussi des hommes. Et un orgueil faramineux. Un orgueil de montagne.

Chateaubriand décèle au premier coup d'œil que Napoléon est lui aussi, d'une certaine manière, un confrère. Un poète. « Une imagination animait ce politique si froid : il n'eût pas été ce qu'il était si la muse n'eût été là ; la raison accomplissait les idées du poète... Il mêlait les idées positives et les sentiments romanesques, les systèmes et les chimères, les études sérieuses et les emportements de l'imagination, la sagesse et la folie. » Un véritable autoportrait.

Plus tard, il poussera la comparaison jusqu'à ce ridicule qu'il frôle parfois, mais que rattrape son génie, en intitulant un chapitre de ses *Mémoires* « Napoléon et moi, sous-lieutenants ignorés » et en brossant un audacieux parallèle entre leurs deux destinées : « Nous partions l'un et l'autre de l'obscurité à la même époque, moi pour chercher ma renommée dans la solitude, lui sa gloire parmi les hommes. »

Napoléon, son concurrent à la gloire, ne nourrit pas beaucoup d'espoir de dominer ce génie orgueilleux. Non qu'il n'aime pas les écrivains, bien au contraire. Il ne les confond pas avec les idéologues, les songes creux, mais il les considère comme des « coquettes ». Avec eux, il faut « entretenir un commerce de galanterie et ne jamais songer à en faire sa femme ni son ministre ». Et, dans ce domaine, Chateaubriand l'enchanteur est un maître enjôleur; il use de la flatterie, du dithyrambe, de l'intrigue par l'intermédiaire de Fontanes et d'Élisa Bacciochi tout en prenant la pose hautaine de l'homme intransigeant. Un jeu qui exaspère Napoléon. Il le dira plus tard à Metternich : « Il s'est offert vingt fois à moi; mais pour me faire plier à son imagination, qui toujours le conduit à faux, et non pour m'obéir. Je me suis refusé à ses services, c'est-à-dire à le servir. » Jugement qui fait écho à celui recueilli par Mme de Rémusat : « Mon embarras n'est pas d'acheter Chateaubriand, c'est de le payer le prix qu'il s'estime. »

Néanmoins, même lorsque leurs rapports s'aigriront, il s'efforcera de le protéger en sous-main, heureux au fond que sa jeune gloire éclaire son règne d'une belle lumière. Il veillera même à ce que, dans son opposition à fleuret moucheté — nous n'en sommes pas là —, il ne manque pas d'argent. C'est un de ses grands soucis que le talent ne soit jamais réduit à la misère. Ainsi, avec la petite fortune qu'il lui fera verser lors de la suppression du *Mercure de France*, il sera outrageusement dédommagé, au dire même de Joubert.

« L'or a plu sur les déplacés. Je ne vous conseille pas de les plaindre. » Un pactole qui permettra à ce fier opposant d'acheter le domaine de la Vallée-aux-Loups et d'y vivre une retraite dorée à planter des arbres rares et à écrire *Les Martyrs*.

On a parlé d'un rendez-vous manqué. Non, c'est peut-être mieux ainsi. Le Premier consul, en étant prudemment économe de ses bienfaits, a évité à Chateaubriand le piège de la courtisanerie, l'émolliente facilité des faveurs, les illusions du pouvoir où sa vanité aurait pu s'enfler et s'égarer tandis que leur mésentente, en renforçant son orgueil granitique, lui a permis de se construire en rival symbolique : l'esprit invaincu face à la force. Et sa tombe sur le Grand-Bé n'est que géographiquement située devant l'océan : c'est en fait face au tombeau des Invalides qu'il l'a érigée, conscient que son œuvre ramerait ainsi dans l'éternité à l'unisson du seul contemporain taillé à la mesure de son génie.

En attendant, Napoléon donne sans trop d'illusions à Chateaubriand un os à ronger : un secrétariat d'ambassade à Rome auprès de son oncle, le cardinal Fesch, dont le peu de lustre ne conviendra pas à l'insatiable amant de la gloire. Il le repêche en lui accordant une ambassade dans le Valais que celui-ci accueille sans plus d'enthousiasme : « Qu'irais-je faire dans ce trou perdu ? » Heureusement, l'histoire, dans un de ses sanglants accès, lui fournit bientôt un prétexte pour se soustraire à cet exil au milieu des moutons et, surtout, trop loin, bien trop loin, des jeunes beautés, les Delphine de Custine, les Natalie de Noailles, que sa jeune gloire de fiévreux apôtre du catholicisme attache à ses pas.

# VII

*1<sup>er</sup> mai 1803*

Le soleil couchant enveloppe le château de
Saint-Cloud d'une lumière dorée. Allongé sur son
lit étroit dans sa chambre, respirant les effluves
de l'eau de Cologne dont on vient de le frictionner
vigoureusement, il s'abandonne à un étrange sentiment de lassitude. Comme toujours lorsque la
mort vient de lui rappeler sa présence. Encore une
fois, il l'a vue de près. Pas sur le champ de bataille,
comme il en a l'habitude, pas à cause d'un
attentat, mais par sa faute. La scène est encore
dans son esprit. Le ridicule le dispute au tragique,
comme c'est le cas pour les accidents domestiques. Quelques heures plus tôt, il a voulu faire
une promenade en calèche dans le magnifique
parc qui domine Paris. Les pièces d'eau, agencées
avec tant d'art par Le Nôtre, où se reflètent les
arbres du parc, l'éclaboussent de soleil. Il invite
Joséphine, Hortense et Cambacérès à se joindre à
lui. Quelle lubie le prend alors de saisir les rênes
des mains de César, son cocher? La calèche
attelée à six chevaux, jeunes et ardents, se trouvait dans l'allée du Fer-à-Cheval qui mène du
pavillon de Breteuil à Ville-d'Avray. Ne sentant
plus la poigne de leur maître à laquelle ils sont
habitués, les chevaux partent au galop. Cambacérès se met à crier :

« Arrêtez! Arrêtez! Vous allez nous briser! »

Mais la calèche folle poursuit sa course jusqu'à la grille du parc où elle heurte une borne en pierre à pleine vitesse : ses occupants sont projetés violemment sur le sol. Les chevaux s'arrêtent. On se précipite vers lui. Il est évanoui. Les passagers n'ont que des contusions. Très pâle, il se relève et tente de faire de l'humour :

« Il faut rendre à César ce qui est à César : qu'il garde son fouet et que chacun fasse son métier. »

Mais, en rentrant vers le château, il dit :

« Je ne me suis jamais vu plus près de la mort, ce sommeil sans rêves. »

Maintenant que le soir tombe, emplissant la chambre d'ombres, il est envahi par un sentiment de lassitude. Tout ce qu'il a édifié lui paraît si fragile. Ces masses de granit dont il a réussi, au prix d'un effort herculéen, à lester le corps social instable de la France, il suffit qu'il disparaisse pour que tout s'effondre. Ce consulat à vie qu'on lui a conféré, en quoi le protège-t-il de la mort ? Quel poignard cela conjure-t-il ? Cette disposition ne dissuadera aucun assassin. La haine en politique rend aveugle. Il l'analyse lucidement :

« C'est une sorte de lunette à facettes à travers de laquelle on ne voit les individus, les opinions et les sentiments qu'avec le verre de la passion. Il s'ensuit que rien n'est mal ni bien en soi, mais seulement selon le parti dans lequel on est. »

Cette paix européenne qu'il a si ardemment et laborieusement construite à force de négociations et de traités, à l'abri de laquelle il imaginait pouvoir poursuivre son œuvre de reconstruction nationale, il sait maintenant qu'elle n'est qu'un rêve qui se dissipe. Il l'a compris quand le tsar

Paul Ier a été assassiné. La main de l'Angleterre était si visible. La paix dont il a rêvé est donc impossible. Le traité d'Amiens n'a pas été respecté. L'Angleterre se refuse à rendre Malte.

Alors il y aura la guerre. Il s'y résout avec une sorte de tristesse. Mais comment y échapper ? C'est l'Angleterre qui la veut, elle qui ne supporte pas une France forte dans l'échiquier européen. Jamais il ne s'est soustrait à cette nécessité de se battre mais, cette fois, il pressent que le conflit sera long et sans merci face à un adversaire acharné et déloyal. Lui qui a pris tant de goût à la paix, cette paix sans laquelle il n'aurait pu assouvir sa passion de bâtisseur, il s'interroge : quel démon l'entraîne contre son gré à faire cette guerre qu'il n'aime pas ? « De toutes les calamités qui peuvent survenir au peuple français, il n'en est point de comparable à celle-là. »

Pourtant, il aura tout fait pour l'éviter. N'a-t-il pas été jusqu'à écrire au roi George une lettre où, invoquant « le bonheur du monde », il l'adjurait de terminer la guerre ? « Depuis huit ans, elle ravage les quatre parties du monde. Doit-elle être éternelle ? N'est-il donc aucun moyen de s'entendre ? » Ses adversaires ne contestent pas sa volonté de faire la paix. Pas même le duc d'Enghien qui, de sa retraite allemande, écrit à son grand-père : « Positivement, Bonaparte est désolé de la guerre et ne la veut pas. »

Jusqu'au dernier moment, il tente de l'éviter. À bout d'arguments, il explose devant le corps diplomatique en s'en prenant avec violence à lord Whitworth, l'ambassadeur d'Angleterre :

« Vous voulez la guerre. Nous nous sommes

battus pendant quinze ans. C'est déjà trop. Vous voulez la guerre quinze années encore et vous m'y forcez. Nous nous battrons dans quinze jours. Vous m'entendez : Malte ou la guerre. »

Sa fureur passée, il charge Talleyrand de proposer à l'ambassadeur, qui a déjà demandé son passeport, une ultime concession : que l'île de Malte soit au moins remise entre les mains d'une des puissances signataires du traité d'Amiens. Mais cette dernière preuve de bonne volonté se heurte à l'intransigeance de l'Angleterre. Pitt, qui dirige le cabinet anglais, est intraitable. Son rival, le sympathique et débonnaire Fox, qui a tout fait pour éviter le conflit, ironise avec tristesse à la Chambre des communes sur la mauvaise foi de Pitt et les motifs égoïstes qui alimentent son bellicisme :

« Alors tout progrès que fera la France au-dehors et même à l'intérieur, commerce, manufacture, sera une cause de guerre, une injure pour nous. »

Mais, tandis que, poussé à bout, Napoléon se prépare à cette guerre qu'il dit ne pas aimer, une autre pensée le trouble. Autant il échafaude froidement les moyens à mettre en œuvre pour vaincre l'Angleterre, autant l'idée que celle-ci puisse trouver des complices parmi les Français suscite en lui un sentiment de fureur. Comment peut-on trahir son pays ? Quelle idéologie peut-elle pervertir à ce point l'esprit d'un homme au point de lui faire oublier sa fidélité nationale ?

Et cette guerre, il est clair que c'est une belle occasion pour ses ennemis d'offrir leurs services aux Anglais ! Ceux-ci ont déjà montré qu'ils ne lésinent sur aucun moyen pour l'abattre : la ruse mais aussi la corruption. Cet argent anglais, il pleut déjà sur les Bourbons, sur Louis XVIII, sur le duc d'Enghien, sur les chouans. Mais pourquoi ne corromprait-il pas aussi ses proches, ses ministres, jusqu'à ses amis ? Jurerait-il que Talleyrand y est insensible ? Il n'a pas oublié la trahison de Dumouriez, celle du général Pichegru, ces fiers républicains passés avec armes et bagages du côté de l'ennemi.

Et, à ce nom de l'ex-général Pichegru, qui continue de fomenter à Londres des complots avec des subsides anglais, il ne peut s'empêcher d'associer aussitôt un autre général, autrefois sous ses ordres dans l'armée du Nord : le général Moreau. Celui-ci fut proche de l'ancien vainqueur de la Hollande ; proche au point d'avoir dissimulé sa trahison au Directoire. Un terrible soupçon l'assaille. Il voudrait le chasser de son esprit comme une mauvaise pensée. Mais l'idée l'obsède. Ce rationnel a des intuitions fulgurantes : et si souvent elles se sont révélées justes ! Il a beau se raisonner, chercher des arguments pour se convaincre qu'il est le jouet de son imagination qui s'emballe, le doute s'est installé. Certes, il s'est toujours méfié de Moreau — mais de qui ne faut-il pas se méfier quand on sait ce que sont les hommes ? — en raison de son caractère velléitaire, un peu mou, influençable, de ses fréquentations. Cependant il n'a jamais suspecté son amitié ni sa fidélité. S'agissant d'un autre, il balaierait ce soupçon comme une question oiseuse, mais pas de Moreau. L'incertitude le blesse parce qu'il l'admire, parce qu'il le considère comme un ami et aussi parce qu'il est influent.

Certes, leurs relations n'ont jamais été simples. Comment pourrait-il en être autrement entre deux généraux aussi également choyés par la gloire, qui ont parcouru un long chemin ensemble, connu la disgrâce, côtoyé le danger tout en nourrissant l'un pour l'autre un mélange d'estime et de circonspection? L'histoire qui aime les parallèles les a mis trop longtemps en concurrence pour ne pas avoir suscité entre eux des blessures d'amour-propre très sensibles, qui sont les petits travers des grands ambitieux. Sans compter les mesquines rancœurs envenimées par les racontars et les médisances de leur entourage. Ainsi, il arrive aux fidèles de Bonaparte de se gausser de Moreau qu'ils surnomment Xénophon, allusion à sa retraite en Allemagne en 1796 qui lui fut longtemps reprochée. Mais les officiers de Moreau ne se privent pas non plus de clabauder contre le « déserteur » Bonaparte qui a fui l'Égypte en abandonnant son armée.

Moreau n'est-il pas le général, la fameuse « épée », qu'avait pressenti Sieyès après la mort de Joubert pour renverser le Directoire? Ce n'est qu'après son refus qu'il avait jeté son dévolu sur Bonaparte. Il est probable que Moreau ne dissimule pas à ses amis que c'est grâce à sa défection que le Premier consul est là où il est, que, s'il avait voulu... Mais que fidèle, lui, à ses principes républicains, il a répugné à jouer ce rôle de César.

Napoléon sait que Moreau, comme tous les velléitaires, reste un aigri, une âme trouble, insatisfaite; toujours mécontent de lui-même, il est de ces ambitieux inaboutis qui, manquant d'audace, rêvent à des fortunes impossibles. Pourquoi manifeste-t-il tant de réprobation devant ce qu'il entreprend ? Il a boudé le Concordat, traité de « capucinade » ; il s'est moqué de l'institution de l'ordre de la Légion d'honneur lors d'une réception en accordant à son cuisinier qui venait de régaler les convives une « casserole d'honneur ». Et son hôtel particulier de la rue du Faubourg-Saint-Honoré n'est-il pas un haut lieu de la contestation, le rendez-vous des mécontents et des envieux, où les républicains prétendument purs et durs n'hésitent pas à s'acoquiner avec les habitués des salons royalistes, comme celui de Mme Récamier qui, bizarrement, le porte aux nues ?

Moreau croit-il qu'il est dupe de ses agissements ? Qu'il est assez naïf pour ne pas voir sa main dans les libelles qui courent dans les garnisons, les inscriptions tracées sur les murs comme à Rennes : « Vive la République ! Mort à ses ennemis ! Vive Moreau ! Mort au Premier consul et à ses partisans ! » Et quand un de ses amis, le général Decaen, conseille à Moreau de mettre ses critiques en sourdine, celui-ci s'indigne :

« Je suis trop vieux pour me courber. »

Mais lui-même se sent-il vraiment exempt de tout reproche ? Certes, il a proposé à Moreau d'épouser sa sœur Pauline, il lui a offert le commandement de l'armée du Rhin qui lui a permis de conquérir la gloire à Hohenlinden. Mais est-ce vraiment assez pour le considérer comme un ami ? Il lui a fait jouer un rôle assez médiocre de geôlier des Directeurs lors du 18 Brumaire et il lui a toujours fait sentir, comme si cela allait de soi, que le premier rôle lui revenait et que Moreau devait non seulement se contenter de ses miettes, mais en plus paraître satisfait et, surtout, ne pas manifester un esprit d'indépendance — ce qui s'apparente, pour Napoléon, à une forme de rébellion. Sinon, pourquoi aurait-il interdit aux membres de sa famille de se rendre à la réception que Moreau a donnée trois mois auparavant dans son hôtel de la rue du Faubourg-Saint-Honoré ? Défection qui a fait l'effet d'un camouflet.

L'amitié entre les deux hommes est infiniment susceptible et le Premier consul, environné d'ennemis, a tendance à juger les hommes de manière trop tranchée : on est pour lui ou contre lui. Qu'il nourrisse un peu de jalousie pour ce général glorieux est d'autant moins impossible que celui-ci ne lui manifeste pas la moindre déférence. On peut faire des reproches à Moreau, il n'a pas l'esprit courtisan. Et la dérive personnelle que prend le pouvoir du Premier consul lui déplaît.

Quoi qu'il en soit, dans le jugement ambigu que Napoléon porte sur Moreau, il y a plus d'agacement que de véritables inquiétudes. Certes, il est exaspéré par son double jeu : ce parangon du jacobinisme, ce pur républicain qui ne répugne pas à faire patte de velours aux royalistes qui, de leur côté, louent son courage et sa probité. Mais ce qui le rassure, c'est son caractère velléitaire. Il pense que sa faiblesse le dissuadera toujours de prendre le risque d'une franche opposition ou de s'engager fortement dans un complot. Au fond, Moreau est comme tant d'autres, il attend son heure. Mais combien sont-ils dans ce cas, à espérer qu'un miraculeux poignard les délivrera de celui qui leur bouche le chemin de l'avenir ? Bernadotte est-il plus sûr ? Augereau moins suspect ? Sans

parler de ses propres frères, Lucien et Joseph?
Tous, dans les eaux grises où macère leur ambition, n'aspirent-ils pas à sa succession? Pourtant,
Moreau reste en première ligne parmi ceux qu'il
suspecte. S'il lui en veut plus qu'aux autres, c'est
parce qu'il l'a admiré, parce qu'il l'a aimé.


# VIII


*13 janvier 1804*

Les Tuileries. Tôt le matin. On procède à sa toilette. Toujours impatient, le visage couvert de
mousse, il se rase. Constant, son valet de chambre,
se tient à côté de lui, une serviette à la main. Soudain, le conseiller d'État Réal fait irruption dans la
pièce. Pâle, agité, il prononce distinctement deux
noms :

« Pichegru… Moreau… »

D'un bond, bousculant Constant, Napoléon se
jette sur Réal et lui met la main sur la bouche pour
le faire taire. Puis il congédie Constant. L'affaire est
trop grave. Personne ne doit l'ébruiter. Tout en
essuyant son visage avec une serviette, il écoute le
rapport de Réal. Celui-ci, d'une voix blanche au
débit saccadé, lui révèle la stupéfiante nouvelle qu'il
vient d'apprendre de la bouche d'un chouan emprisonné au Temple, un nommé Bouvet de Lauzier.
Cet acolyte de Georges Cadoudal a tenté de se
pendre pendant la nuit à l'aide de sa ceinture. Les
gardiens l'ont ranimé in extremis. Dès qu'il a repris
connaissance, sous l'effet du choc nerveux, « encore

couvert des ombres de la mort », selon son expression, il s'est mis à déballer tout ce qu'il savait : non seulement il confirme la présence de Cadoudal à Paris, mais aussi celle de l'ex-général Pichegru venant d'Angleterre. Plus grave encore, il affirme que celui-ci a vu le général Moreau à plusieurs reprises et que l'un et l'autre ont partie liée avec un prince de la maison de Bourbon qui doit arriver incessamment à Paris.

L'affaire ne se limite plus à une simple tentative d'attentat ourdie par des chouans comme on en découvre tous les jours. Avec Pichegru et Moreau, elle prend des proportions plus vastes : c'est une conspiration.

« Je vous l'avais bien dit, Réal, que vous ne teniez pas le quart de cette affaire-là ! »

D'où lui est venue l'idée qu'une conspiration se tramait ? Pas seulement parce que Fouché l'avait averti : « L'air est plein de poignards ! » C'est son intuition qui l'a poussé à demander à Réal, chargé des affaires de police depuis la dissolution du ministère de Fouché, de faire passer en jugement plusieurs chouans suspects.

Un certain Querelle a permis de remonter la filière. Voyant qu'il allait être exécuté, il a demandé à parler : il avait d'importantes révélations à faire. Napoléon, dès qu'il a sa supplique entre les mains, se montre d'abord dubitatif :

« Voilà un pauvre diable qui veut gagner une heure de vie. N'importe, Réal, allez lui parler. »

Réal se rend à la prison de l'Abbaye où Querelle, terrorisé, attend l'heure de son exécution. Tout de suite, il passe aux aveux :

« J'ai conspiré avec Cadoudal. J'ai assisté à son

débarquement et à celui de ses complices sur la côte, près de Dieppe. Cadoudal est à Paris. »

Incapable de dire où il se cache, il donne néanmoins le nom de ses complices. C'est ainsi qu'on arrête Picot, le domestique de Cadoudal. L'inspecteur Bertrand, qui l'interroge, lui propose de l'argent et même la liberté en échange de l'adresse de son maître. Picot refuse. L'inspecteur introduit alors l'index de Picot sous le chien d'un fusil dont il serre les vis. La souffrance est atroce. Le doigt broyé, Picot accepte de parler. Il donne l'adresse de la dernière cachette de « Georges ». Les policiers se précipitent, mais celui-ci, prévenu, s'est éclipsé.

Aussitôt, un avis de recherche est diffusé : « Cinq pieds quatre pouces, extrêmement puissant : épaules larges, tête effroyable par sa grosseur, cou très raccourci, doigts courts et cuisses peu longues, le nez écrasé et comme coupé dans le haut, yeux gris dont l'un est sensiblement plus petit que l'autre, teint coloré, dents blanches, favoris roux : marche en se balançant, les bras tendus. »

On placarde également le signalement de Pichegru : « Visage un peu basané, figure un peu large, le nez large, à peu près comme un mulâtre, l'œil très vif, cheveux châtain-brun. »

Tandis que l'on recherche fébrilement les deux principales chevilles ouvrières de la conspiration, Napoléon, resté seul, est envahi par des sentiments contraires. Ainsi, son intuition ne l'a pas trompé. Moreau conspire bien contre lui. Il a beau avoir pressenti sa trahison, l'idée qu'un homme tel que Moreau ait pu perdre tout sentiment de dignité au point de s'acoquiner avec un traître comme Pichegru et un illuminé comme Cadoudal pour servir la cause d'un prince de la maison de Bourbon lui est douloureuse. Il lui cherche une excuse. Il n'en voit qu'une : la jalousie. Cette passion de faible qui fait oublier tout : les marques d'amitié, son devoir.

À la blessure personnelle, s'ajoute un dilemme d'ordre politique. Comment agir avec Moreau ? Doit-il ou non l'arrêter et le faire passer en jugement ? Son arrestation va mettre tout Paris en émoi. Encore auréolé par la gloire que lui vaut sa victoire de Hohenlinden, il a de chauds partisans chez les jacobins et même chez les royalistes qui voient en lui un recours au cas où… On va interpréter son arrestation comme un mouvement de jalousie vis-à-vis du seul héros qui lui fasse encore de l'ombre.

Pour une fois — la première peut-être —, il hésite. Quel que soit le parti qu'il va prendre, il en mesure les inconvénients. Il ne peut épargner Moreau. De toute façon, le voudrait-il, l'affaire est trop ébruitée pour pouvoir être étouffée.

À cela s'ajoute une difficulté d'ordre pratique : comment étayer solidement un acte d'accusation sans aucune preuve tangible et sans avoir procédé au préalable à l'arrestation de ses deux principaux complices, Pichegru et Cadoudal, toujours dans la nature ? Pendant deux jours, il pèse le pour et le contre. Comme s'il se méfiait de son impulsivité autant que pour impliquer dans sa décision plusieurs ministres, il réunit un conseil extraordinaire aux Tuileries. Cambacérès, Lebrun, les deux consuls, Fouché qui n'est plus que sénateur et qui ronge son frein, et plusieurs ministres y participent. Ils se prononcent tous pour l'arrestation. On se demande si leur avis n'est pas surtout dicté par le désir de flatter leur maître. Ils seraient infidèles à leur métier de courtisan s'ils ignoraient que c'est la décision qu'il attend d'eux.

Il se range donc à leur avis, c'est-à-dire au sien. À cet instant sans doute, il est égaré par son imagination chevaleresque : il imagine une scène grandiose, théâtrale, belle comme l'antique, au cours de laquelle Moreau s'excusant publiquement de ses mauvaises fréquentations, il lui pardonnerait tel un nouvel Auguste en raison des éminents services qu'il a rendus à la nation.

Cette scène émouvante va être réduite à néant par l'attitude intransigeante de Moreau. L'orgueilleux général, qui a déjà un compte personnel à régler avec le Premier consul, n'a aucune envie de s'humilier devant lui.

Arrêté le 15 février au pont de Charenton, alors qu'il revient de son château de Grosbois, acheté à Barras, il nie avec hauteur toute idée de conspiration. Fort de son soutien dans l'opinion publique qui voit aussitôt dans son arrestation le désir du Premier consul de se débarrasser d'un rival en instruisant contre lui un procès monté de toutes pièces, il se raidit et se drape dans sa dignité offensée.

Napoléon s'en inquiète auprès de Moncey qui a procédé à l'arrestation.

« Il n'a fait aucune résistance ?

— Aucune.

— Il n'a pas demandé à m'écrire ?

— Non !

— Il n'a pas demandé à me voir ?

— Non !

— Moreau me connaît mal : il veut être jugé, il le sera. Puisqu'il ne veut pas s'ouvrir à moi, il faudra bien qu'il s'ouvre à la justice. »

Frustré d'une explication d'homme à homme, il comprend alors qu'il a commis une erreur. L'arrestation de Moreau a provoqué un tollé. Elle n'a réussi qu'à rendre celui-ci encore plus populaire. On crie à l'arbitraire, au despotisme. La Bourse s'effondre. La révélation de la prétendue conspiration trouble tous les partis : les soutiens du Premier consul s'inquiètent de l'étendue des complicités dans une affaire qui montre surtout la précarité d'un régime que l'on croyait enfin stable. Les opposants trouvent, eux, des raisons de s'en réjouir : si tant d'hommes se trouvent compromis, c'est donc que les heures du Premier consul sont comptées.

Le voilà revenu à l'époque d'avant Marengo. La leçon qu'il tire aussitôt de cette désastreuse affaire, c'est l'extraordinaire fragilité de son pouvoir. Non pas qu'il découvre que les Français sont un peuple versatile, léger, qui est déjà las de la stabilité, cela il le sait, ils l'ont toujours été. Mais s'ils sont prêts à se jeter dans les bras du premier aventurier venu, ce n'est pas parce que l'organisation politique qu'il a mise en place manque d'autorité, c'est parce que le terrain sur lequel elle repose est instable. L'esprit public, depuis la disparition de la monarchie, n'est plus qu'un marécage boueux sur lequel aucune construction ne peut avoir de fondation solide. Son pouvoir manque de ce qui a fait la force de la monarchie : la légitimité. À quoi lui a servi de se faire proclamer Premier consul à vie si on considère sa personne comme aléatoire et éphémère ? Il le sait depuis longtemps : il doit s'ancrer plus profondément dans l'histoire, dans sa continuité et sa pérennité ; et se mettre ainsi à l'abri de l'écume des événements.

Dans ces circonstances, c'est donc un procès à l'issue bien aléatoire que l'on instruit. On va juger un général qui a une grande réputation d'indépendance et de loyauté sur la foi de rumeurs, d'aveux extorqués sous la torture à des hommes menacés de mort. Tel qu'il se présente, le dossier est cruellement vide. L'opinion le voit. Moreau le sait.

Heureusement pour l'accusation, Pichegru est appréhendé le 27 février. Il était temps. Son arrestation bientôt suivie de celle de ses complices, les frères Polignac et Rivière, donne enfin à la conspiration un commencement de réalité. L'opinion, toujours versatile, commence à admettre que si Pichegru et ses acolytes sont venus d'Angleterre, ce n'est pas pour des prunes. On continue néanmoins de penser que Moreau est abusivement mêlé à cette affaire et qu'il n'a commis qu'un seul crime : celui de faire de l'ombre au Premier consul.

Réal se précipite à la prison du Temple pour interroger Pichegru. En vain. L'ancien répétiteur de mathématiques de Napoléon au collège de Brienne est à la fois dépressif et coriace. Il nie tout ce dont on l'accuse : d'avoir vu Moreau, de connaître « Georges ». Il nie qu'il y ait eu la moindre conspiration. Ces dénégations accréditent encore l'idée de l'innocence de Moreau.

Enfin, le 9 mars, le gros poisson est repéré.

Cadoudal, « Georges », est localisé. C'est vrai qu'avec sa trogne, il ne passe pas inaperçu. Et les promesses de récompense juteuse ont alléché les mouchards. On ne lésine pas : cent mille francs ont déjà été accordés pour la capture de Pichegru.

À la nuit tombante, près de la place Maubert où ses amis lui ont aménagé une cachette, un cabriolet portant le numéro 53 , conduit par un certain Leridant, est signalé à la police comme devant être emprunté par le fugitif. La police cerne le quartier et suit de près la voiture. Place Saint-Étienne-du-Mont, un homme se précipite dans le cabriolet. C'est « Georges » déguisé en fort des Halles. L'arrestation est mouvementée. L'un des policiers s'accroche au cabriolet qui est stoppé à la hauteur de la rue Voltaire. « Georges » fait feu sur les policiers : il en tue un et en blesse un autre. Mais il est finalement maîtrisé.

Comme on lui reproche d'avoir tué un policier père de famille, il a cette repartie qui restera fameuse : « La prochaine fois, faites-moi arrêter par des célibataires. »

« Votre plan a donc été conçu avec un ci-devant prince français ? demande le policier.

— Oui », répond Cadoudal, qui dément avoir eu le moindre contact avec Moreau.

Pendant toute l'instruction de son procès, il se maintiendra sur la même ligne de défense, sachant à quel point elle embarrasse le pouvoir : Moreau n'est pour rien dans l'affaire. Qu'importe si c'est faux, si Moreau a bel et bien rencontré Pichegru et « Georges », l'opinion ne demande qu'à croire cette version qui abonde dans le sens du préjugé collectif. Reste le fameux prince de la maison de

Bourbon. Les supputations commencent. Napoléon, qui sent que le procès Moreau va tourner à
son désavantage, cherche un moyen de reprendre
la main. Il lui faut un coupable. S'il ne peut châtier
l'un des principaux acteurs de la conspiration, son
commanditaire doit, lui, rendre des comptes.

IX

*20 mars 1804*
La Malmaison est plongée dans la nuit froide. Il
pleut. Tout le monde dort depuis longtemps. Sauf
lui. Il marche de long en large dans son bureau
situé dans le pavillon d'angle, une pièce aménagée
par Jacob-Desmalter qui a habilement dissimulé
sous les boiseries le disgracieux conduit de cheminée remontant des cuisines. Un feu crépite
dans l'âtre. Parfois, il s'arrête, tisonne les bûches
et contemple les flammes. Mille pensées l'as-
saillent. Il possède cette faculté rare de diviser sa
réflexion en plusieurs compartiments. Son esprit
opère un va-et-vient constant entre le présent et
l'avenir.
    Il sait que, cette nuit-là, va se produire un évé-
nement décisif. En connaît-il exactement l'issue
ou la laisse-t-il filer entre les mains du destin, son
seul maître ? Il n'a pas de mal à imaginer la scène
qui se déroule à l'autre bout de Paris, au fort de
Vincennes : le duc d'Enghien est face à ses juges.
Les sept officiers qui composent le conseil de
guerre observent avec un sentiment de gêne et de

curiosité mêlées ce beau jeune homme de trente ans aux longs cheveux châtains qui les affronte en les fixant de ses yeux bleu clair. Avec son visage émacié que coupe un nez en bec d'aigle, il ressemble étrangement à son ancêtre, le Grand Condé. Ce qui accroît encore la gêne des officiers.

Le général Hulin, commandant des grenadiers de la garde consulaire, un brave soldat plus sensible qu'il ne paraît sous son air bougon, préside le conseil. Il n'a jamais rechigné devant un ordre. Mais, cette fois, l'obéissance lui coûte. Derrière lui, en civil, assis sur une chaise, Savary, commandant de la gendarmerie d'élite, un habitué des missions délicates, chauffe son dos à la cheminée où brûle un grand feu. Cet aide de camp du Premier consul ne dissimule à personne la conscience qu'il a de son importance. Le rapporteur, le capitaine Dautencourt, tripote avec nervosité la feuille d'interrogatoire. Sous leurs airs bravaches, leur componction, les officiers tentent de dissimuler leur profond malaise. Tous échangeraient volontiers leur place pour n'importe quelle autre mission. Habitués à affronter l'ennemi, il leur répugne de devoir se glisser dans la peau d'un juge. A fortiori pour juger un civil dont ils viennent seulement d'apprendre l'identité et sur des accusations qui outrepassent leurs compétences.

En vertu de la loi révolutionnaire toujours en vigueur sur les émigrés qui ont porté les armes contre la France, l'accusé ne dispose pas d'un avocat. Mais cette loi ne devrait s'appliquer qu'à ceux qui ont pénétré en France les armes à la main, ce qui n'est nullement le cas du duc : il a été appréhendé, ou plutôt enlevé, à Ettenheim six jours plus tôt dans les États du grand-duc de Bade par le général Ordener à la tête de trois cents dragons.

L'interrogatoire commence.

Le capitaine Dautencourt, d'une voix qu'il s'efforce de rendre ferme, demande à l'accusé :

« Avez-vous pris les armes contre la France ? »

Le duc d'Enghien, qui n'a pas conscience du danger qui pèse sur lui, se drape dans sa dignité. Il répond avec hauteur :

« Regardez-moi. Je suis un Bourbon : c'est vous qui avez tiré les armes contre moi. J'ai soutenu les droits de ma famille. Un Condé ne peut entrer en France que les armes à la main. Ma naissance, mon opinion me font à jamais l'ennemi de votre gouvernement. »

Le capitaine Dautencourt l'interroge alors sur ses liens avec Georges Cadoudal.

« Aviez-vous connaissance du complot dont les conséquences devaient être capitales pour vous ?

— Mon intention n'était pas d'y rester indifférent. J'avais demandé à l'Angleterre du service dans ses armées, et elle m'avait fait répondre qu'elle ne pouvait m'en donner, mais que j'eusse à rester sur le Rhin où j'avais incessamment un rôle à jouer. Monsieur, je n'ai plus rien à vous dire. »

Le général Hulin fait alors évacuer la salle. Les gendarmes entraînent le duc dans la pièce voisine pour laisser le tribunal délibérer.

La délibération dure plus d'une heure. Le général Hulin demande aux officiers, en commençant par le grade le moins élevé, si l'accusé est coupable. Tous répondent par l'affirmative. Le général Hulin dicte le jugement au greffier : « Le conseil délibérant à huis clos, à l'unanimité des

voix, a déclaré l'accusé coupable et, en conséquence, l'a condamné à la peine de mort ; ordonne
que le présent jugement sera exécuté de suite à la
diligence du capitaine rapporteur. Le rapporteur
fera exécuter la sentence dans les vingt-quatre
heures. » Cette dernière précision laisse la porte
ouverte à une mesure de clémence.

Le général Hulin, mal à l'aise, conscient du poids
de la responsabilité qu'il porte, prend sa plume et
commence une missive pour demander au Premier
consul l'audience que le condamné a sollicitée.

« Que faites-vous là ? lui demande brutalement
Savary.

— J'écris au Premier consul. »

Savary le rabroue avec agacement.

« Votre affaire est finie. Le reste me regarde. »

Le gouverneur de Vincennes, Harel, rejoint
alors le duc qui attend dans une pièce attenante.
Il porte une lanterne.

« Monsieur, veuillez me suivre et rassembler
tout votre courage. »

Le duc appelle son chien, Mohilof, qui ne l'a
pas quitté depuis Ettenheim. Les gendarmes n'ont
pas eu le courage de les séparer. Après un dédale
de couloirs et d'escaliers, on parvient dans les
douves du château. Il pleut toujours. Un petit jour
sale éclaircit le ciel sombre. Le condamné, escorté
par ses gardes, contourne la tour de la Reine. Le
duc aperçoit à ce moment la masse des soldats
qui, l'arme au pied, attendent dans leurs uniformes luisants de pluie. Puis, plus près de lui,
dans l'ombre, le peloton d'exécution composé de
seize gendarmes. Alors seulement il comprend ce
qui l'attend. Jusqu'alors il a espéré qu'on le

conduirait dans une geôle pour attendre l'éventuelle grâce du Premier consul.

Le duc exprime une dernière volonté : qu'on lui coupe une mèche de cheveux qui, jointe à l'anneau en or qu'il porte au doigt, sera adressée, avec une lettre qu'il vient d'écrire, à sa maîtresse, la princesse de Rohan-Rochefort.

Un sous-officier s'avance, une lanterne à la main, et lui lit le jugement : « A prétendu se nommer Louis Antoine Henri de Bourbon, duc d'Enghien, né à Chantilly le 2 août 1772. » Suit l'arrêt de mort.

Le duc demande un prêtre.

« Pas de capucinade », s'agace Savary, jamais en veine de délicatesse.

Le duc repousse alors son chien, qui le suit toujours de près, et s'agenouille sur la terre trempée. Il se recueille un moment. Il se relève.

« Il faut donc mourir et de la main des Français ! »

Savary donne un ordre sec.

« Adjudant, commandez le feu ! »

Le sous-officier lève son chapeau. C'est le signal convenu. La salve éclate. Le duc d'Enghien a cessé de vivre. Son corps est enterré à la va-vite dans une fosse fraîchement creusée. Les gendarmes refusent de se saisir des objets du mort, comme c'est la coutume. Bientôt, ne reste plus dans les douves désertes que le chien Mohilof qui hurle à la mort devant la fosse. Une cloche sonne six heures à l'église de Vincennes.

À la Malmaison, devant la cheminée, Napoléon observe toujours le feu. À cette heure, le procès

— si on peut appeler ainsi cette parodie de justice — doit être terminé. Il ne doute pas un instant que les instructions qu'il a données à Murat et à Savary ont été suivies : la condamnation à mort du duc. Mais son exécution ? L'ignore-t-il ? Cette question nous fait entrer dans les arcanes de son âme complexe : tout en semblant avoir confié une mission précise à Savary — « tout doit être fini dans la nuit » —, il a fait porter à Réal, le chef de la police, agent plus subtil que le rustre Savary, un ordre de mission qui semble contredire le premier en laissant une porte ouverte à la clémence. Dans cette lettre, il demande à Réal de poser plusieurs questions au duc concernant les soupçons qui pèsent sur lui.

Ce billet, porté en urgence à son domicile, Réal, qui a donné des ordres pour ne pas être dérangé, prétendra n'en avoir eu connaissance que le lendemain matin à son réveil. Cette excuse laisse perplexe. S'il n'y a aucun doute sur l'existence de cette lettre, on voit mal comment un ordre exprès du Premier consul à son chef de la police ne lui a pas été remis aussitôt. Les proches collaborateurs de Napoléon savent par expérience qu'ils sont à son service de jour comme de nuit.

Alors, duplicité de Réal ou double jeu du Premier consul ? On entre dans le domaine des suppositions.

En donnant deux ordres contradictoires, Napoléon a-t-il voulu laisser au hasard le choix de décider de la vie ou de la mort du duc d'Enghien ? A-t-il voulu lui accorder une chance ? Ce qui est singulier dans cette ténébreuse affaire, c'est que, s'il est avéré que Napoléon souhaitait une condamnation à mort, il ne semblait nullement hostile à l'idée de faire preuve de clémence, au cas où le duc exprimerait un repentir et solliciterait sa grâce. Une manière pour lui de sévir tout en se donnant le beau rôle. Une manœuvre qu'il tentera deux mois plus tard de réitérer, mais en vain, lors du procès du général Moreau. N'affectionne-t-il pas ce genre de scène à l'antique où il peut faire preuve de magnanimité ? Il est d'autant plus porté à la clémence qu'il sait qu'on a arrêté le prince sur la foi de deux accusations qui se sont révélées totalement fausses : celui-ci n'est jamais venu à Paris, le fameux « prince » que rencontrait Cadoudal n'était autre que l'ex-général Pichegru ; d'autre part, à Ettenheim, il n'a jamais été en contact avec l'ex-général Dumouriez ; on s'est aperçu que le maréchal des logis Lamothe a fait une confusion au cours de son enquête entre le nom de Dumouriez et celui de marquis de Thumery.

En fait, beaucoup d'éléments tendent à accréditer la version qu'il penchait plus pour la clémence que pour la sévérité et qu'il a, en réalité, dû assumer les erreurs de ses exécutants. Au premier chef, Savary. Tout le monde s'accorde sur l'insigne maladresse dont celui-ci a obstinément fait preuve tout au long de sa carrière, du Premier consul qui répétait : « Il ne faut pas lui laisser entrevoir l'opinion que j'ai de son incapacité », ou, autre jugement sans illusion : « Si on le laissait faire, il mettrait bientôt le feu à la France » ; jusqu'à son ami Pasquier qui fut son subordonné : « Savary avait un besoin d'agir qui ne lui laissait pas toujours le temps de réfléchir. » Il y a une sorte d'unanimité sur son incompétence. Mais pourquoi, dans ces conditions, avoir confié une mission aussi délicate à ce soldat d'une grande fidélité mais que chacun considérait comme un éléphant dans un magasin de porcelaine ?

Ce qui renforce l'idée d'une monumentale bourde, c'est l'accueil que lui réserve le Premier consul quand il vient lui rendre compte de sa mission au petit matin à la Malmaison. Scène rapportée par Savary lui-même dans ses *Mémoires* : « Il parut m'écouter avec la plus grande surprise. Il ne concevait pas pourquoi on avait jugé avant l'arrivée de Réal. Il me fixait avec ses yeux de lynx et disait : "Il y a quelque chose que je ne comprends pas. Que la commission ait prononcé sur l'aveu du duc d'Enghien, cela ne me surprend pas... mais, enfin, on n'a eu cet aveu qu'en procédant au jugement qui ne devait avoir lieu qu'après que M. Réal l'aurait interrogé sur un point qu'il nous importe d'éclaircir." Puis il répétait encore : "Il y a quelque chose qui me dépasse. Voilà un crime qui ne mène à rien." »

Savary, toujours dans ses *Mémoires* publiés en 1829, à une date où il lui était facile, comme tant d'autres, d'imputer l'entière responsabilité de l'affaire à Napoléon qui, de plus, l'avait revendiquée, semble avouer carrément sa formidable bévue. « Ses instructions avaient été transgressées ; et il était mécontent de ce qui avait été fait, mais il ne voulait pas sévir contre des hommes qui avaient péché par excès de zèle et qui, sans doute, avaient cru le servir. »

Cette erreur ou, plutôt, cet énorme cafouillage est d'autant plus vraisemblable que, devant Joséphine, il s'exclamera : « Les malheureux ont été trop vite ! » Napoléon se doit maintenant de l'assumer. Deux voies s'ouvraient à lui : l'exécution de la sentence ou la clémence. Désormais, il n'a plus le choix : il a un mort sur les bras. Et quel mort ! En en faisant porter la responsabilité sur l'incompétence des agents d'exécution, il risquerait de déstabiliser son pouvoir qu'il veut au contraire affermir. Son parti est donc pris : se justifier. Et, certes, les arguments ne manquent pas contre les Bourbons qui n'ont cessé de tramer des complots et d'armer des assassins pour le tuer.

Quant au fond de l'affaire, s'il est entièrement responsable de l'enlèvement du duc, mais sans doute beaucoup moins — peut-être même pas du tout — de son exécution, cette idée n'a pas germé toute seule dans son cerveau. On la lui a subtilement glissée à la faveur de la conspiration de Cadoudal et de Pichegru. Cette nouvelle tentative d'assassinat, de grande ampleur, venant après trois autres, dont l'attentat de la rue Saint-Nicaise, échauffait sa bile contre les Bourbons.

C'est alors que le diable boiteux est entré en scène. Talleyrand, de manière insidieuse, lui a suggéré le nom du duc d'Enghien. On s'est longtemps demandé pourquoi. D'autant plus que le doucereux diplomate n'y allait pas par quatre chemins : non seulement il fallait l'enlever, mais aussi le « fusiller ».

Était-ce pour apparaître aux yeux des Bourbons, avec lesquels il restait en contact par l'abbé de Montesquiou et d'autres agents plus obscurs, comme un modéré par rapport à son maître aux mains désormais pleines de sang ? S'agit-il d'un calcul encore plus tortueux ? Louis XVIII et son frère, le comte d'Artois, n'aimaient guère le duc d'Enghien en qui ils voyaient un jeune et beau rival, propre à contrarier leurs ambitions.

Bien sûr, avec toute son intelligence et son entregent, l'ancien évêque d'Autun va effacer toutes les traces de ses turpitudes, surtout lorsqu'il voudra retrouver grâce auprès des Bourbons à la chute de Napoléon. Cette affaire du duc d'Enghien lui collait à la peau comme une tunique de Nessus. Mais, s'il a soigneusement toiletté les archives de son ministère et racheté à prix d'or des documents compromettants dérobés par Gabriel Perrey, un ancien secrétaire indélicat — il avait trop appris de son maître —, une lettre à Bonaparte a échappé à sa vigilance. Celle du 8 mars 1804 publiée par son biographe, Emmanuel de Waresquiel : « Des intrigants mal intentionnés vont jusqu'à donner à entendre que vous pourriez vous contenter du rôle de Monk. Cette supposition répandue avec une grande perfidie fait le plus grand mal. Voilà qu'une occasion se présente de dissiper toutes ces inquiétudes. Elle vous est offerte par l'affaire qui doit amener ses auteurs devant les tribunaux (Cadoudal, Pichegru). Un prince de la maison de Bourbon les dirige. Le but est également l'assassinat de votre personne. Vous êtes dans le droit de la défense personnelle. Si la justice doit punir rigoureusement, elle doit aussi punir sans exception. Réfléchissez-y bien. »

Comme, chez Talleyrand, les plus sordides calculs se mêlent aux plus intéressantes considérations dans l'intérêt de l'État, il allègue habilement qu'ainsi Napoléon acquerrait un moyen de renforcer son pouvoir en évoluant vers un système monarchique. C'était d'autant plus habile qu'il rejoignait exactement ce que pensait Napoléon.

Quant à Fouché, lui aussi partisan pour toutes les raisons évoquées par Talleyrand de l'enlèvement et de l'exécution, il avait un double motif personnel : associer le Premier consul à un crime pour faire oublier le régicide qu'il était ; et rentrer en grâce, retrouver son ministère en plaidant pour l'institution d'une monarchie, lui qui avait été si défavorable à l'institution du consulat à vie.

Alors la fameuse phrase attribuée tantôt à l'un, tantôt à l'autre : « C'est pire qu'un crime, c'est une faute », n'est qu'une reconstitution imaginaire de leur rôle à partir de la Restauration. S'il est avéré, et pour cause, que ni l'un ni l'autre ne l'ont prononcée au moment des faits, il est fort probable qu'ils l'ont employée l'un et l'autre pour se disculper à la Restauration. Ils l'ont en fait empruntée à son véritable auteur, Boulay de La Meurthe.

En attendant de devenir blanc comme neige des crimes de l'ogre qu'il a contribué à lui faire commettre, Talleyrand a la charge d'affronter des chancelleries européennes après le tollé universel qui suit l'annonce de l'exécution du duc d'Enghien.

Il faut admettre que l'on se trouve dans une situation paradoxale. On s'insurge parce qu'un Bourbon vient d'être appréhendé en territoire étranger et exécuté, mais personne ne proteste quand des chouans, payés par des Anglais, tentent à plusieurs reprises d'assassiner le Premier consul. Il y a là deux poids, deux mesures. On devrait, en bonne logique, englober les deux « crimes » dans la même réprobation. C'est loin d'être le cas. En France, toute la bonne société royaliste et libérale est en émoi. Le salon de Mme Récamier porte le deuil. Tout comme la cour de Russie qui fait célébrer une messe à la mémoire de la victime.

Chateaubriand a saisi ce prétexte pour démissionner de son poste d'ambassadeur dans le Valais, « ce trou horrible » ; un poste honorifique dont il ne savait comment se dépêtrer, qui l'éloignait de ses amis et de sa maîtresse, Delphine de Custine. Il s'est plu en adressant alors sa démission à Talleyrand à s'imaginer un courage de Romain. Un geste qu'il va, au cours des années, styliser, théâtraliser jusqu'à en faire dans ses *Mémoires* le point d'orgue de son héroïsme dans une carrière d'intrépide opposant, « le lion avait goûté le sang, ce n'était pas le moment de l'irriter ».

Au milieu de la désapprobation générale, un seul résultat positif pour le Premier consul : cette affaire dissuade toutes les tentatives d'attentat. On rengaine les poignards et on range les explosifs. Quant aux cours européennes, après les solennelles protestations de rigueur, elles prennent vite le parti du réalisme. Un mort de plus ou de moins, cela n'a jamais ému très longtemps les chancelleries.

Ne reste plus que la cour de Russie pour continuer de porter le deuil et d'orchestrer le chœur des lamentations. Napoléon adresse alors au chancelier russe une lettre assez cocasse qu'il fera imprimer dans *Le Moniteur*. « On peut se demander si, lorsque l'Angleterre méditait l'assassinat de Paul Ier, on eût connaissance que les auteurs de ces complots se trouvaient à une lieue des frontières, on n'eût pas été empressés de les faire saisir. » Une lettre qui doit rester en travers de la gorge du tsar Alexandre I$^{er}$, complice au premier chef de l'assassinat de son père commis avec l'aide du cabinet anglais.

Napoléon n'exprimera jamais ni de remords ni encore moins de repentir : « Si c'était à refaire, je le referais. »

Apercevant à Saint-Cloud dans le couloir conduisant à son cabinet de travail un buste du Grand Condé, il a un haut-le-cœur :

« Qu'on porte ce buste ailleurs. »

Il a beau aimer les gloires qui ont illustré la France, ce buste-là lui rappelle, quoi qu'il en dise, un mauvais souvenir.

Mais ce mort, unanimement pleuré, a un autre avantage que lui avait signalé Talleyrand : désormais, les jacobins ne peuvent plus le soupçonner d'être un nouveau Monk. Il les a rejoints dans le régicide. Désormais, la porte est grande ouverte à la réalisation du projet qu'il caresse pour renforcer son pouvoir : sa proclamation comme empereur des Français.


X


*Le 2 décembre 1804*

Quelles sont ses pensées au cours de cette époustouflante cérémonie ? À quoi songe-t-il dans ce matin glacé, sous un ciel d'acier où brille un beau soleil lorsque, sortant d'un carrosse étincelant d'or, surmonté d'une couronne soutenue par

quatre aigles et tiré par huit chevaux couleur isa-
belle, il franchit le porche de la basilique Notre-
Dame de Paris, le front ceint d'une couronne de
laurier, vêtu d'un long manteau de velours cramoisi doublé d'hermine et semé d'abeilles et
d'aigles, les symboles sous lesquels il a décidé de
placer son règne ? Il se dirige vers le maître-autel
où l'attendent le pape Pie VII et une assistance
nombreuse, scintillante de bijoux et d'habits de
cérémonie, qui se lève quand il apparaît sous la
nef et crie « Vive l'empereur ! ». À cette apothéose,
manquent sa mère, Letizia, partie pour Rome
rejoindre Lucien qui boude, et Jérôme, toujours
en Amérique. Les autres membres de la famille
sont là : Joséphine, toute parée, dont la traîne est
soutenue avec un dédain visible par ses belles-
sœurs qui, humiliées, n'arrivent pas à faire bonne
figure : elles la détestent depuis toujours, mais
avec une particulière ardeur à cet instant où
convergent vers elle toutes les lumières de la consécration ; les beaux-frères, comme Murat, jamais en
reste de travestissement grandiose. Sont là également les consuls, Cambacérès devenu archichancelier, Lebrun, architrésorier, et les maréchaux
nouvellement institués ; bien sûr, les ministres
Fouché et Talleyrand, tous deux anciens ecclésiastiques, qui se vouent une haine inexpiable, se
demandant qui aura la peau de l'autre et sûrement
étonnés de retrouver dans une basilique ces parfums désuets de leur ancienne appartenance.

Comme on semble loin de l'époque — si proche
pourtant — où Notre-Dame de Paris était un
temple consacré à la déesse Raison ! Avec leurs
costumes chamarrés, ces figurants du sacre riva-

lisent dans la somptuosité. Ce sont les peintres Isabey et David qui, en dessinant leurs habits, ont laissé libre cours à leur imagination débridée, frisant le carnavalesque et souvent le ridicule. Quant aux symboles qui illustrent la cérémonie et tentent de l'ancrer dans l'histoire, ils participent d'un salmigondis baroque où se télescopent les réminiscences de la République romaine et les souvenirs de Charlemagne.

À quoi songe-t-il tandis qu'il pose la couronne d'impératrice sur la tête de Joséphine agenouillée ? À leur mariage religieux célébré la veille, dans la nuit, à la sauvette, sans témoins, par le cardinal Fesch ? Ou aux trahisons de cette épouse qui l'a si souvent déshonoré au point qu'il songeait au suicide en Italie lorsqu'elle le trompait, quasiment sous ses yeux, avec un jeune mirliflore, Hippolyte Charles ?

Quels souvenirs lui reviennent-ils à l'instant où il s'empare de la couronne des mains du pape, moins stupéfait qu'on ne l'a dit, et la place lui-même sur son front afin de bien signifier que, s'il fonde une quatrième dynastie, celle-ci n'est pas de la même essence que les précédentes ? Ce n'est plus le droit divin qui lui confère le sceptre du pouvoir : il l'a conquis par son mérite personnel. Revoit-il comme dans un songe sa maison de Corse, pillée, sa fuite éperdue avec sa famille pour échapper à la vindicte des partisans de Paoli ? Les heures sombres qu'il a connues à Marseille où il a vécu dans la plus extrême pauvreté, dont l'a sauvé le frère de Robespierre ? Ses années noires où, proscrit, songeant au suicide, il ne voyait d'autre issue que de s'expatrier en allant organiser l'artillerie du sultan de Constantinople ? Toutes les blessures que la vie lui a infligées ? La mort de ses amis sur le champ de bataille, Muiron qui, en se sacrifiant, lui a sauvé la vie à Arcole, Desaix ?

Pense-t-il à cette mort qu'il a croisée si souvent, à ces tentatives d'assassinat auxquelles il a échappé par miracle ? Que de péripéties, d'aventures, de risques pour en arriver là ! « Quel roman que ma vie ! » Cette exclamation, il n'a cessé de la pousser. Mais, en ce jour de gloire, dans la basilique illuminée, ressuscitée par la pompe catholique, il peut mesurer le chemin parcouru. Il a trente-cinq ans. Et, derrière lui, un sillage lumineux, mais parsemé de tant d'échecs et de trahisons, l'Égypte, ce grand rêve évanoui dont le regret le blesse encore. Son regard se dirige vers les voûtes de la basilique où brille l'étoile invisible que lui seul voit. Mais, maintenant, jusqu'où le conduira-t-elle encore ?

Lui que rien n'étonne laisse échapper un aveu espiègle et attendrissant comme un cri du cœur. Il se penche vers Joseph :

« Si notre père nous voyait. »

Et c'est vrai, le malheureux Charles, dévoré par les ennuis d'argent, comment aurait-il pu imaginer pour ce fils et pour sa famille une aussi fabuleuse prospérité ?

Cette cérémonie grandiose qui éblouit les Français sans désarmer leur ironie — ne sont-ils pas toujours ainsi, entre l'enthousiasme et le sarcasme ? —, il sait tout ce qu'elle dissimule. Les déchirements de sa famille qui, longtemps soudée par l'adversité, la proscription, la pauvreté, a soudain du mal à affronter sa fortune nouvelle. Le succès a inoculé en elle ses poisons : la jalousie, l'envie, les rivalités. Entre ses frères et lui, ses sœurs entre elles, c'est une guérilla sans merci. Il a dû « se mettre en bataille rangée » pour faire accepter par ses sœurs de porter la traîne de Joséphine. Il l'avoue : « J'en ai perdu le sommeil. » Il soupçonne Lucien et Joseph de mener de sombres tractations pour hériter du pouvoir au cas où il lui arriverait malheur. Cette querelle de sa succession a gâché les mois qui ont précédé son sacre. Et quand il ne s'agit pas de sa succession, ce ne sont entre frères et sœurs que querelles de protocole, de titres, d'avantages. Il s'exaspère de leurs prétentions : « Ne dirait-on pas que je frustre ma famille de l'héritage du roi notre père ? »

Et il n'a pas plus de soutien auprès des maréchaux, ces vieux compagnons d'armes qu'il a hissés sur un prestigieux pavois. Ils se préparaient, dit avec esprit Louis Madelin, à faire trente mécontents et seize futurs ingrats. À commencer par le plus hypocrite, Bernadotte, qui ne cesse de conspirer contre lui.

À tous ces aigris ou futurs traîtres parmi ses proches, il doit ajouter la foule de ses ennemis que ce couronnement porte au plus haut degré de l'exaspération. De ceux qui, comme Louis XVIII — c'est de bonne guerre —, évoquent la mascarade du sacre ou, comme le comte d'Artois, « l'horrible farce du couronnement ». Ou Sieyès qui, vieille taupe enfouie au Sénat, rancit dans la rancœur. Le parti des mécontents baisse la tête mais attend l'heure de la revanche. Ses adversaires pressentent dans ce triomphe une logique de conquête que le terme même d'« Empire » implique et, dans l'ambition sans limites du nouvel empereur, quelque chose qui s'apparente à la folie.

Monsieur de Frénilly, un royaliste, vitupère une mascarade, « véritable forfanterie catholique qui fit plus de persifleurs que de dupes » où « chacun essayait son habit, où personne n'avait encore étudié son rôle », « depuis les trois sœurs impériales qui avaient quitté le savonnage de leur chemise à Marseille pour venir, empanachées et couvertes de diamants, porter la queue de la vieille maîtresse de Barras jusqu'à la petite culotte de peau du 13-Vendémiaire qui figurait dans sa voiture de sacre en dalmatique et manteau blanc ».

Quant à Barras, dans son exil de Provence, il étouffe de rage. Comment son « protégé » a-t-il pu atteindre une fortune aussi insolente ? Lui qui l'a connu pauvre, abandonné, honteusement trompé par son ancienne maîtresse, par quel prodige a-t-il réussi à se hisser aussi haut ? Il n'a d'autres ressources que de vomir sa bile dans ses *Mémoires* sur cette « famille composée de gardes-magasins voleurs, sauvés de la flétrissure et du supplice par ma protection ; un prêtre fournisseur non moins voleur, de plus renégat ; et plusieurs filles prostituées qu'on pourrait appeler publiques, connues et repoussées par le scandale dans plusieurs villes du midi de la France ».

La pompe, le cérémonial clinquant, la débauche ornementale dont beaucoup dénoncent la démesure, il serait le premier à les juger ridicules s'il ne les estimait pas indispensables pour donner du lustre à son pouvoir. À commencer par sa tenue de grand mamamouchi préconisée par le Conseil d'État. Il a d'abord regimbé : « Quand vous m'emmailloterez de tous ces habits-là, j'aurais l'air d'un magot. Avec vos habits impériaux, vous n'en imposerez pas au peuple de Paris qui va à l'opéra. » Finalement, il a cédé. A-t-il été repris par son goût du travestissement qui lui faisait endosser en Égypte des habits de prince oriental ? Plus vraisemblablement, il a voulu frapper l'imagination en forçant sur la symbolique. Il ne s'est pas trompé. Le sacre est entré de manière fracassante dans l'histoire, avec ce mélange d'exagération et de théâtre à l'usage du peuple plus sensible aux images qu'aux idées, aux émotions qu'aux abstractions. À chaque étape de sa conquête du pouvoir, il s'attache à marquer les esprits.

Point d'orgue de cette cérémonie, le grand tableau de David, accompagnement artistique propre à diffuser la légende aussi obligatoire que le sont les fresques qui immortalisent ses grands gestes comme les pestiférés de Jaffa ou le franchissement du Grand-Saint-Bernard. À l'inverse des régimes soviétiques qui opéraient des soustractions de personnages disgraciés, il a fait ajouter Letizia en bonne place. Le peintre a soigneusement gommé de sa toile les luttes sourdes et les affrontements familiaux. Il y manque les hurlements, l'hystérie, les rancœurs qui, en coulisse, avaient précédé cette représentation idyllique. Cette fresque, c'est la pose pour l'histoire et la postérité.

Autant il s'était montré discret à propos du 18-Brumaire, dont la légalité laissait à désirer, refusant obstinément de le célébrer, autant il veille à faire abondamment commémorer son sacre qui ouvre une quatrième dynastie dont il ne souffre pas qu'on puisse mettre en cause la légitimité.

Mais ce faste, quasiment oriental, qu'accentue la folklorique présence des mamelouks et de Roustan, caracolant avec son cheval autour du carrosse, n'a qu'un objet politique : au contraire de son beau-frère Murat aux tenues extravagantes, il aime surtout la sobriété, la simplicité. Son plat préféré, ce sont les pommes de terre cuites avec des oignons. Ce monarque empanaché ne se sent vraiment à l'aise que dans sa vieille redingote ou sa tenue de capitaine de chasseur, avec son vieux chapeau en castor. Il a des habitudes spartiates. Il ne rechigne jamais quand il s'agit de dormir à la dure, sous la tente ou dans des abris de fortune. Il a des goûts rustiques de berger corse.

Ce sont les nécessités de la monarchie et non ses goûts personnels qui lui ont dicté ce décorum et le protocole qu'il va instituer pour sa cour. Et, s'il rétablit la monarchie avec un nom nouveau au parfum romain, c'est pour ancrer les institutions françaises et son pouvoir — si fragile — de manière stable. L'idée a germé dès la proclamation du consulat à vie. Mais, même s'il se considère comme l'illustration de la Révolution, le principe monarchique qu'il incarne va le faire entrer dans une contradiction, puisqu'il se veut de plain-pied avec les familles royales européennes. Ces monarchies avec lesquelles il va d'abord nouer des relations rien moins que cordiales, puisque la France étant en guerre avec l'Angleterre, elles vont, par le jeu des alliances, se retrouver contre lui. De quel côté est-il ? Des rois ou du peuple ? Cette ambiguïté ontologique va miner son règne comme un poison à progression lente.

Bien loin de là, en Autriche, il va subir une de ces défaites imperceptibles à l'œil nu, mais qui laissent des traces profondes, comme toujours lorsqu'on blesse un cœur sensible. À Vienne, l'enthousiaste et génial Beethoven qui, jusque-là, l'avait porté aux nues, déchire la dédicace de la *Symphonie héroïque* qu'il lui avait dédiée. Il s'exclame :

« Ce n'est donc rien de plus qu'un homme comme les autres ! »

Et c'est vrai, ce titre d'empereur, qui claque comme un défi, va nourrir les malentendus : Napoléon n'a-t-il donc poursuivi ce chemin de gloire que pour devenir le Monk, non de Louis XVIII, mais de lui-même ? Certains se posent la question. Ce fou de Cadoudal ne s'y est pas trompé. Montant sur l'échafaud quelques mois plus tôt, ce comploteur professionnel, sympathique au fond dans ses emportements, que Napoléon, qui admirait son courage, regrettait de n'avoir pu gracier — il pensait que, sous ses ordres, il aurait fait des prodiges —, s'est exclamé avec superbe :

« Nous avons réussi ! Nous pensions faire un roi ! Nous avons fait un empereur ! »

Mais le sacre, cette marche de plus, qui devrait être ultime, vers l'imperium, n'est pas encore suffisant tant est fragile l'esprit public en France. Il sait qu'il lui faudra encore et toujours, comme avec Marengo, se faire confirmer son pouvoir par une victoire éclatante. Il semble entraîné dans une spirale infernale. Comme si, dans son ascension pourtant civile, il était condamné à devoir sans cesse se faire légitimer par la guerre.

## XI

*Le 1er décembre 1805*

La nuit tombe. Il fait froid. De la neige mouillée blanchit par plaques le sol gelé. Déjà, des feux de bivouac s'allument. Les deux armées ont pris position dans ce vaste paysage vallonné au fond de la Moravie, coupé par deux cours d'eau. Plus de deux cent mille hommes fourbissent leurs armes dans l'attente de la bataille du lendemain. On affûte les baïonnettes ; on met des pierres neuves dans les fusils ; on s'assure de ses réserves de poudre. Chacun cherche sa pitance où il peut. On a pillé les fermes et les villages avoisinants. Il ne reste plus une poule ni un lapin entre Brünn et Sokolnitz. Des grenadiers chanceux égorgent des cochons sous le regard envieux de hussards qui inspectent la buffleterie et les sangles de leurs chevaux.

Et lui ? De quoi s'entretient-il pendant cette veillée d'armes tandis qu'il soupe de manière frugale dans une salle de ferme délabrée située à une centaine de mètres de la baraque faite d'un assemblage de branchages et de vieux volets arrachés où il passera la nuit ? Des ultimes préparatifs de la bataille ? Des rapports de ses estafettes ? Des instructions données aux maréchaux ? Évoque-t-il la formidable manœuvre qu'il a opérée en faisant pivoter une armée de cent mille hommes qui se préparaient à envahir l'Angleterre pour l'entraîner ici, au cœur de l'Europe — une extraordinaire « pirouette » qui fascinera Paul Valéry ? Non. Il s'est abstrait des contingences de la guerre, de la stratégie. Il ne pense ni à Alexandre I$^{er}$, ni à François II, les deux empereurs qui lui font face et qui ont installé leur camp non loin du village d'Austerlitz, ni à la menace que fait peser sur lui la coalition des forces russes et autrichiennes. Ce soir-là, dans cette chaumière perdue dans les brouillards de Bohême, entouré de quelques proches, Philippe de Ségur, son jeune aide de camp, Junot, vieux camarade de Toulon, Yvan, son chirurgien, le général Rapp, Murat, son beau-frère, tumultueux et mirobolant, le beau Caulaincourt, il surprend les convives. Eux qui s'attendaient à des commentaires sur la bataille du lendemain, à des éclairages sur les forces en présence, ils en sont pour leurs frais. Il interroge Junot sur le sujet le plus éloigné qui puisse être de leurs préoccupations du moment. Abasourdis, ils l'entendent lui demander :

« Que donne-t-on au théâtre ces temps-ci à Paris ?

— On joue *Les Templiers,* la pièce de Raynouard, au Théâtre-Français, répond Junot.

— Cette pièce est manquée. Je l'ai dit à son auteur. Je sais bien que ce poète ne me le pardonnera pas ; l'amour-propre des auteurs est inexorable. Il faut louer ces messieurs pour en être loué. Il y a dans cette pièce un seul caractère tant soit peu suivi : celui d'un homme qui veut mourir. Mais cela n'est pas dans la nature et ne vaut rien. Il faut vouloir vivre et savoir mourir. »

Il se tait un instant. Puis il se reprend en s'échauffant.

« Voyez Corneille. Quelle force de conception ! C'eût été un homme d'État. Mais *Les Templiers*, cette pièce manque de politique ! Il eût fallu mettre Philippe-Auguste dans la nécessité de les détruire. Il fallait, en intéressant le public à leur conservation, faire sentir fortement que leur existence était incompatible avec celle de la monarchie — ils étaient devenus dangereux par leur nombre, leur richesse et leur puissance —, que la sûreté du Trône exigeait leur destruction. »

Il se tait un instant. Chacun se demande quelle allusion se dissimule sous le propos. Quels sont ces nouveaux Templiers dont l'Empereur a pris ombrage ? Mais il poursuit son monologue.

« Aujourd'hui que le prestige de la religion païenne n'existe plus, il faut à notre scène tragique un autre mobile. C'est la politique qui doit être le grand ressort de la tragédie moderne ! C'est elle qui doit remplacer sur notre théâtre la fatalité antique ; cette fatalité qui rend Œdipe criminel sans qu'il soit coupable ; qui nous intéresse dans *Phèdre* en chargeant les dieux d'une partie de ses crimes et de ses faiblesses. Il y a de ces deux principes dans *Iphigénie* ; c'est le chef-d'œuvre de l'art, le chef-d'œuvre de Racine qu'on accuse bien à tort de manquer de force : c'est une erreur de croire que les sujets tragiques sont épuisés. Il en existe une foule dans les nécessités de la politique. Il faut savoir sentir et toucher cette corde. Dans ce principe de la politique, source abondante d'émotions fortes, germe fécond des situations les plus critiques, autre fatalité aussi impérieuse, aussi dominatrice, que la fatalité des Anciens, on en retrouvera les avantages. Ainsi, tout ce qu'on appelle coup d'État, crime politique devient un sujet de tragédie où l'horreur étant tempérée par la nécessité, un intérêt nouveau et soutenu se développera. »

À ces expressions de « coup d'État » et de « crise politique », les convives, gênés, baissent les yeux vers leur assiette. S'agit-il d'une allusion à lui-même, au 18-Brumaire, à l'exécution du duc d'Enghien ?

Sur une question de Junot à propos des tragédies de Voltaire, il s'enflamme à nouveau. Il montre les défauts et le manque de couleur locale de *Zaïre*, d'*Alzire* et de *Tancrède* :

« C'est peu de chose en comparaison de Racine : voyez *Bajazet, Mithridate, Britannicus.* »

Un convive vante les mérites du *Mahomet* de Voltaire. Il refuse d'en convenir. Mais ce thème lui donne l'occasion d'évoquer ses souvenirs d'Égypte qui lui tiennent toujours tant à cœur. Devant l'assistance étonnée de le voir prolonger si longuement un repas, alors qu'il ne s'attarde jamais plus d'un quart d'heure, le voilà plein de nostalgie qui évoque ses campagnes sur le Nil.

« Si je m'étais emparé d'Acre, je prenais le turban : je faisais mettre de grandes culottes à mon armée ; je ne l'exposais plus qu'à la dernière extrémité ; j'en faisais mon bataillon sacré, mes immortels ! C'est par des Arabes, des Grecs, des Arméniens que j'eusse achevé la guerre contre les

Turcs ! Au lieu d'une bataille en Moravie, je gagnais une bataille d'Issus. Je me faisais empereur d'Orient et je revenais à Paris par Constantinople. »

Le jeune Ségur fait observer qu'il pourrait être ici sur le chemin de Constantinople :

« Non, répond l'Empereur. Je connais les Français. Ils ne se croient bien que là où ils ne sont pas. Avec eux, les longues expéditions ne sont point faciles. Et tenez : rassemblez aujourd'hui les voix de l'armée, vous les entendrez tous invoquer la France. Tels sont les Français ! C'est leur caractère. La France est trop belle ; ils n'aiment pas s'en éloigner autant et à rester si longtemps séparés d'elle. »

Le général Mouton ajoute que l'armée est fatiguée et que, si elle montre tant d'ardeur à la veille de la bataille, c'est dans l'espoir d'en finir et de retourner chez elle. L'Empereur acquiesce. Puis, rompant l'entretien, il se lève :

« En attendant, allons nous battre ! »

Dehors, dans la nuit glacée, il peut distinguer à sa droite le plateau de Pratzen où les Russes sont en position et, en contrebas, les lacs gelés alimentés par des ruisseaux venant des villages de Bellowitz et de Ghirzikowitz. Après avoir renouvelé ses instructions et s'être assuré que toutes les dispositions sont prises, il monte à cheval pour visiter les parcs et les ambulances. Il vérifie que tous ses ordres ont bien été exécutés. Les troupes russes continuent à se déplacer sur ce plateau de Pratzen. Elles commencent leur descente vers Satschan et les étangs dans le dessein de couper la route des Français vers Vienne. Tout heureux, il s'exclame devant Ségur :

« Ils donnent dans le piège. Ils se livrent. Avant demain soir, cette armée sera à moi ! »

En face, dans le lointain, il voit briller des feux de bivouac autour du village d'Austerlitz où Alexandre Ier et François II ont établi leur quartier général. Rassuré il regagne sa cahute, s'allonge sur des bottes de paille et s'endort aussitôt, comme à son habitude, d'un sommeil profond.

La même confiance dans la victoire règne dans le camp ennemi. Alexandre Ier s'imagine déjà que la victoire sur un adversaire légendaire va auréoler son jeune règne d'un formidable prestige, d'autant plus grand que la majorité des troupes est russe. Quant à François II, il est également certain de l'emporter : il veut prendre sa revanche après la chute de Vienne et la honteuse capitulation du général Mack à Ulm. Sans tenir compte des désaccords et des critiques, ils ont l'un et l'autre accepté le plan de Weirother qui proposait d'attaquer sans attendre. Ils sont confortés dans leur désir d'en découdre rapidement par les généraux courtisans, tous abusés par le mouvement de retraite de Napoléon qui, en réalité, n'est qu'une feinte pour les contraindre à engager le combat sur le terrain qu'il a lui-même choisi. Après avoir fait part de sa désapprobation, que personne n'a semblé entendre, l'énorme et imposant général Koutouzov bougonne en mâchonnant un cigare. Son adjoint, le général Alexandre Louis de Langeron, un Français émigré, homme de guerre expérimenté, partage son avis :

« Mieux vaudrait, pour attaquer, avoir réuni l'ensemble des troupes de la coalition. »

Personne de plus dissemblable que les deux

hommes : le Russe est un énorme poussah aux yeux mi-clos, borgne, égoïste et libertin, traînant derrière lui une cohorte de femmes perdues ; de plus, d'une propreté discutable aux yeux de l'élégant Français, faiseur d'épigrammes qui brosse de lui un portait sans flatterie : « Il était sale dans ses goûts, sale dans ses habitudes, sale sur lui, sale dans ses affaires. » Langeron, tout au contraire, est le prototype de l'aristocrate de l'Ancien Régime, caustique, brillant, de l'esprit à revendre. C'est un officier chanceux : courageux, toujours exposé en première ligne, il n'a jamais eu, selon son expression, qu'« un cheval et deux redingotes de blessés ». Bien que très différents, les deux hommes s'accordent pour déconseiller ce plan d'attaque trop téméraire qu'ils estiment un véritable suicide. On impute leur prudence à un manque d'audace dû à l'âge. Les deux généraux frisent la soixantaine. Devant leurs critiques qui ne suscitent que des haussements d'épaules, on lève les yeux au ciel. Les deux monarques ont placé trop d'espoirs dans cette victoire pour qu'on les contrarie par des raisonnements défaitistes ; et celle-ci est assurée puisque leurs majestés l'ont décidé ainsi.

Dans sa hutte de branchages, Napoléon dort à poings fermés. Il est réveillé en sursaut par Savary, son aide de camp qui le prévient d'une attaque des Russes à la droite des Français, à proximité des lacs. Aussitôt, il monte à cheval, accompagné d'une petite escorte, et se rend dans la direction du plateau de Pratzen. Il s'aventure trop près des cavaliers cosaques qui s'élancent sur lui. Ses chasseurs d'escorte volent à son secours et il revient précipitamment à l'intérieur des lignes. Là, il abandonne son cheval et regagne à pied son bivouac. Cherchant un chemin dans les broussailles, il heurte un tronc d'arbre renversé et manque de chuter. Un grenadier se précipite pour éclairer sa marche : il allume une brassée de paille en manière de flambeau. Ce geste du grenadier fait l'effet d'un signal. Quelqu'un crie :

« C'est l'anniversaire du couronnement ! Vive l'Empereur ! »

Aussitôt, partout, chaque soldat, saisissant la paille ou le branchage qu'il a sous la main, y met le feu. Certains vont même jusqu'à arracher les branches avec lesquelles ils avaient confectionné leur cahute pour participer à cet immense feu de joie. Bientôt, c'est un embrasement général. Des milliers de gerbes de flammes illuminent les camps sur une distance de deux lieues. Les collines sont éclairées par une myriade de brasiers qui dansent comme des lucioles dans la nuit. Partout, la même exclamation : « Vive l'Empereur ! »

Napoléon, d'abord contrarié, est vite gagné par l'émotion. Il va maintenant de bivouac en bivouac pour remercier les soldats qui l'accueillent par des ovations. Tard dans la nuit, il revient vers sa cahute pour y prendre un peu de repos. Tandis qu'il se fait servir un punch par Constant, il dit à Ségur :

« Cette soirée est la plus belle de ma vie. »

Dans le camp adverse, c'est la stupéfaction. Les soldats russes se demandent ce que signifient tous ces feux allumés. Les généraux, certains de leur victoire, imaginent que c'est le signe que les Français brûlent leurs bagages pour mieux préparer leur retraite. Cela les renforce dans l'idée que la panique s'est installée dans le camp des Français.

Ceux qui ont des lettres trouvent dans ce spectacle des réminiscences antiques : le départ des Achéens mettant le feu à leur camp devant les invincibles murs de Troie. Tolstoï dans *Guerre et Paix* a traduit l'impression d'étrangeté et de magie que suscite cette scène dans le camp russe au cours d'une des veillées d'armes les plus mémorables de l'histoire.

À la pointe du jour, Napoléon prend un rapide repas, debout avec ses aides de camp. Tandis qu'il ceint son épée, il s'exclame :

« Maintenant, messieurs, nous allons commencer une grande journée ! »

Presque aussitôt, sortant de la brume, arrivent à cheval les maréchaux qui vont participer au combat, accompagnés de leurs aides de camp. Ils viennent recevoir les derniers ordres. Il y a là, devant lui, toute la fine fleur de l'armée : Murat, Lannes, Soult, Bernadotte, Davout. Après un rapide conseil de guerre au cours duquel il renouvelle ses instructions, il dit à chacun d'eux :

« Allez ! »

Ils repartent tous au galop rejoindre leur corps respectif. Seul Soult demeure près de lui. Celui-ci, voyant les Russes dégager le plateau de Pratzen et tomber dans le piège, veut donner à ses divisions l'ordre d'attaquer. Napoléon lui demande d'attendre encore un moment. Puis, désignant le plateau de Pratzen :

« Combien vous faut-il de temps pour couronner ce sommet ?

— Dix minutes !

— Partez donc, mais vous attendrez encore dix minutes et, alors, il sera temps. »

C'est alors que le soleil, perçant la brume, montre aux troupes russes le piège dans lequel elles se sont engagées témérairement et dont elles ne pourront plus sortir. Le gros de leur armée va être coupé en deux. Bientôt, comme autant de torrents furieux, les corps de Lannes, de Murat, de Bernadotte, de Rapp bousculent l'ennemi.

À 4 heures, la bataille d'Austerlitz est gagnée. Langeron, qui remâche son amertume de n'avoir pas été écouté, écrit dans son journal : « J'avais vu des batailles perdues, je n'avais pas l'idée de pareille défaite. »

Les Russes cherchent à fuir sur les lacs gelés. Ils sont canonnés et subissent de lourdes pertes. La glace qui cède sous leurs pas les entraîne dans les eaux glacées où ils se noient.

Seul le général Koutouzov, toujours avisé, a réussi à se tirer du piège. Il décroche dans la nuit, son armée à peu près intacte, et prend le chemin de Moscou.

La nuit tombe sur le champ de bataille jonché de cadavres, de chevaux morts, de boulets, d'affûts de canon abandonnés. Les ambulanciers cherchent les blessés pour leur porter secours à la lueur des torches éclairant des maraudeurs qui, dans l'ombre, s'acharnent sur les cadavres pour leur arracher leurs bottes et leur ceinturon.

Dans le brouillard, tandis que tombe une pluie fine, Napoléon, à cheval, traverse le champ de bataille avec Yvan, son chirurgien, et le mamelouk Roustam, chargé de distribuer de l'eau-de-vie aux blessés. Il impose le silence afin de pouvoir entendre les plaintes des grenadiers estropiés. Pendant quatre heures, à l'écoute du moindre gémissement, sa redingote trempée de pluie, il va de l'un à l'autre, réconfortant, encourageant ses soldats à l'agonie.

Regagnant le logis qu'on lui a préparé dans une auberge dévastée, il chevauche dans la nuit noire. Il regarde le ciel sombre. Son étoile ne brille pas. Et, pourtant, il la sent étrangement présente. Jusqu'à quand le protégera-t-elle ? Quel prodige lui permettra-t-elle encore d'accomplir ?

Deux jours plus tard, dans le val de Žarošice, sous un tilleul, devant un grand feu allumé par les sapeurs, l'empereur d'Autriche vient demander la paix.

## XII

*26 octobre 1806*

Il se tient debout dans la crypte obscure ; le halo lumineux d'une lanterne sculpte son visage. On distingue le simple cercueil en bois recouvert de cuivre où, sur des dalles noires et blanches, repose la dépouille du grand Frédéric. La scène a des allures fantomatiques. Le regard fixé sur le cercueil, il est plongé dans une longue méditation. Il aime parler avec les morts illustres. Ce sont ses dialogues préférés. Il croit à la fraternité des grandes destinées, à leur union sacrée dans un registre secret de l'au-delà. Rassemblés autour de lui, quelques proches l'observent en silence. Ils ont le sentiment d'assister à une cérémonie secrète.

Deux grands symboles sont en présence : l'un mort qui a incarné la gloire militaire et l'esprit des Lumières ; et l'autre vivant, porteur du souffle de la Révolution et des temps nouveaux. Il y a là Duroc, Berthier, Ségur et Geim, le sacristain qui porte la lanterne. Comme ils aimeraient pouvoir s'immiscer dans sa réflexion silencieuse, lire dans des pensées qui doivent voler bien loin de ce caveau voûté enveloppé dans les ombres de la mort ! Songe-t-il au vainqueur de Rossbach qui a plongé les Français dans la plus profonde consternation, ces Français, légers mais si spirituels, qu'il aimait au point de les préférer à ses Prussiens trop rustiques ? Au chef de guerre dont il a passionnément étudié les plans de bataille ? Ou à l'homme d'État, ce Salomon du Nord qui écrivait dans le meilleur français qui soit de mauvais vers et de pompeux essais auxquels Voltaire, son conseiller littéraire, ne parvenait pas à insuffler de la grâce ?

Visiblement ému, il quitte la crypte de la *Garnisonkirche*. Chacun attend son commentaire : cette pensée aiguë qui, en un éclair, cisèle la vérité d'un homme. Il laisse tomber :

« Il a été grand dans les moments critiques. C'est le plus bel hommage que l'on puisse faire à son caractère. »

La veille, avec Ségur, au château de Sans-Souci à Potsdam, il s'est longuement attardé dans la chambre de Frédéric. Les lieux sont intacts. Aucun objet n'a été déplacé depuis sa mort en 1786. Même ses lunettes de myope sont encore sur son bureau. Il s'empare du grand cordon de l'Aigle noir et de son épée qu'il étreint :

« Que d'autres saisissent d'autres dépouilles. Voici, pour moi, qui est supérieur à tous les millions. Je les enverrai à mes vieux soldats des campagnes de Hanovre. J'en ferai présent au gouverneur des Invalides qui les gardera comme un témoignage mémorable des victoires de la Grande Armée et de la vengeance qu'elle a tirée des désastres de Rossbach. »

Apercevant le réveil de Frédéric, il s'en empare également. Jusqu'à sa mort, il le conservera auprès de lui, comme s'il voulait entendre toujours sonner l'heure de l'histoire. Quant à l'épée, les Prussiens la récupéreront en 1814. Devant Las Cases, à Sainte-Hélène, qui lui fera part de ses regrets de voir ce symbole quitter la France, Napoléon se contente de répondre en lui pinçant l'oreille :

« J'ai la mienne ! »

Que valait la perte d'un trophée, si prestigieux soit-il, après la perte d'un empire ?

Le lendemain, à cheval, sous un soleil qui brille dans le ciel bleu, il fait son entrée à Berlin par la porte de Brandebourg. Des Berlinois l'acclament. Ils sont sensibles à la force victorieuse et aussi à l'éclat de ce défilé militaire qui a été minutieusement préparé.

C'est d'abord Davout, le vainqueur d'Auerstaedt à la tête des troupes du 5e corps qui, la veille, a défilé sur l'avenue Unter den Linden au son d'un orchestre jouant la musique des *Euménides* de Gluck.

Au petit galop, sur un cheval gris, l'Empereur apparaît, vêtu de son habit vert de colonel des chasseurs de la garde, barré par le grand cordon de la Légion d'honneur, coiffé de son chapeau légendaire orné de la cocarde d'un sou. Il est précédé par un détachement de mamelouks et de grenadiers. Derrière lui, Roustam suivi de la gendarmerie d'élite et de la garde. Puis, dans leurs tenues de parade chamarrées, les maréchaux, les généraux et trente mille grenadiers, tous les vainqueurs d'Iéna. Des applaudissements crépitent. Les Berlinois sont aux fenêtres, curieux de voir les soldats qui ont vaincu leur armée que ses généraux proclamaient invincible.

Devant la statue du grand Frédéric, l'Empereur décrit un cercle au galop et salue d'un large coup de chapeau.

Il est accueilli au château de Charlottenbourg par le prince de Hatzfeld, gouverneur de la ville qui, par sa proclamation apaisante aux Berlinois, semblait nourrir des dispositions favorables vis-à-vis des Français.

L'Empereur le cingle.

« Ne vous présentez pas devant moi, monsieur. Je n'ai pas besoin de vos services. »

Il le fait arrêter et traduire devant un conseil de guerre. C'est la mort assurée.

En effet, le prince, plein de duplicité, a adressé la veille au comte de Hohenlohe une lettre dans laquelle il décrivait par le menu l'état des troupes, leur position, le nombre des caissons de munitions.

Son épouse, une jeune et jolie femme enceinte de huit mois, éclate en sanglots. Ses larmes émeuvent les aides de camp de l'Empereur qui interviennent auprès de lui pour qu'il la reçoive.

Il accepte. Le soir, on introduit la jeune femme auprès de l'Empereur qui attend devant une cheminée où brûle un grand feu.

Elle s'exclame :

« Sire, mon mari est incapable de déloyauté! »

Il lui montre la lettre pour preuve de sa trahison. Naïve, elle s'exclame :

« C'est bien son écriture! »

Malgré tout, il est ému par sa détresse. Il lui dit :

« Eh bien, madame, jetez cette lettre au feu. Je ne serai plus assez puissant pour faire punir votre mari. »

Ce bon mouvement de clémence, qu'il rapporte aussitôt à Joséphine dans une lettre pour lui montrer son humanité, ne l'empêche nullement de se montrer impitoyable avec la Prusse. Il en veut au roi Frédéric-Guillaume et à la belle reine Louise de l'avoir entraîné dans une guerre qu'il ne souhaitait pas et qu'il a tout fait pour éviter. Maintenant, il veut l'anéantissement de l'armée prussienne. C'est bientôt chose faite : après le prince de Hohenlohe, le prince Auguste de Prusse, c'est au tour du fameux Blücher, qui voulait aiguiser son sabre sur les marches des Tuileries, de capituler près de Lübeck.

C'est alors que germe une idée qui va se concrétiser ici : pour en finir avec l'Angleterre, il imagine le blocus continental qui répond au blocus des Anglais. Asphyxier l'Angleterre par là où elle est le plus sensible, son point vital : le commerce. Ce n'est pas de gaieté de cœur qu'il a renoncé à une paix qu'il a entrevue quelques mois plus tôt avec Fox après la disparition de Pitt, littéralement mort de rage après la victoire d'Austerlitz. Mais Fox est mort à son tour. Et l'Angleterre, après avoir fait mine de vouloir mettre fin à une guerre qui lui

coûte cher, a repris les hostilités. Renonçant définitivement à son projet d'invasion, rendu impossible par la défaite de Trafalgar, il va mettre sur
pied une politique qui vise à ruiner l'Angleterre.

Mais ce projet de blocus continental, pour être
efficace, doit contraindre tous les pays européens
à fermer leurs portes au commerce anglais. Comment leur imposer de rompre leurs relations com-
merciales avec Londres ? Ce blocus continental
contient en germe la poursuite infinie de la
guerre. Car aucun pays ne doit faire défection.
Mais comment réagiront les populations des ports
qui seront ruinées par cette politique impitoyable ? Le 22 novembre, il signe le décret de
Berlin qui met en place le blocus continental
contre l'Angleterre : « Je veux conquérir la mer
par la puissance de la terre », écrit-il à Joseph.

Paradoxe des paradoxes, pour faire la paix, une
paix avec l'Angleterre qui s'éloigne toujours, il va
devoir encore faire la guerre. Comme si son
démon refusant de le laisser en repos voulait le
maintenir toujours sous le feu des armes. Et commence à cette date la folle aventure qui va le
conduire, à travers l'Europe, à vaincre sans cesse
un ennemi qui, comme l'Hydre, est toujours
renaissant.

Ce blocus continental qui le contraint à la guerre
perpétuelle, n'est-il pas la devanture politique
d'une nécessité qui tient à la nature même de son
pouvoir — un pouvoir qui, faute de légitimité
dynastique, doit toujours être confirmé par les
armes ? Il le sentait déjà avec sa clairvoyance habi-
tuelle en 1802 : « Mon pouvoir tient à ma gloire et
ma gloire aux victoires que j'ai remportées. La

conquête m'a fait ce que je suis, la conquête seule peut me maintenir. »

Mais pressent-il aussi que, dans cette logique de la fuite en avant dans les victoires, s'inscrit sa perte ? L'accepte-t-il comme une fatalité qui l'unit aux plus grands : à Alexandre et à César dont le destin d'exception est d'avoir été finalement vaincus au sommet de leur gloire ?

À peine a-t-il soumis la Prusse que la Russie relève la tête. Le tsar Alexandre, qui est toujours prisonnier de l'alliance anglaise, n'a pas oublié la cuisante défaite de ses troupes à Austerlitz. Il a envoyé contre lui un de ses plus prestigieux généraux, Bennigsen, qui se vante de réussir là où Bagration et Langeron ont échoué. Alexandre, personnage complexe, éprouve vis-à-vis de Napoléon un mélange d'admiration et de jalousie. Il voudrait lui ressembler et, en lui infligeant une sévère défaite, se parer de sa lumière de conquérant invincible. Il finira par y parvenir. Mais beaucoup plus tard et à quel prix ! En attendant, avec une témérité qu'il partage avec le présomptueux Bennigsen, lui aussi voudrait, bien qu'héritier du trône — dans des conditions certes obscures et criminelles puisque son père, Paul I$^{er}$, a été assassiné avec la complicité des Anglais, et peut-être la sienne —, trouver par une victoire éclatante sa légitimation auprès des cours européennes.

Mais il faut un peu plus qu'un Bennigsen pour venir à bout de Napoléon.

# XIII

Elle est blonde, farouche, passionnée : polonaise. Cette très belle jeune femme de dix-neuf ans à la carnation rose et dorée, comme celle des enfants, est d'autant plus attirante qu'elle est pure et fidèle à ses devoirs d'épouse. Cette chasteté qui l'auréole, comme les madones peintes et surdorées des églises de Cracovie, on sait qu'il est, hélas, dans son destin de lui faire subir d'irréparables accrocs. L'histoire l'a vouée à l'adultère. Et non pas d'une manière discrète, propre à protéger sa vertu d'un voile de pudeur et de discrétion. Non ! De manière tonitruante, scandaleuse. Telle une héroïne de la tragédie grecque, tout l'y prédestine : l'état pitoyable de son malheureux pays, son mariage sans amour avec un vieil aristocrate qui a l'âge d'être son grand-père. Son nom dit tout : Marie Walewska. Pour l'instant, sans savoir qu'elle est condamnée à commettre une faute qu'elle se refuse même à imaginer — peut-être le pressent-elle, en jeune femme experte à jouer à cache-cache avec ses désirs profonds —, elle résiste. Ou feint de résister, comme Napoléon à Austerlitz devant les Russes pour mieux les prendre au piège. Tout cela de manière inconsciente, car il serait dommage d'abîmer l'une des rares icônes de cette épopée — elle compte tant de femmes peu scrupuleuses qui, sur le modèle de Joséphine, ne brillent ni par leur vertu, ni par leur désintéressement.

Dans son palais de Varsovie, on vient de lui apporter un magnifique bouquet de roses. Elle lit fébrilement la lettre qui l'accompagne : « Je n'ai vu que vous. Je n'ai admiré que vous. Je ne désire que vous. Une réponse bien prompte pour calmer l'impatiente ardeur de… N. »

« Le messager attend une réponse », dit la femme de chambre.

Ce messager n'est autre que le prince Jozef Poniatowski, chef du gouvernement provisoire polonais.

« Il n'y a pas de réponse », déclare avec hauteur la jeune femme, tout à la fois flattée par la passion qu'exprime cette lettre et froissée de ce ton trop direct, impératif, ne s'embarrassant pas de fioritures, si peu attendu de la part d'un homme qui incarne une nation réputée pour son art de la galanterie.

Quelle femme du monde, appartenant à la meilleure société de Varsovie, pourrait répondre autrement à une injonction aussi comminatoire ? Sans doute, dans son esprit romanesque, attendait-elle d'un héros aussi légendaire plus de poésie dans l'expression de ses sentiments. Certainement autre chose que cette rudesse militaire à peine digne d'un Murat.

Avec ce refus pourtant, une histoire d'amour commence. Un roman passionné, pur, douloureux, pathétique, qui va unir une douce jeune femme idéaliste et un conquérant qui semblait avoir renoncé aux feux de l'amour. Une liaison amoureuse qui forme une parenthèse sentimentale de quelques mois entre deux batailles décisives et où se mêlent, de part et d'autre, des sentiments sincères et des arrière-pensées politiques. Napoléon, en séducteur sans scrupules, profite des espoirs que nourrit la jeune femme — et tous les Polonais — de voir restaurer le royaume de Pologne. Un projet propre à contrecarrer totalement ses visées en matière européenne qui nécessitent à long terme de ne mécontenter ni la Prusse ni la Russie ni l'Autriche, trois prédateurs intéressés au premier chef à se partager la dépouille de la malheureuse Pologne. Mais n'est-ce pas le propre des séducteurs pour arriver à leurs fins de prodiguer des paroles qui font rêver et de se sentir rarement tenus de les confirmer par des actes ?

C'est pourtant elle qui, la première, s'est jetée à sa tête, quelques jours plus tôt, au relais de poste de Blonie enfoui sous la neige, le 1er janvier 1807. Elle s'était approchée de sa voiture grâce à l'entremise de Duroc et lui avait adressé, avec l'audace des timides, une fervente supplique :

« Soyez le bienvenu, mille fois le bienvenu, sur notre terre. Rien de ce que nous ferons ne rendra de façon assez énergique les sentiments que nous portons à votre personne et le plaisir que nous avons de vous voir fouler le sol de cette patrie qui vous attend pour se relever. »

Napoléon, séduit, prend alors un bouquet dans sa voiture et le lui donne :

« Gardez-le comme garant de mes bonnes intentions. Nous nous reverrons à Varsovie, je l'espère. Et je réclamerai un merci de votre belle bouche. »

La jeune femme, éberluée comme si elle sortait d'un rêve, regarde sa voiture s'éloigner. Elle place le précieux petit bouquet dans un mouchoir de batiste. Elle ne s'en séparera jamais. Pour une femme mariée, scrupuleusement attachée à son devoir d'épouse, c'est un mauvais présage.

Comment une jeune femme éperdue d'amour pour sa patrie et admirant l'homme qu'elle imagine pouvoir la sauver pourrait-elle résister longtemps à tous ceux qui la sollicitent et lui demandent d'une manière à peine voilée de se sacrifier pour cette cause sacrée ? Pendant huit jours, à Varsovie, va se nouer une intrigue digne des romans du XVIIIe siècle, experts en rebondissements polissons, pour mettre la jeune femme dans le lit du conquérant. Jozef Poniatowski, le chef du gouvernement provisoire, soutenu par tous les responsables des grandes familles, l'adjure de suivre l'exemple d'Esther avec Assuérus « qui s'est sacrifiée pour sauver sa nation et a eu la gloire de la sauver ». Et même son propre mari, le vieux Walewski, qui, en apprenti sorcier, joue les maris complaisants.

Mais plus dangereux encore est l'inexorable désir de l'Empereur qui use de tous les stratagèmes pour arriver à ses fins : fleurs, cadeaux, bijoux, lettres, déclarations passionnées et, de guerre lasse, les menaces.

Plus elle se dérobe, plus il insiste : « Vous m'ôtez tout repos. Ô, donnez un peu de joie, de bonheur à un pauvre cœur tout prêt à vous adorer. »

Cette passion monte tellement à la tête de Napoléon qu'il en devient fou de jalousie : Louis de Périgord et Bertrand faisant un brin de cour à Marie et l'ayant invitée à danser, il les fait envoyer sur-le-champ par Berthier l'un en première ligne, l'autre au quartier général de Jérôme à Breslau.

Mais elle-même? Sans doute, en dépit de ses refus et de ses airs effarouchés, se sent-elle envahie par le sentiment que cet amour a quelque chose de fatal, que le sacrifice qu'on lui demande répond aussi à un irrésistible appel de son cœur. À quel moment les deux sentiments se confondent-ils? Ils se seraient sûrement rejoints. Mais elle a affaire à un séducteur pressé qui ne lui laisse pas le temps de mûrir l'inclination qu'elle a pour lui. Il ordonne qu'on la lui amène au grand palais ducal en pleine nuit. Elle s'y résout.

Bientôt, il est à ses pieds. Suppliant. Ce soir-là, vaincu par ce qu'il distingue en elle de pureté et de chasteté, il respecte sa volonté et l'épargne, mais il lui fait promettre de revenir le lendemain. Au matin, elle reçoit des fleurs entremêlées de diamants qui, loin de la ravir, l'humilient et lui rappellent cruellement qu'il veut acheter sa vertu comme celle de la première gourgandine venue.

Mais, le soir, ayant surmonté son humiliation, elle est à nouveau au grand palais ducal. Après le dîner, on l'introduit dans l'appartement de Napoléon.

« Vous voilà enfin, dit-il. Je n'espérais plus vous voir. »

Il lui enlève son manteau, son chapeau, et l'installe dans un fauteuil devant lui. Il est encore plus empressé que la veille.

« Je veux, entends-tu bien, je veux te forcer à m'aimer. J'ai fait revivre le nom de ta patrie. Mais songe que, comme cette montre que je tiens à la main et que je brise à tes yeux, c'est ainsi que son nom périra si tu me pousses à bout en repoussant mon cœur et en me refusant. »

Et, dans un geste théâtral, il jette sur le sol la montre qui se brise. Marie s'évanouit ou c'est tout comme. Elle abandonne toute résistance. Il en profite aussitôt. Ils sont amants.

Désormais, chaque soir, ils dînent en tête à tête. Elle continue à plaider la cause de son pays. Il la réconforte avec de bonnes paroles, jurant de faire tout son possible pour restaurer le royaume de Pologne. De pieux mensonges destinés à l'entretenir dans un rêve, mais qui sont d'autant plus nécessaires à cette âme scrupuleuse qu'ils apaisent son sentiment de culpabilité. Être fourbe ne l'empêche pas d'être amoureux : « Comment ferais-je, lui écrit-il, quand la foule nous observe pour te dire : "Marie, je t'aime." Et toutes les fois que je te regarde, j'ai cette envie-là. »

Bientôt, il part pour la campagne d'Eylau. Il tente d'agir avec Bennigsen comme il a agi avec Marie. En faisant reculer les troupes de Bernadotte, il le trompe sur ses intentions réelles et le conduit dans un piège. Mais l'estafette qui porte ses ordres à Bernadotte est faite prisonnière par les cosaques. Bennigsen, détrompé, fait faire demi-tour à ses quatre-vingt mille hommes et les jette sur le village d'Eylau où ils vont donner du fil à retordre aux Français.

Au milieu de la neige et du sang, il continue à lui écrire des lettres enflammées. Quand il s'installe au château de Finkenstein après la demi-victoire d'Eylau, en avril, il appelle Marie auprès de lui.

Elle se résout alors, avec combien de scrupules et d'hésitation, à abandonner pour lui sa famille, son enfant, sa réputation et à dévoiler sa liaison au grand jour. Cette amoureuse sacrifie tout pour le rejoindre. Là, au printemps, ils vont vivre deux mois quasiment comme mari et femme, dînant chaque soir ensemble. Puis il doit repartir pour achever de remporter une victoire décisive sur les Russes. Ce sera Friedland puis la paix de Tilsit. Elle le rejoint à Königsberg. Ils passent trois jours ensemble, conscients que la vie va les séparer. Il veut qu'elle l'accompagne à Paris. Elle refuse. Elle refuse de jouer ce rôle de maîtresse officielle. Elle juge plus convenable de se retirer chez sa mère à la campagne. Il insiste. Ses supplications la touchent :

« Je sais que tu peux vivre sans moi, je sais que ton cœur n'est pas à moi. Mais tu es bonne, douce ; ton cœur est si noble et si pur ! Pourrais-tu me priver de quelques instants de félicité passés chaque jour près de toi ? Je n'en puis avoir que par toi et l'on me croit le plus heureux de la terre. »

Comment pourrait-elle résister ? Elle promet de venir le retrouver à Paris. Napoléon ne tiendra aucune de ses promesses. Mais Marie, elle, tiendra la sienne.

Bientôt elle sera enceinte. Est-ce de cette époque que lui est venue l'idée de divorcer de Joséphine qui n'a pu lui offrir un héritier ? Un an plus tôt il a eu un garçon, fruit d'une liaison avec une jolie lectrice de Caroline — ce sera le futur comte Léon. Cette naissance l'a rassuré sur sa capacité génitrice. Marie Walewska lui apportera une deuxième preuve. En fait cette pensée ne cesse de le préoccuper depuis le sacre. À quoi cela lui sert-il de créer une nouvelle dynastie s'il n'a pas d'héritier légitime ? Toutes les formules auxquelles il a songé pour éviter un divorce ont échoué : que ce soit la transmission dynastique aux aînés de ses frères, notamment Louis, ou l'adoption d'un enfant comme le suggérait Joséphine. Cette nécessité d'un enfant légitime s'impose d'autant plus à lui qu'en assurant sa dynastie il dissuadera du même coup ceux qui espèrent que sa mort mettra un terme à l'Empire. Cet enfant lui servira de bouclier.

Joséphine a beaucoup changé depuis l'époque pas si lointaine où elle le trompait avec le premier sabre venu. Est-elle plus fidèle ? Sinon par goût du moins par prudence, elle se tient à carreau. Napoléon la fait surveiller étroitement. Lui-même se fait remettre le registre aux Tuileries et à Saint-Cloud où sont notées les visites qu'elle reçoit. Lorsqu'il s'agit d'un visiteur suspect l'Empereur lui demande des comptes. Leur couple a pris sa vitesse de croisière. Un jour, se promenant incognito avec Duroc sur les boulevards, celui-ci le voit pâlir, vaciller au point de se trouver mal, au passage d'un cabriolet : c'était Hippolyte Charles, le mirliflore, amant de Joséphine en Italie, qui passait. Tout empereur qu'il fût, la blessure n'était toujours pas refermée.

Joséphine a beau faire du charme aux années, celles-ci y sont insensibles. Elle vieillit. Rien n'y pourra faire, elle peut toujours se mentir à elle-même, falsifier son état civil comme au moment de son mariage avec Bonaparte, elle aura toujours six ans de plus que lui. Follement dépensière, elle ne s'est pas assagie. Mais Napoléon l'aime pour ce qu'elle est. Il s'est habitué à son caractère de fille des îles, à sa prodigalité. Sensible au bon ton qu'elle donne à sa cour, cet air d'Ancien Régime qu'elle a su lui imprimer, elle flatte son goût des manières et du raffinement aristocratiques que les Madame Sans-Gêne de son entourage ont bien du mal à adopter. Au fond, il la trouve confortable : que ce soit au lit, au salon ou en famille. Elle a l'art de donner de la grâce au train-train de la vie quotidienne. Certes il la trompe. Ce qui est une manière de lui rendre la pareille, mais sans jamais vraiment engager son cœur.

Aussi l'idée d'un divorce ne repose-t-elle nullement sur une mésentente ni sur la lassitude. Elle est strictement politique. Et dans les scènes qui ne manqueront pas d'avoir lieu lorsqu'il lui fera part de sa décision, il ne cessera de lui répéter que l'amour n'est pas en cause. Seule la raison d'État justifie sa conduite. « Ne cherchez pas à m'émouvoir. Je vous aime toujours, mais la politique n'a pas de cœur, elle n'a que de la tête. »

Car chez lui bizarrement coexistent le joueur adonné à tous les paris aventureux et l'homme presque pantouflard qui se réchauffe dans la vie de famille, la tranquillité studieuse ou futile de la Malmaison. À son attachement pour Joséphine s'ajoute l'affection qu'il nourrit pour ses enfants Hortense et Eugène qu'il a élevés. S'il ne tenait qu'à lui, il ne romprait pas cette union qui lui procure les plaisirs de la vie de famille, le charme des habitudes, le confort d'un foyer, auxquels il est d'autant plus sensible qu'il ne cesse de courir les bivouacs et les champs de bataille. Après le tumulte, il aime le calme ; après la violence des armes, il se repose en se laissant bercer par les insignifiants papotages.

Le nouveau mariage qu'il envisage, il faut bien

sûr qu'il serve sa politique autant qu'il renforce son trône. Vers quelle grande famille régnante vont ses vœux ? Quelle sera celle qui acceptera de livrer sa princesse à l'ogre révolutionnaire ?

## XIV

*Jeudi 25 mai 1807*

Un radeau ! Un esquif un peu instable pour édifier une paix durable. Les férus de symbole, pour une fois, n'auront pas tort. C'est sur un radeau improvisé, somptueusement paré de fleurs et de guirlandes, amarré au milieu du fleuve Niémen, qu'il a décidé de rencontrer le tsar après l'avoir battu à plate couture à Friedland. Les pontonniers y ont construit une maisonnette composée d'un grand salon, joliment meublé, et d'une antichambre. Il n'y a que lui pour avoir des idées pareilles ! Quel théâtre ! Toujours frapper les imaginations, donner des sujets aux peintres et aux commentateurs, épater l'assistance. Les grognards ébahis n'oublieront pas de sitôt ce spectacle, une belle occasion de faire provision de souvenirs, ces cartes postales de la mémoire qu'ils ressortiront longtemps après, à la veillée, devant un public incrédule, bouche bée devant leurs récits qui semblent sortis d'un rêve.

Il attend Alexandre avec impatience. Le temps manque toujours à cet homme pressé. Galopant déjà loin dans l'avenir, échafaudant des plans sur la comète, il se réjouit à l'avance des fructueux dividendes que sa magnanimité envers le vaincu de la veille va lui rapporter. Le tsar le rejoint bientôt avec sa suite, débarquant sur le radeau dans un habit somptueux qui fait contraste avec la simple tenue de colonel de la garde de son interlocuteur : uniforme noir, un parement rouge, culotte blanche, chapeau orné de plumes blanches et noires.

Les deux empereurs s'embrassent.

« Sire, déclare Alexandre, je hais les Anglais autant que vous.

— En ce cas, répond Napoléon, la paix est faite. »

Ainsi commencent, dans un climat de séduction et de mauvaise foi, les pourparlers qui aboutiront aux traités de Tilsit. Une paix radieuse conclue sous un soleil triomphant dans une chaleur accablante, au cours d'une de ces journées interminables du septentrion où le soleil ne se couche pas et semble éterniser sa clarté au pays des nuits blanches. Un accord de paix propre à décourager à jamais ceux qui croient à la validité des traités et à la sincérité de ceux qui les concluent. S'il est bien un moment où la politique ressemble à l'amour, c'est ce jour-là : on joue à être heureux, à se croire sincère, à se promettre une fidélité impossible, autant de serments qui ne feront que des dupes ou de futurs parjures.

Les deux empereurs sont jeunes : Alexandre a vingt-neuf ans, Napoléon trente-huit ans. Le premier, en dépit de sa peau trop blanche qui inspire un malaise, est beau, élégant avec un sens exquis des usages ; le second, qui commence à s'empâter, a des manières plus rudes. Entre ces deux experts en séduction, c'est un concours à qui va charmer l'autre. Alexandre, dans ce domaine, tient la palme : pour plaire, il n'hésite pas à dire le contraire de ce qu'il pense. Leur amitié, sur ce radeau, doit tout aux circonstances, rien à l'inclination réciproque. Tout les oppose : la naissance, l'éducation, le caractère, les visées politiques. Seuls les événements leur ont imposé ce moment de réconciliation auquel ils se prêtent avec des arrière-pensées différentes.

Le plus désireux de conclure une paix durable est certainement Napoléon : son système du blocus continental, si contraignant, rend nécessaire une alliance avec la Russie. Elle seule lui permettra de tenir l'Europe sous sa coupe et d'amener l'Angleterre à la paix. Il désire tellement cette alliance avec la Russie que, déjà, germe dans son esprit l'idée de divorcer et d'épouser une des sœurs du tsar. Lien de parenté qui affermirait leur alliance. Dans la corbeille de mariage, il est disposé à céder les dépouilles de l'Empire ottoman, à permettre à la Russie de s'accroître de la Finlande. Il est même prêt à accueillir le roi de Prusse, très lié avec Alexandre, à la table des négociations. Il se fait d'abord prier, employant une expression qui sent son corps de garde :

« J'ai souvent couché à deux, jamais à trois. »

Mais c'est bon, Frédéric-Guillaume est admis aux discussions. Ce qui ne l'empêche pas d'être le grand perdant de l'opération.

Ce que Napoléon ne voit pas, tant est grand son désir d'aboutir, c'est le caractère d'Alexandre, ni le monde dans lequel il évolue. Il pense le tsar plus puissant qu'il ne l'est en réalité. Il minimise les pesanteurs russes : l'influence de la cour, de l'impératrice douairière, Maria Féodorovna, le type même de la mère castratrice, les généraux hostiles à la France. Il ne tient aucun compte du peuple russe. Enfin, il ignore tout du caractère ondoyant, complexe, tortueux d'Alexandre qui est un tissu de contradictions. À la fois entêté et influençable, aspirant sur le modèle de son ancêtre Catherine II à jouer le libéral auprès des Européens, l'homme est ouvert aux idées nouvelles, mais, en même temps, il a conscience d'être un Romanov, fier des privilèges de sa caste. On a dit de lui « trop faible pour régir, trop fort pour être régi ». Il oscille sans cesse entre le libéralisme et un penchant héréditaire vers l'autocratie. Une part de lui-même, idéaliste, est attirée par l'Europe, ses arts, ses écrivains, ses Lumières, une autre reste obstinément enlisée dans la féodalité du monde russe, l'archaïsme de ses traditions, le conservatisme des boyards, le refus de l'Occident et du monde moderne. Il est double : il va l'être avec Napoléon. Comme il a deux ménages, l'un officiel avec l'impératrice Élisabeth, l'autre dissimulé avec sa maîtresse Marie Narychkine, il a également deux politiques.

À ce caractère tout en contradictions et en duplicité, il faut ajouter les ravages de la culpabilité liée à l'assassinat de son père, Paul I$^{er}$, et son inclination pour le mysticisme. Récemment encore, il a été marqué par la prédiction d'un starets qui, avant Austerlitz, l'avait adjuré de ne pas affronter les Français.

Comment, dans ces conditions, négocier durablement avec ce caractère de sable mouvant qui dit oui quand il pense non, subit des influences contraires et vit dans une perpétuelle quête d'absolu qui, plus tard, le jettera dans les bras d'une sorcière mondaine, Mme de Krudener ? Un homme tantôt trop hésitant, tantôt trop sûr de lui, que ronge l'angoisse d'un complot. Il est bien placé pour savoir qu'on se débarrasse facilement d'un tsar. Le clan anglais, très puissant à la cour, qu'il arrose de subsides, ne se prive pas de lui rappeler, chaque fois qu'il est tenté de faire un pas vers la France, le sort de son père lorsqu'il a voulu s'allier avec Napoléon.

Tandis que, tout sourire et tout charme dehors, il prodigue des amabilités à Napoléon, ce velléitaire se demande s'il a raison de négocier. Peut-être aurait-il dû suivre les conseils du général Bennigsen qui l'encourageait à résister, à laisser Napoléon franchir le Niémen et s'épuiser dans l'immensité russe en détruisant son armée à coups de guérilla. Entre la négociation et la résistance, comme toujours, il a hésité, comme il hésite en matière gouvernementale entre les réformes et l'immobilisme, et, plus tard, hésitera entre les ors du trône et l'obscurité de la vie monastique.

Mais, puisqu'il a choisi de discuter, autant en profiter pour tirer le maximum d'avantages de Napoléon quitte, plus tard, si les choses tournent mal, à se défaire de cet allié encombrant. Peut-être imagine-t-il déjà avec effroi le tollé que va provoquer à Moscou cet accord avec le parvenu corse, comme l'appelle avec mépris sa mère, l'impératrice douairière. Dans la bonne société, on se gaussera des négociateurs de Tilsit, disant qu'ils auraient dû revenir sur des ânes. Mais le peuple aussi, remonté par ses popes et le parti religieux, risque de s'insurger contre ce compromis avec un homme notoirement antireligieux. Enfin, les marchands craignent d'être ruinés par la paralysie du commerce et les propriétaires terriens s'alarment de ne plus pouvoir exporter leurs céréales. Le blocus continental, qui va mettre en émoi la classe dirigeante, soulève une opposition virulente de tous les commerçants, pas seulement russes, mais européens, lésés dans leurs profits quand ils ne sont pas mis en faillite.

En attendant cet orage qui va grandir, l'atmosphère est au beau fixe.

Napoléon, étendant devant son interlocuteur une carte de l'Europe, allume la convoitise et les rêves du jeune empereur.

« Nous pouvons nous partager tout cela. »

Comment Alexandre n'éprouverait-il pas un moment d'ivresse à l'idée d'agrandir son empire ? Le petit-fils de Pierre le Grand, qui doute de lui, commence à faire ses emplettes dans le grand bazar de ces pays qu'on lui propose de satelliser. Mais cette ivresse ne l'empêche pas de tenir un double langage. Dans le même moment où il donne l'impression à Napoléon d'être subjugué par ses vastes projets, il écrit à sa mère : « Il faut que la France puisse croire que son intérêt est de s'allier avec la Russie. »

Quant à Napoléon lui-même, il se grise de sa propre puissance. Il se prend pour le maître du monde. À cet instant, il l'est... sur le papier. Il dépèce l'Europe à sa guise, se gardant les bons morceaux. Surtout, il voit son obsession devenir une réalité : l'Angleterre, qu'il n'a pu vaincre par la mer, va, grâce à l'entremise d'Alexandre, être contrainte de négocier. Une longue paix s'ouvre devant lui ou plutôt devant son rêve. Avoir réussi à associer la Russie à la lutte contre l'Angleterre juste après l'avoir vaincue à Friedland, c'est l'éclatant succès de Tilsit. Un succès brillant qui dissimule un gouffre.

Hormis le roi de Prusse, dépossédé et humilié, Tilsit ne fait que des heureux. Le seul malheureux, bien trop poli non seulement pour être honnête, mais pour montrer sa réprobation et ses craintes, c'est Talleyrand. Dans une lettre où il félicite Napoléon de son succès de Friedland, au milieu de compliments hyperboliques derrière lesquels il dissimule ses froides pensées secrètes, il ose une phrase qui, dans son style onctueux, sonne presque comme un avertissement : « J'aime à considérer cette victoire comme la dernière que Votre Majesté sera forcée de remporter ; c'est par là qu'elle m'est chère. » Dire crûment à Napoléon, qui vient de procéder à de nouvelles conscriptions en vue de l'application par la force des dispositions du blocus, de cesser de faire la guerre, c'est prendre des risques...

Avec Tilsit, donc, les craintes de Talleyrand culminent. C'est tout le contraire de la politique qu'il préconisait : l'alliance russe au lieu de l'alliance avec l'Autriche. « J'étais indigné de tout ce que je voyais, de tout ce que j'entendais, mais j'étais obligé de cacher mon indignation. » En privé, il n'a pas de mots assez durs pour stigmatiser le « gigantesque et désastreux » blocus continental dont il prévoit que, comme la boîte de Pandore, il va libérer sur l'Europe tous les maux possibles et imaginables. C'est un système admirable dans sa conception, mais qui, dans sa réalisation, réunit toutes les conditions d'une explosion générale. Quant à Marie Walewska qui a fait retraite dans son domaine, la création du grand-duché de Pologne ne lui fournit pas matière à vraiment se réjouir : tout au plus à nourrir un espoir. Désormais, de quoi d'autre vivra cette femme aimée, mais tout aussitôt sacrifiée à la raison d'État ?

Pourtant, tout le monde à Paris accueille la paix de Tilsit avec des ovations et des délires de joie. Comme jadis la victoire de Marengo. On ne trouve plus de mots pour saluer le génie de l'Empereur. La rente qui, à l'époque du Directoire, était à 11, fait un bond à 61 pour atteindre 93 le jour du retour de l'Empereur. La finance est tout aussi aveugle que l'opinion. Talleyrand est le seul à pressentir la tragédie qui se met en place, le seul à soupçonner que cet apogée marque le début de la fin.


## XV


*Mardi 4 octobre 1808*
Devant un parterre de rois, d'altesses, anciennes et nouvelles, de diplomates, de jolies femmes, de chambellans, on célèbre en grande pompe, dans le théâtre d'Erfurt, une entente entre les deux puissances de la terre, esquissée à Tilsit il y a un an : le point d'orgue des festivités brillantes dont Talleyrand est le maître de cérémonie, une pièce

de Voltaire, *Œdipe*, interprétée par les plus grands acteurs du Théâtre-Français. Le célèbre Talma dans le rôle-titre prend son temps et, avec tout le sentiment dont il est capable, dit ce vers en détachant les syllabes :

« L'amitié d'un grand homme est un bienfait des dieux. »

À ces mots, Alexandre se lève, serre la main de Napoléon assis à côté de lui dans la loge. Une ovation salue ces paroles. Le public, debout, applaudit longuement les deux empereurs qui se portent mutuellement un toast.

Tout cela a évidemment été mis en scène par Napoléon qui n'a rien à envier à Talma. Tandis que les applaudissements crépitent à tout rompre, les deux empereurs, amis pour la vie, doivent chacun à part soi se demander si tout le monde est vraiment dupe de la comédie qu'ils jouent. Essaient-ils de se persuader eux-mêmes de la réalité d'une entente qui prend eau de toutes parts et qui, quelles que soient leurs volontés respectives, ne peut pas durer ? Elle est contre nature. Mais ce parfum de paix est si délicieux à respirer ! Comme ils aimeraient l'un et l'autre éterniser cet instant d'harmonie où tout semble possible avant que la réalité ne vienne fracasser leurs rêves… L'impitoyable *fatum* comme dans *Œdipe*.

Mais le sombre horizon de l'avenir n'empêche pas de savourer le présent. Les deux empereurs s'empressent de jouir de la fête. Ils ont entre eux des relations familières, trop familières peut-être au goût d'Alexandre. Ainsi, apprenant que le tsar a beaucoup apprécié le jeu de Mlle Antoinette Bourgouin, « la déesse de la joie et des plaisirs », et pas seulement son jeu, Napoléon lui donne des conseils :

« Je ne vous conseille pas de lui faire des avances.

— Vous croyez qu'elle refuserait ? » demande le tsar, interloqué.

L'autocrate n'a pas l'habitude de voir une actrice lui résister.

« Oh, non, mais c'est demain jour de postes et, dans cinq jours, tout Paris saurait des pieds à la tête comment est faite Votre Majesté... Et puis votre santé m'intéresse. Aussi je souhaite que vous puissiez résister à la tentation. »

Sous ces dehors de la plus franche camaraderie, chacun des deux empereurs se défie de l'autre. Ils savent que leur entente est condamnée. Napoléon s'en aperçoit lorsque ses demandes d'épouser une des sœurs d'Alexandre sont accueillies froidement par la cour de Russie. Quant au tsar, il est déçu que Napoléon ne tienne pas sa promesse concernant Constantinople. « Constantinople, jamais. C'est l'empire du monde. » Rarement autant de fastes déployés, de congratulations, de démonstrations d'amitié n'ont sonné aussi faux que durant ces journées d'octobre, rendez-vous des élites européennes.

Tilsit, c'était l'ivresse. Erfurt, un an plus tard, la gueule de bois. Mais, loin d'arrêter les frais, Napoléon, qui sans doute s'illusionne encore, veut donner le change. En prodigieux artiste des événements, il veut persuader le tsar qui prend ses distances que rien n'a changé. Ce prestidigitateur voudrait qu'aux yeux de l'Europe, on ne retienne que le succès de la rencontre car tant qu'on croira à la solidité de l'alliance, personne n'osera rien tenter contre lui. C'est vouloir faire passer une souris pour un lapin, un divorce pour un mariage, un échec pour un succès.

Non seulement Napoléon a rameuté le ban et l'arrière ban des cours allemandes mais, fidèle à sa marotte qui est de séduire les grands esprits quand ils ne sont pas trop indociles comme Mme de Staël ou Chateaubriand, il a tenu à se faire présenter à Goethe. Rencontre qui, pour l'un comme pour l'autre, revêt une grande importance car ils communient dans une même conception exprimée par Goethe : « Un grand homme ne peut être reconnu que par ses pairs. » Et ce qui frappe dans leur échange, c'est ce sentiment que, soudain, par la grâce et la puissance de l'esprit, on n'est plus à Erfurt, dans le royaume de Saxe, mais dans des hauteurs qui placent les deux interlocuteurs loin des contingences politiques et presque hors du monde. Nul mieux que Goethe n'a compris Napoléon : « Il vivait toujours dans l'idéal et n'en avait cependant pas conscience ; il niait l'idéal et lui refusait toute réalité tandis qu'il en poursuivait avec ardeur la réalisation. Mais sa raison, si lucide, si incorruptible, ne pouvait supporter perpétuellement cette contradiction intérieure. »

Voici les deux hommes face à face. Ils se parlent. Talleyrand saisit tout le sel de ce prodigieux échange.

« Vous êtes un homme, monsieur Goethe. »
Goethe s'incline.

« J'ai lu sept fois votre *Werther* et toujours avec un nouveau charme. Je ne vous ferai qu'un reproche ; vous avez représenté Werther poussé au suicide autant par les chagrins de l'ambition froissée que par sa passion pour Charlotte. Ce n'est pas naturel, vous avez affaibli chez le lecteur l'idée qu'il s'était faite de l'immense amour que Werther éprouvait pour Charlotte. Il y a là une discordance.

— C'est une remarque très juste, sire. »

Goethe est si sensible à cette critique qu'il corrigera cette « discordance » dans les prochaines éditions de *Werther*. Napoléon ne lui adresse aucun reproche sur le suicide dont lui-même a subi la sombre attraction dans sa jeunesse mais qu'il ne perd jamais une occasion de condamner. Pourtant, *Werther*, comme dit Mme de Staël, est « responsable de plus de suicides que la plus belle des femmes du monde ».

Napoléon poursuit :

« Je sais que vous êtes le premier poète tragique de l'Allemagne.

— Sire, nous avons en ce moment Wieland qui est connu dans toute l'Europe.

— Je serais bien aise de voir M. Wieland ! Parle-t-il français ?

— Il le sait, il a lui-même corrigé plusieurs traductions de ses ouvrages faites en français.

— Pendant que vous êtes ici, il faut que vous alliez tous les soirs à nos spectacles. Cela ne vous fera pas de mal de voir représenter les bonnes tragédies françaises. Vous n'êtes pas si rigoureux que nous dans les règles du théâtre.

— Sire, les unités chez nous ne sont pas essentielles.

— Monsieur Goethe, vous devriez rester ici et

écrire l'impression que vous fait le grand spectacle que nous vous donnons.

— Ah, sire, il faudrait la plume de quelque écrivain de l'Antiquité pour entreprendre un travail semblable.

— Êtes-vous de ceux qui aiment Tacite ?

— Oui, sire, beaucoup.

— Eh bien ! Pas moi ! Mais nous parlerons de cela une autre fois. Écrivez à M. Wieland de venir ici. Venez ce soir à *Iphigénie*. C'est une bonne pièce. Elle n'est pas une de celles que j'aime le mieux, mais les Français l'estiment beaucoup. »

Goethe assiste à la représentation de *Mahomet* que Napoléon a voulu faire jouer afin de savourer toutes les allusions qui pourraient être faites à sa personne :

*Les mortels sont égaux, ce n'est point la naissance*
*C'est la seule vertu qui fait la différence*
*Il est de ces esprits favorisés des cieux*
*Qui sont tout par eux-mêmes et rien par leurs aïeuls.*

Trois jours plus tard, à Weimar, dans une salle de bal, après une représentation de *La Mort de César* de Voltaire, Napoléon reprend la conversation interrompue. Il s'adresse à Goethe en présence de Wieland.

« Il faudrait que la tragédie fût l'école des rois et des peuples. C'est le point le plus élevé auquel un poète puisse atteindre. Vous devriez, par exemple, écrire *La Mort de César*. Mais d'une manière plus digne et plus grandiose que ne l'a fait Voltaire. Dans cette tragédie, il faudrait montrer au monde comme César aurait pu faire le bonheur de l'humanité si on lui avait laissé le temps d'exécuter ses vastes plans. Venez à Paris, je l'exige de vous. »

Puis, se tournant vers le vieux Wieland :

« Tacite ne m'a jamais rien appris. Connaissez-vous un plus grand et souvent plus injuste détracteur de l'humanité ? Aux actions les plus simples, il trouve des motifs criminels : il fait des scélérats profonds de tous les empereurs pour faire admirer le génie qui les a pénétrés. On a raison de dire que *Les Annales* ne sont pas une histoire de l'Empire, mais un relevé des greffes de Rome. Ce sont toujours des accusations, des accusés et des gens qui s'ouvrent les veines dans leur bain. Lui qui parle sans cesse de délation, il est le plus grand délateur. Et quel style ! Quelle nuit toujours obscure ! Je l'ai entendu louer de la peur qu'il fait aux tyrans ; il leur fait peur des peuples et c'est là un grand mal pour les peuples. N'ai-je pas raison, monsieur Wieland ? Mais je vous dérange. Nous ne sommes pas ici pour parler de Tacite. Regardez l'empereur Alexandre, comme il danse bien. »

Martin Wieland qui se moque bien du tsar et de sa manière de danser reprend le fil de la conversation.

« Sire, Suétone et Dion Cassius racontent un bien plus grand nombre de forfaits que Tacite, mais ils les racontent dans un style sans énergie, tandis que rien n'est plus terrible que le pinceau de Tacite.

— J'ai affaire à trop forte partie, monsieur Wieland. Je ne me tiens pas pour battu, je consens à cela difficilement. Je retourne demain à Erfurt, nous y reprendrons notre conversation. J'ai dans mon arsenal une bonne provision d'armes pour soutenir que Tacite n'est pas assez entré dans le développement des causes et des mobiles intérieurs des événements et qu'il n'a pas assez fait ressortir le mystère des actions qu'il raconte. »

Cette apparente disponibilité de Napoléon dissimule les plus grandes préoccupations. Si attentif soit-il à resserrer les liens qui l'unissent au tsar afin d'inspirer à l'Europe une crainte salutaire, il sent que quelque chose lui échappe. Au fur et à mesure que les festivités se poursuivent — le Théâtre-Français représente quatorze tragédies —, son humeur se fait plus sombre. Il pressent que le tsar s'éloigne et que ses protestations d'amitié deviennent purement formelles. Ce qu'il ne voit pas, c'est le double jeu de Talleyrand. Celui-ci n'a jamais cru à l'alliance russe, sinon comme à une chose « fantasque ». Il la juge néfaste : la Russie est un monde barbare. Il ne l'a pas caché au tsar, esquissant cette trahison qui est l'expression d'un désaccord profond sur la politique menée :

« Sire, dit Talleyrand au tsar, que venez-vous faire ici ? C'est à vous de sauver l'Europe et vous n'y parviendrez qu'en tenant tête à Napoléon. Le peuple français est civilisé, son souverain ne l'est pas. Le souverain de Russie est civilisé, son peuple ne l'est pas. C'est donc au souverain de Russie d'être l'allié du peuple français. Le Rhin, les Alpes, les Pyrénées sont les conquêtes de la France. Le reste est la conquête de l'Empereur. La France n'y tient pas ! »

Même s'il n'est plus ministre — il a été remplacé au ministère des Relations extérieures par le fade Champagny —, Napoléon continue à l'employer pour être son représentant auprès des grandes puissances et, paradoxalement, défendre une politique qu'il désapprouve quand il ne la torpille pas. Encore pourrait-il être loyal. Mais cela n'a jamais été son point fort. Il en serait capable — il est capable de tout —, cependant il sent que la période de grande complicité entre Napoléon et lui s'achève. Ivre de sa puissance après Tilsit, l'Empereur veut tout décider par lui-même. Il ne supporte plus la contradiction, ni même les avis. Il ne veut plus de conseillers, mais des commis aussi obéissants et aveugles que ses préfets. Son autoritarisme ne connaît plus de bornes. À Erfurt, devant une assistance stupéfaite, on l'a entendu admonester le roi de Bavière qui parlait trop fort :

« Roi de Bavière, taisez-vous. »

En trahissant Napoléon, Talleyrand ne fait que prendre ses distances — en en tirant, selon son habitude, de substantiels profits — avec la politique du blocus continental qui ne peut mener qu'à l'abîme, à la guerre ou au malheur des peuples. Il accompagnait l'Empereur tant que celui-ci lui donnait l'impression qu'après avoir jeté sa gourme guerrière, il s'assagirait. Il ne le croit plus. Aussi ce n'est pas un rat qui quitte doucement le navire, plutôt un chat angora, voluptueux et indépendant, qui a un instinct très sûr non seulement de son intérêt mais des conditions qui permettent à cet intérêt de s'épanouir. Les époques de guerre ne sont pas favorables au plaisir. Et ce plaisir, c'est le seul maître auquel l'ancien évêque d'Autun ait jamais été fidèle. Pour que ce plaisir soit complet, il lui faut le charme de la civilisation, le délice de vivre au milieu des jouissances et l'argent sans

263

lequel rien n'est possible. Il n'aime pas l'aventure. Il déteste le drame, la violence, le risque. Il l'a prouvé en quittant prudemment la France en 1792 pour se réfugier le plus loin possible de la barbarie des conventionnels. Aussi, à Erfurt, avec le tsar, avec Metternich qui représente l'empereur d'Autriche, il ne craint pas de desservir les projets de Napoléon en découvrant ses desseins. En homme avisé et cynique, il prépare sa reconversion dans une Europe enfin devenue raisonnable après le passage de ce génie qui ressemble par trop à une tornade.

À Erfurt, il y a une question dont personne n'a parlé alors que tout le monde y pensait : l'Espagne. La capitulation des Français à Baylen a fait l'effet de la foudre. Elle a révélé l'étendue du piège dans lequel Napoléon s'est laissé enfermer.

Sitôt les lampions de la fête éteints à Erfurt, les théâtres démontés, les actrices parties, Napoléon monte à cheval. Sans perdre de temps, il se précipite en Espagne pour tenter de conjurer le désastre.


XVI


*Le 30 novembre 1808*

Il est arrivé tard dans la nuit, escorté par les grenadiers de la garde. Le pas des chevaux a retenti lourdement sur le pavé de la ville de Buitrago. Les ordres brefs ont claqué dans un cliquetis de mors et d'éperons. On lui a déniché la moins mauvaise chambre dans la maison de l'alcade. À l'ombre du vieux château, elle donne sur la rivière, la Lozoya, dont les eaux sombres serpentent autour de la ville. Au loin, on distingue, éclairées par la lune, les montagnes enneigées de la Sierra de Guadarrama. Devant un feu dans la cheminée, il se prépare à passer une nuit un peu moins mauvaise que celle de la veille à Boceguillas : faute de logis convenable — toutes les maisons avaient brûlé —, il n'a eu d'autre ressource que de se réchauffer à un bivouac avec les grenadiers, enveloppé dans la pelisse que lui a offerte le tsar Alexandre. Maintenant, les yeux fixés sur ce feu qui chauffe mal cette grande chambre humide blanchie à la chaux, ornée de meubles noirs, il ressasse des pensées amères : cette Espagne l'exaspère. Une sottise ! Un chancre qui va empoisonner toute son œuvre. Il s'y est fourvoyé. Elle lui échappe toujours. Il aura beau gagner des batailles, c'est un pays qui se dérobe. Il n'offre pas de véritables fronts. L'ennemi est partout et nulle part. Quand il aura vaincu les troupes anglaises du général Moore ou les forces de la junte, il n'aura pas pour autant abattu cette guérilla de paysans qui s'allume à l'improviste comme un feu de maquis. C'est tout un peuple qui prend les armes, exalté par des moines fanatiques. À quoi bon rétablir Joseph sur son trône si le peuple ne veut pas de lui ? L'imbroglio créé par l'abdication forcée du roi Charles IV, qu'on a installé à Compiègne avec son épouse Marie-Louise flanquée de son amant inséparable, Godoy, le prince de la paix, et la mise en résidence surveillée à Valençay, chez Talleyrand, de leur fils, Ferdinand

VII, n'ont pas pour autant rendu Joseph populaire auprès des Espagnols. C'est contraint et forcé que celui-ci est passé du royaume de Naples à celui d'Espagne, d'où l'insurrection de Madrid vient de le chasser. L'Espagne tout entière se lève contre les Français. Pourtant, il doit tenter, toujours tenter, même quand il sait que cela ne mène à rien. Dans deux jours, il sera devant Madrid. Les insurgés devront rendre les armes. Sinon... Mais ils les rendront. Et le feu reprendra ailleurs.

Il a beau avoir durci son cœur, les témoignages qu'on lui rapporte chaque jour lui inspirent un insurmontable dégoût. Jamais les récits des tortures infligées aux soldats par les partisans n'ont atteint ce degré d'atrocité. Ceux-ci ne respectent personne, ni les femmes, ni les officiers. Les représailles de la troupe sur les populations civiles sont tout aussi cruelles. Les atrocités s'engendrent les unes les autres. On ne peut en venir à bout. C'est un engrenage infernal. Quelle inhumanité peut habiter ce peuple capable de martyriser à ce point les officiers ? On a retrouvé un général attaché à un arbre encore vivant. Ses tortionnaires lui avaient scié les bras et les jambes. Ce qu'il craint, ce ne sont pas tant les atrocités, il y en a toujours — peut-être pas à ce degré d'abomination ? —, c'est leur généralisation et sa conséquence : la démoralisation de la troupe. Pour faire la guerre, il ne faut pas se laisser contaminer par le désespoir. Comment les soldats n'y céderaient-ils pas devant ces spectacles qui s'étalent chaque jour sous leurs yeux ? On ne compte plus les grenadiers qui se suicident. Partout, comme à Burgos d'où il vient, on sent l'odeur des incendies, une fumée empuantie qui suit les saccages et qui se mêle aux effluves nauséabonds du vin répandu sur le sol. C'est une odeur de terre brûlée qui suit l'armée. Une odeur de défaite. Depuis la capitulation du général Dupont à Baylen, qui a provoqué l'évacuation de Madrid et l'exaltation du peuple espagnol, on ne peut plus reprendre les choses en main. La situation se délite.

On frappe à sa porte. C'est Yvan, son chirurgien, qui lui apporte des nouvelles de Philippe de Ségur, son aide de camp, gravement blessé dans la matinée au cours de l'assaut dans la Sierra.

« Alors ?

— Il y a peu de chances, dit Yvan en hochant la tête.

— Encore une mauvaise nouvelle ! »

Celle-là le touche particulièrement. Il s'est attaché à ce jeune aide de camp. Petit-fils du maréchal de Ségur, à qui il doit son brevet d'officier, il fait partie de ces rejetons des grandes familles de l'aristocratie qui l'ont rallié. En matière de bravoure, il a fait ses preuves. Il l'a vu à l'œuvre à Austerlitz, à Iéna, à Posen où il a eu un cheval tué sous lui avant d'être blessé et fait prisonnier par les Kalmouks du général comte Ostermann-Tolstoï. C'est à peine revenu de captivité qu'il est arrivé en Espagne.

L'attaque du col de Somosierra a commencé au petit jour.

C'est un ciel brumeux et glacé qui enveloppe la Sierra de Guadarrama, dernier verrou montagneux sur la route de Madrid. Dans cette formidable forteresse naturelle, réputée inexpugnable, qui forme l'épine dorsale de l'Espagne, douze mille hommes, sous les ordres du général Benito de San Juan, se sont établis. Celui-ci a organisé sa défense en échelons le long de la petite route qui monte vers le col à mille cinq cents mètres d'altitude. Les batteries sont installées à chaque coude de la route, derrière de solides parapets en pierre ; une batterie de dix-huit pièces défend le sommet du col. Partout sur la montagne, des tirailleurs sont embusqués. Ils sont d'autant plus braves qu'ils se sentent invincibles.

La division Ruffin a tenté l'escalade du col. Les fantassins, foudroyés par la mitraille, ont dû battre en retraite. Napoléon s'exaspère de ce retard imposé à ses plans. Il demande au colonel Piré d'aller lui rendre compte de la situation. Celui-ci part au galop. Quand il revient une demi-heure plus tard, son visage porte toutes les marques de l'effroi.

« Sire, dit-il, c'est impossible. Nous ne passerons pas. »

Napoléon s'énerve. Décidément, l'Espagne ne lui apporte que des contrariétés.

« Comment ? Impossible ! Je ne connais pas ce mot-là. Il ne doit y avoir pour mes Polonais rien d'impossible. »

Et, de fureur, il fait siffler sa cravache, frappant le pommeau de sa selle.

Le général Walter, commandant de la garde, tente de le calmer.

« Sire, un moment de patience ; l'infanterie monte sur le flanc ; l'ennemi va être abordé de plain-pied sur ses deux ailes ; c'est alors qu'une charge au centre l'achèvera. »

Napoléon, mécontent, bougonne.

« Impossible ! Quoi ! Ma garde arrêtée par des paysans, des bandes armées ! »

S'adressant à Philippe de Ségur :

« Partez, Ségur, allez ! Faites charger mes Polonais ! Faites-les tous pendre ou ramenez-moi des prisonniers. »

Ségur se précipite au milieu des baïonnettes dressées des fantassins et rejoint Kozietulski. Il lui transmet l'ordre :

« Commandant, l'Empereur nous ordonne de charger à fond et sur-le-champ. »

Le colonel Piré s'interpose. Il s'exclame :

« Je lui ai dit que c'était impossible !

— Il n'en croit rien, répond Ségur.

— Eh bien, dit Piré, viens donc regarder toi-même et vois si le diable, tout à fait au feu qu'il doit être, pourrait mordre là-dessus. »

Et il l'entraîne devant un rocher : une grêle de balles et un feu de mitraille s'abattent aussitôt sur eux.

« C'est égal ! s'exclame Ségur. L'Empereur est là et il veut qu'on en finisse ! Alors, commandant, à nous l'honneur. Rompez par pelotons et en avant ! »

Devant ce déluge de feu, toute autre troupe aurait hésité. Pas les Polonais. À peine Ségur a-t-il dégainé son sabre que l'escadron des chevau-légers s'est lancé à l'assaut, poussant son cri de guerre.

Enfiévrés par l'ordre de l'Empereur qui stimule leur bravoure, les lanciers, coiffés de leur fameuse chapka rouge à plumet noir, éperonnent leur monture et affrontent un feu roulant qui se déchaîne sur eux. Mais, déjà, la brume se dissipe et ils offrent une cible de choix aux tireurs espagnols qui les mitraillent. À la première défense, un tiers s'effondre ; leur commandant Kozietulski est blessé. Les lanciers repartent à l'attaque : ils sabrent les servants sur leurs pièces et parviennent au sommet du col. Leur apparition, blessés, couverts de sang, mais toujours animés d'une bravoure inouïe, sème la panique chez les Espagnols qui lâchent prise et se débandent, abandonnant leurs caissons et leurs canons.

Ségur, au cours de la charge, est touché par plusieurs balles qui ne font que l'érafler. Mais un biscaïen le frappe en pleine poitrine. Un nouveau coup de feu le blesse au côté droit. Il arrive jusqu'à la redoute, suivi par le lieutenant Rudowski : celui-ci, foudroyé à son tour, tombe raide mort, comme le lieutenant Rowicki et le capitaine Dziewanowski. Quarante sous-officiers et lanciers jonchent le sol. Une vingtaine ont échappé au massacre. Niegolewski, l'un des rares officiers survivants avec Kozietulski, est frappé à son tour. Grièvement blessé, on le ramène à l'entrée du défilé où l'Empereur attend les résultats de l'assaut. Celui-ci fixe sa lorgnette sur les cimes tenues par les lanciers polonais soutenus par les fantassins du général Ruffin. En voyant l'état pitoyable de Niegolewski, Napoléon détache sa Légion d'honneur et la lui accroche sur la poitrine. Les Polonais ont bien mérité cette distinction. L'escadron des chevau-légers a perdu dans l'assaut la quasi-totalité de ses officiers.

Un jeune trompette aide Ségur, titubant, à remonter sur le cheval d'un lancier mort et ils parviennent, sous une pluie de balles, à rejoindre la tête de la colonne d'infanterie. Là, le colonel de

La Grange lui donne les premiers soins et le fait transporter par quatre grenadiers sur un brancard. Ils passent devant l'Empereur :

« Ah, pauvre Ségur ! s'écrie-t-il. Yvan, allez vite et sauvez-le-moi ! »

Devant le feu qui brûle dans la cheminée, sa pensée se fixe un instant sur le destin tragique qui s'acharne sur la famille Ségur. Il y a quatre ans, le frère aîné de Philippe, Octave, a mystérieusement disparu. Jeune sous-préfet de Soissons promis à un bel avenir, ayant épousé sa cousine, Félicité d'Aguesseau, une très jolie femme, il s'est subitement volatilisé. Les bruits les plus fous ont couru. On a dit qu'il avait été enlevé par les royalistes, comme le sénateur Clément de Ris, pour punir les familles de l'aristocratie qui se ralliaient au nouveau régime. On a évoqué un suicide. Puis les soupçons se sont tournés vers sa ravissante épouse qui n'était pas d'une fidélité à toute épreuve. Un message d'Octave à la volage Félicité a apporté la preuve qu'il était toujours vivant. Où se cachait-il ? Tout portait à croire qu'il s'était engagé dans l'armée sous un faux nom. Pour permettre à Philippe de le retrouver, Napoléon l'avait envoyé en inspection au camp de Boulogne. En vain. Ses recherches avaient été infructueuses. Mais il ne renonçait pas. Partout où le conduisait son service, il se renseignait, enquêtait afin de réunir les indices qui le mettraient sur les traces de ce frère parti par désespoir amoureux pour cacher son douloureux secret. Il finira par le retrouver blessé dans un hôpital en Allemagne. Puis Octave trompé à nouveau par son épouse volage se suicidera. Mais ceci est une autre histoire…

Après chaque bataille, lorsque l'excitation de l'action peu à peu retombe, le mystère de la destinée humaine ne cesse de le troubler. Pourquoi le brave Rudowski a-t-il été frappé, lui et non un autre ? Se sent-il responsable du massacre de ces lanciers qui ont payé cher leur folle intrépidité, toute cette jeunesse polonaise fauchée dans le défilé de Somosierra ? Pourtant, à travers eux, se dessine l'image d'une femme aimée, Marie Walewska, qui l'attend dans sa retraite de Walewice. Non, il ne ferait pas la guerre s'il se montrait accessible à la pitié. Il a chassé ce sentiment de son cœur. Ces jeunes lanciers n'ont fait que rencontrer leur destin, un destin à l'image de la Pologne, fait d'espoirs déçus et de sacrifices, tout comme Philippe de Ségur qui lutte contre la mort. Il ne lui appartient pas de savoir qui doit ou non mourir. C'est une question qu'il n'a pas le droit de se poser. Ni pour les autres ni pour lui-même. Et, soudain, à lui qui affronte si souvent le danger, à lui qui, ce matin même, sous la mitraille, dans le défilé de la Sierra, aurait pu être la cible d'un tireur embusqué, s'impose cette idée lancinante qu'il ne peut laisser son œuvre à la merci du hasard. Il lui faut un héritier. Ne serait-ce que pour arrêter le bras d'un assassin ou les incessantes manœuvres des traîtres qui ourdissent des complots.

Un mois plus tard, à Astorga, après avoir libéré Madrid, mais n'ayant toujours pas pu affronter le général Moore, qui évite le combat, il reçoit une dépêche venue de France contenant une nouvelle alarmante : l'Autriche a formé deux armées qu'elle dirige aux frontières de la Bavière et vers la Lombardie, sous le regard indifférent d'Alexandre, son fourbe et versatile allié. Tout aussi alarmant, Fouché et Talleyrand se sont réconciliés et complotent contre lui avec la complicité de Murat.

C'est décidé : il va quitter l'Espagne, abandonnant son armée démoralisée comme autrefois l'Égypte, comme plus tard la Russie.

Le 17 janvier, à 6 heures du matin, à cheval, il part secrètement de Valladolid. Le 19, il est à Bayonne. Le 23 janvier, à 8 heures du matin, il apparaît aux Tuileries où sa présence soudaine frappe comme la foudre.

D'abord, en plein conseil, il règle son compte à Talleyrand dont la trahison est maintenant avérée :

« Vous êtes un voleur, un lâche, un homme sans foi. Vous ne croyez pas en Dieu. Vous avez manqué toute votre vie à vos devoirs. Vous avez trompé, trahi tout le monde. Il n'y a rien pour vous de sacré. Vous vendriez votre père. Je vous ai comblé de biens et il n'y a rien dont vous ne soyez capable contre moi. »

Il le rend responsable de toutes les erreurs qu'il a commises sur son conseil : la guerre d'Espagne, l'exécution de ce « malheureux » duc d'Enghien. Et il conclut :

« Vous mériteriez que je vous brisasse comme verre, mais je vous méprise trop pour en prendre la peine. Vous êtes de la merde dans un bas de soie. »

Talleyrand accoudé à la cheminée reste imperturbable. Son masque blême ne trahit aucune émotion. L'humiliation ne semble pas l'atteindre. Les membres du Conseil ont piqué du nez dans leurs dossiers, trop heureux que l'orage ne s'abatte pas sur eux. Surtout Fouché, le visage aussi fermé et inexpressif que celui de son collègue, et qui s'attend à avoir sa part de la fureur impériale. Napoléon s'exaspère de l'impassibilité de son ancien ministre. Ce n'est pas tout de le blesser, il voudrait voir le sang couler, sentir l'homme atteint dans la chair sensible de son orgueil. N'y parvenant décidément pas, excédé, il décide de l'humilier en le frappant dans sa vie intime : « Vous ne m'aviez pas dit que le duc de San Carlos était l'amant de votre femme ? » Talleyrand alors sort de son silence. Il cisèle une de ces reparties de grand seigneur dédaigneux dont aucune insulte ne peut entamer la dignité : « En effet, Sire, je n'avais pas pensé que ce rapport pût intéresser la gloire de Votre Majesté et la mienne. » Furieux d'avoir le dessous, Napoléon quitte la pièce.

S'il trépigne devant Talleyrand avec toutes les manifestations d'une fureur impuissante, c'est qu'il se sent trahi certes par lui, trahi par l'Espagne qui a saccagé ses espérances, trahi surtout par ses rêves. Cette paix de Tilsit, suivie de l'hypocrite embrassade d'Erfurt, aussi trompeuse et illusoire que l'alliance russe, n'était qu'une duperie. Le désastre espagnol a détruit cet édifice de mensonges. Tout est à recommencer, y compris la guerre.

# XVII

*Le 12 octobre 1809*
« Quel âge avez-vous ?
— Dix-huit ans.

— Que vouliez-vous faire de ce couteau ?

— Vous tuer !

— Vous êtes fou, jeune homme ; vous êtes illuminé.

— Je ne suis pas fou.

— Vous êtes donc malade.

— Je ne suis pas malade. Je me porte bien.

— Pourquoi vouliez-vous me tuer ? »

Pour une fois, il est devant un comportement qui échappe à son intelligence. Face à ce jeune homme qui a l'air d'un enfant si convenable, si banal, et qui l'affronte avec une incroyable assurance, il se sent désarmé. Aurait-il affaire à un de ces étudiants exaltés du Tugenbund, l'« Union de la vertu », un idéologue fanatique, il comprendrait, mais celui-ci ne se réclame d'aucun parti, d'aucune doctrine. Il ne ressemble en rien aux affiliés des sociétés secrètes aux revendications et aux pensées obscures : il est clair, candide, plein de l'innocence et du charme naïf de la jeunesse. Fils de pasteur, il a une fiancée qu'il aime, Marguerite Stiler, et qu'il compte épouser. Il n'a rien, absolument rien, d'un terroriste. Il s'appelle Friedrich Staps.

Devant ce jeune homme, lui qui se vante de connaître tous les ressorts de l'âme humaine, il bute sur un mystère. Il voudrait à tout prix trouver une explication logique. La folie ! Ce serait tellement rassurant de se dire que seul un fou peut avoir le désir d'attenter à sa vie. Et là, dans son cabinet surdoré du palais de Schönbrunn, il poursuit avec une curiosité avide cet invraisemblable dialogue que traduit le général Rapp qui parle couramment l'allemand.

« Pourquoi vouliez-vous me tuer ?

— Parce que vous faites le malheur de mon pays.

— Vous ai-je fait quelque mal ?

— Comme à tous les Allemands !

— Par qui êtes-vous envoyé ? Qui vous pousse à ce crime ?

— Personne ! C'est l'intime conviction qu'en vous tuant, je rendrai le plus grand service à mon pays et à l'Europe, qui m'a mis les armes à la main.

— Est-ce la première fois que vous me voyez ?

— Je vous ai vu à Erfurt, lors de l'entrevue avec le tsar.

— N'avez-vous pas eu l'intention de me tuer alors ?

— Non. Je croyais que vous ne feriez plus la guerre à l'Allemagne ; j'étais un de vos plus grands admirateurs.

— Depuis quand êtes-vous à Vienne ?

— Depuis dix jours.

— Pourquoi avez-vous attendu si longtemps pour exécuter votre projet ?

— Je suis venu à Schönbrunn il y a huit jours avec l'intention de vous tuer, mais la parade venait de finir. J'avais remis l'exécution de mon dessein à aujourd'hui.

— Vous êtes fou, vous dis-je, ou vous êtes malade.

— Ni l'un ni l'autre.

— Qu'on fasse venir Corvisart !

— Qui est Corvisart ?

— C'est un médecin, dit Rapp.

— Je n'en ai pas besoin. »

Corvisart arrive et tâte le pouls du jeune homme.

« N'est-ce pas, monsieur, que je ne suis pas malade ? lui demande Staps.

— Monsieur se porte bien, constate Corvisart.

— Je vous l'avais bien dit ! s'exclame Staps, avec une exaltation presque joyeuse.

— Vous êtes une tête exaltée, vous ferez la perte de votre famille. Je vous accorderai la vie si vous me demandez pardon du crime que vous avez voulu commettre et dont vous devez être fâché.

— Je ne veux pas de pardon. J'éprouve le plus vif regret de n'avoir pu réussir.

— Diable ! Il paraît qu'un crime n'est rien pour vous ?

— Vous tuer n'est pas un crime, c'est un devoir.

— Qu'est-ce, ce portrait qu'on a trouvé sur vous ?

— Celui d'une jeune personne que j'aime.

— Elle sera bien affligée de votre aventure !

— Elle sera affligée de ce que je n'ai pas réussi ; elle vous abhorre autant que moi.

— Mais, enfin, si je vous fais grâce, m'en saurez-vous gré ?

— Je ne vous en tuerai pas moins. »

Ceux qui assistent à cette scène, Rapp, Corvisart, le fade Champagny qui a remplacé Talleyrand aux Relations extérieures, éprouvent un sentiment d'irréalité. Quel spectacle déroutant que celui de ce jeune homme entravé, si frêle, aux bonnes joues roses, devant un Empereur si puissant qui semble, pour une fois, déconcerté ! Ils ont l'impression que plus rien ne compte pour lui que d'entrer dans les raisons de ce jeune illuminé, habité par la passion de le tuer, que Rapp, le matin même, lors du passage en revue des troupes, trouvant son comportement bizarre, a fait arrêter par les gendarmes qui l'ont trouvé porteur d'un couteau. A-t-il déjà oublié tous les morts laissés sur les champs de bataille d'Eckmül, d'Essling, de Wagram, dont le sacrifice ne semble plus susciter sa sollicitude ? Des questions se bousculent dans leur esprit : pourquoi cet acharnement à épargner la vie d'un assassin ? Quel étrange prix il accorde soudain à la vie humaine alors que, sur le champ de bataille, ce genre de scrupule ne l'embarrasse guère ? Lui qui se sent invincible au milieu des balles et des boulets, au point que ses grognards doivent le ceinturer pour qu'il ne s'expose pas au feu — c'est arrivé récemment encore à Ratisbonne où il a été blessé par une balle au talon d'Achille —, il semble étonnamment vulnérable en face de cet assassin. Les questions dont il harcèle Staps témoignent du trouble qu'il éprouve, comme si ce jeune homme lui paraissait soudain un messager du destin. Quand il lui demande « Par qui êtes-vous envoyé ? », ce n'est pas tant aux commanditaires de son crime qu'il pense, que, au-delà, à cette puissance invisible dont il paraît être le bras armé. Que lui veut-elle ? Quel temps lui laisse-t-elle ? Que veut-elle lui signifier ? En criblant de questions le naïf et candide Staps, c'est un signe venu des ténèbres qu'il cherche. Tout comme, quelques semaines plus tôt, enfermé à la *Kaisergruft*, la crypte des capucins, dans une confrontation avec les tombeaux de la famille impériale autrichienne, hérissés d'allégories macabres, d'ossements, de têtes de mort, il s'interrogeait sur le mystère de la destinée.

Le 17 octobre, à 5 heures du matin, au moment

où il quitte Vienne, toujours préoccupé par le cas de Staps, il fait appeler Rapp. Tous les deux, à pied, regardent passer la garde impériale qui retourne en France. La pluie tombe.

« Il n'y a pas d'exemple qu'un jeune homme de cet âge, allemand, protestant et bien élevé, ait voulu commettre un pareil crime. Sachez comment il est mort. »

Le lendemain, Rapp lui rend compte de sa mission. Staps, passé devant une commission militaire qui l'a condamné, a été exécuté à 7 heures du matin sans avoir pris aucune nourriture depuis son arrestation. Quand on lui a annoncé que la paix était faite, il a tressailli. Devant le peloton d'exécution, son dernier cri a été :

« Vive la liberté! Vive l'Allemagne! Mort au tyran! »

Il charge Rapp de conserver le couteau. Et il écrit à Fouché : « J'ai voulu vous informer de cet événement afin qu'on ne le fasse pas plus considérable qu'il ne paraît l'être. S'il en était question, il faudrait faire passer cet individu pour fou. »

« Considérable », l'événement l'est pour lui. Car il ne cesse d'en reparler. À Sainte-Hélène, il dira qu'il n'a jamais été aussi près d'être tué. Sur la balance de ses préoccupations, Staps semble peser étrangement lourd. C'est pourtant une époque où, coulant des jours heureux avec Marie Walewska, venue le rejoindre à Schönbrunn — c'est là qu'elle va concevoir leur futur fils —, il peut mesurer à quel point son empire est fragile. Bien sûr, il a vaincu les Autrichiens après les combats incertains d'Eckmül et d'Essling, la rupture des ponts de l'île de Lobau, mais au prix de quelles pertes! Plus de quarante mille hommes hors de combat, la perte du général Lassalle ; celle encore plus douloureuse de Lannes. Et sa Grande Armée n'est plus l'instrument efficace qu'elle a été à Austerlitz. Des troupes expérimentées enlisées en Espagne lui ont fait défaut. Quant au blocus continental, il lui aliène les peuples dont ses frères et beaux-frères, Louis, Joseph, Jérôme, Murat, rois d'opérette, non seulement ne parviennent pas à juguler les revendications, mais les soutiennent, devenant presque des ennemis de leur propre frère à qui ils doivent tout.

Ses yeux se sont enfin dessillés devant la fourberie d'Alexandre qui, tout en fausses promesses, en amitié feinte, en douceur empoisonnée, a pris soin de n'engager aucune de ses troupes contre les Autrichiens. Contrairement aux assurances données, il n'a entrepris aucuns pourparlers pour amener l'Angleterre à la paix. Devant la mauvaise foi d'un allié aussi peu sûr, il décide de changer du tout au tout sa politique d'alliances. Une « pirouette » diplomatique digne du revirement militaire opéré de Boulogne au Rhin : il va abandonner l'allié russe pour le vaincu de la veille, l'Autriche. Il échange en un clin d'œil Alexandre contre François I$^{er}$ d'Autriche qui, terrorisé à l'idée de voir l'empire des Habsbourg au bord de s'effondrer, n'espérait pas s'en tirer à si bon compte. Le nouvel allié est-il plus sûr que le précédent ? Non ! Mais il ne peut être plus déloyal qu'Alexandre qui, dans ce domaine, n'a pas de rival. De toute façon, il n'a pas le choix.

C'est alors qu'entre en scène un personnage ultraséduisant, un de ces hommes ambitieux, fastueux et cyniques qui fascinent les femmes et les écrivains : le jeune Metternich arrive aux affaires grâce à la défaite de Wagram, après avoir quitté son poste d'ambassadeur à Paris six mois plus tôt, au moment de la déclaration de guerre.

Metternich, c'est la séduction faite homme. Il a séduit l'empereur François qui en fera l'indéracinable maître d'œuvre de sa politique, comme il a séduit sa première femme, la fille du chancelier Kaunitz, mariage très profitable à sa carrière, et mettra dans son lit toutes les plus belles femmes de Paris, à commencer par Caroline Murat. Fin politique au-dessus des conventions, amant adulé, il était prévisible que Stendhal tombe lui aussi sous son charme. Il s'en est inspiré pour créer le personnage du comte Mosca dans *La Chartreuse de Parme*.

Metternich se livre à un calcul très simple — ce qui prouve encore une fois à quel point une grande politique n'est en fait que du bon sens appliqué aux affaires de l'État — dont il fait part à l'empereur François Ier : qu'a rapporté à l'Autriche son opposition affirmée depuis plus de dix ans à Napoléon ? Non seulement d'importantes pertes en vies humaines mais, de défaite en défaite, de Marengo en Austerlitz, l'abandon de l'Italie et une notable perte d'influence européenne. Pour quel gain ? Sinon d'avoir risqué la fin de l'empire d'Autriche et la destitution de son empereur, sauvé au fond grâce à la perfidie d'Alexandre vis-à-vis de Napoléon. Alexandre se fût-il montré un allié exemplaire, c'en était fait de l'empire d'Autriche.

Alors naît de la part de ces deux empiriques, Napoléon et Metternich, l'idée d'une alliance copiée en tout point sur celle nouée avec Alexandre à Tilsit et à Erfurt. Cette fois, seul le dindon de la farce a changé : ce devait être l'Autriche, ce sera la Russie. On renouvelle les promesses, les gestes d'amitié, les signes de réconciliation. Et Metternich, qui a su par Talleyrand tous les secrets de Napoléon — il a acheté le vieux traître ecclésiastique pour 400 000 francs —, a connu également les projets matrimoniaux avortés avec les sœurs d'Alexandre I$^{er}$, qui soulevaient le cœur de l'impératrice douairière. Metternich conçoit le projet d'amadouer le Minotaure en lui sacrifiant une vierge, une Iphigénie. Après tout, l'empire d'Autriche ne s'est-il pas constitué plus par des mariages que par des conquêtes militaires ? Et, à la cour de Vienne, ce ne sont pas les archiduchesses qui manquent. C'est un véritable poulailler de princesses en mal de maris. Mais Metternich, plus cynique que Napoléon, ne se croit pas pour autant engagé pour toujours par ce projet matrimonial que Napoléon, au fond idéaliste, ainsi que le voyait Goethe, regardera, lui, comme une alliance sacrée et indestructible. Napoléon quitte Vienne plein d'espoirs. Les Autrichiens le regardent partir pleins d'arrière-pensées. Si intelligent qu'il soit, son expérience politique ne date que de vingt années, les Habsbourg ont dix siècles de savoir-faire derrière eux.

# XVIII

*Le 27 mars 1810*

Il a beau apprendre la valse, s'inonder d'eau de Cologne, avoir fait décrocher dans ses palais tous les tableaux qui illustrent les défaites de l'Autriche, ces délicatesses n'empêchent pas son naturel de revenir au galop : il ne sera jamais l'homme des longs préliminaires avec les femmes, le galant qui attend que le fruit soit mûr pour le cueillir. Récemment encore à Schönbrunn, on l'a entendu ordonner :

« Vite, un bain, un souper et Mme Walewska. »

Il a mené la conquête de Marie-Louise à la hussarde et son mariage tambour battant. En trois mois, l'affaire — car c'est bien de cela qu'il s'agit de part et d'autre — est réglée. Quant à la jeune fiancée qui, après un voyage harassant, arrive morte de fatigue sous une pluie battante près de Compiègne, il monte dans sa voiture sans crier gare, la couvre de baisers — les Anglais diront qu'il l'a violée — attentat consenti qui aura lieu la nuit même sans que la victime se montre offusquée, tant est grande la complaisance des archiduchesses autrichiennes pour les devoirs de l'État. Elle se dit contente, ravie d'avoir franchi allégrement le pas, enchantée de son mari, tout autant que des merveilleux cadeaux qu'il lui a fait porter : un précieux nécessaire de toilette en or de mille trois cents pièces, acheté au Singe Vert, le plus célèbre orfèvre de Paris.

Son empressement n'est pas dû seulement à la

nécessité d'avoir au plus vite un héritier : grande, une tête de plus que lui, des yeux un peu asiates, légèrement globuleux, des pommettes saillantes, une orgueilleuse poitrine, même si elle ne brille pas par son intelligence — qualité qui ne court pas les rues à la Hofburg —, c'est une proie des plus appétissantes. Et puis elle a dix-huit ans, lui quarante.

Le lendemain de cette nuit de noces qui précède le mariage officiel, tandis que Marie-Louise paresse dans son lit jusqu'à midi, après avoir bien mérité de sa patrie, il est vite repris par ses habitudes de rusticité militaire. Il clame autour de lui :

« Elle était vraiment vierge… elle a fait cela en riant. Messieurs, épousez des Allemandes, elles sont bonnes, naïves et fraîches, et ce sont les meilleures femmes du monde. »

On comprend les préventions de François I$^{er}$ qui considérait déjà que son futur gendre était vulgaire et qu'il ressemblait à un tailleur.

Il voulait épouser un « ventre ». C'est chose faite dans tous les sens du terme. Non seulement sa famille a donné des preuves de ses dispositions à produire de bonnes pondeuses — elle fera vite honneur à cette réputation qui était la clause pour ainsi dire essentielle du contrat —, mais elle montre très vite d'appréciables aptitudes à l'amour. Cette jolie et affriolante femme gardera la réputation d'avoir toujours été docile au mâle. Elle obéit à son père, à son mari, plus tard à son amant, Neipperg, qu'elle épousera, comme à beaucoup de ceux qui convoitent cette proie facile. Ses sens sont toujours prêts à accueillir l'homme. S'il l'a culbutée à Compiègne sans de longs préambules, c'est que la conscience de la jeune femme ne voit pas dans la chair autre chose qu'une simple formalité. Ni la culpabilité ni le remords ne semblent avoir jamais traversé ce cœur simple à la sensualité gourmande.

La jeune fille facile à prendre deviendra, avec l'âge — toute révérence gardée —, une ogresse goulue. Il lui faudra toujours un homme à portée de la main. À la mort de Neipperg, ce sera le comte de Bombelles, puis un médiocre chanteur d'opéra mais escroc célèbre, Jules Leconte. C'est la réputation des Autrichiennes : quand elles ne sombrent pas dans le romantisme morbide, elles ont un penchant pour les pâtisseries du plaisir qu'elles dégustent sans plus d'états d'âme qu'une friandise. Il suffit à Marie-Louise qu'un verre de vin colore ses joues pour que son cœur s'ouvre à la volupté. Un de ses biographes écrira : « Marie-Louise était sans défense devant les entreprises galantes. » Son mari, qui s'en est vite aperçu, maintient autour d'elle une surveillance digne d'un harem. Quand il s'absente pour une longue période, il ne laisse pas d'être inquiet. Dans sa correspondance avec Fouché, il laissera voir ses soupçons d'une possible liaison entre elle et Joseph, son propre frère, qui a entrepris sa conquête.

Elle a évidemment un défaut : elle n'a pas conscience du génie qu'elle a épousé et lui préfère au fond son père, le besogneux et conventionnel empereur François. Son fils, le duc de Reichstadt, en conviendra : « Certes, ma mère est bonne, mais elle est sans force, elle n'était pas la femme que mon père méritait. » Ce à quoi un courtisan, Prokesch, lui répondra : « La femme que méritait votre père n'existe pas. »

Il a été naïf, étrangement naïf. Il a été roulé par des hommes d'État sans scrupules envers ce parvenu qui a cru les éblouir par ses mérites alors qu'ils appartiennent à un monde où rien ne compte hormis la naissance et le sang. Il fera son mea culpa : « Ma seule faute dans cette alliance a été d'y avoir apporté un cœur trop bourgeois. » Tout comme l'alliance avec Alexandre était impossible en raison de l'hostilité profonde de la société russe, l'alliance autrichienne est contre nature. Comment pourraient s'entendre deux pays dont les régimes diffèrent à ce point ? L'un est issu de la Révolution et le reste dans son principe, même revêtu de la pourpre et de l'étiquette impériales ; l'autre est ancré par son histoire dans une caricature de système monarchique quasiment de droit divin.

L'ancien jacobin qui a restauré la notion de mérite s'allie à une dynastie fondée sur les privilèges ; l'homme des Lumières avec François I$^{er}$, un monarque confit dans l'obscurantisme et le conservatisme les plus surannés. Cette contradiction interne, qui mine son pouvoir, du moins pourrait-il la dépasser en administrant avec sagesse, avec prudence — des mots qui lui conviennent bien peu —, son empire. Ce serait compter sans son démon. Il lui reste une dernière faute à commettre, qui lui sera fatale. Un rêve peut-il être considéré comme une faute ? Il ne serait pas lui-même s'il avait agi autrement.

Marie-Louise se sent évidemment dépaysée dans une cour dont les deux piliers, Fouché et l'archichancelier Cambacérès, sont des régicides notoires. Quand elle regarde leurs mains, comment n'y verrait-elle pas le sang de son oncle et de sa tante ? Mais on s'habitue à tout. Ce qui l'étonne peut-être le plus, c'est la zizanie qui règne dans cette famille où, en dehors de l'imperturbable et très digne Letizia, les frères et sœurs trépignent d'ambition, se chamaillent et s'insultent pour des questions de préséance. L'avantage des anciennes familles régnantes — on ne peut pas être plus anciens que les Habsbourg —, c'est que le protocole est immuable. Il n'y a aucune place pour les tiraillements d'amour-propre. Chez les Bonaparte, c'est une cacophonie de prétentions refoulées et humiliées. Joseph est considéré par l'Empereur comme un monarque insuffisant et peu sûr ; Jérôme ne se montre pas plus efficace en Westphalie où il mène une vie de patachon qui fait scandale ; Louis, ombrageux, soupçonneux, jaloux de sa femme Hortense qui le trompe et va le quitter, est incapable de se faire respecter par les Hollandais dont il voudrait se faire aimer. Murat, son beau-frère, est compétent, mais son ambition insatiable le rend insupportable. Reste Lucien, le plus doué. Il s'est retiré à Rome, après un mariage qui a déplu, pour ne plus être en butte à l'autoritarisme tatillon de l'Empereur. Quant aux sœurs, Pauline, Caroline et Élisa, il semble qu'en matière de dotations comme sur le chapitre des hommes, elles n'en aient jamais assez.

Marie-Louise apporte en dot à son mari, après son difficile divorce d'avec Joséphine, une vie conjugale apaisante et une union prestigieuse qui le flatte dans son rêve d'égaler Charlemagne. Son empire n'atteint-il pas le double de celui de l'empereur carolingien ? Si l'affaire espagnole qui se dégrade de jour en jour n'était pas pour lui une source permanente d'inquiétude, il pourrait croire qu'il a réalisé un rêve inouï. Mais cet empire si beau sur le papier craque de partout : il faut le maintenir et parer les coups portés par l'Angleterre qui exploite le mécontentement provoqué par le blocus continental.

Marie-Louise, que les Français n'aimeront jamais — « L'Autrichienne porte malheur », disait Napoléon —, sera dénigrée. Plus que Joséphine qui, pourtant, a multiplié les frasques et rôti le balai plus allégrement qu'elle. Quand l'Empereur connaîtra des revers — ils surviendront vite —, elle lui sera plus attachée qu'on ne l'a dit. Elle pensera le rejoindre à l'île d'Elbe sans pour autant oser braver les ordres de son père. Elle n'est ni rebelle ni emportée par la passion amoureuse : sa seule passion, c'est l'obéissance à son père. Elle y met une application fervente. Elle reste une petite fille conventionnelle dans le drame épique de l'Empire. Ce drame, elle n'en mesure ni l'ampleur ni encore les dangers, pas plus qu'elle ne prend conscience de l'âpreté des intrigues. Toutes les taupes sont au travail.

En effet, la plupart des acteurs de cette extraordinaire aventure, comme s'ils étaient lassés de grandeur, exténués de rêves, conspirent et se préparent à trahir. Après Talleyrand, c'est Fouché qui a pris langue avec les Autrichiens, sans doute pour faire oublier qu'il fut un régicide. Il soigne particulièrement Metternich lors de son ambassade à Paris. Il ne craint pas d'ironiser devant lui sur les ambitions folles de son maître : « Quand on vous aura fait la guerre, il restera la Russie... et puis la Chine. »

Pour l'Autriche, c'est chose faite. Reste la Russie. Si Fouché avait évoqué l'Inde au lieu de la Chine, il n'aurait pas été très éloigné des pensées secrètes de celui qu'il trahit. Napoléon n'a jamais imposé de limites à son action. Il méprise les réalités quand elles ne s'alimentent pas à la source de son imagination. À Smolensk, Bacler d'Albe, son géographe, stupéfait, le verra, allongé sur les cartes de la Russie, planter des repères qui, après avoir indiqué le chemin de Moscou, bifurquent vers le sud, la mer Caspienne, pour rejoindre l'Inde.

Ce que Fouché ne voit pas, pas plus que Talleyrand et tous les raisonnables qui voudraient que le conquérant s'endorme sur ses lauriers, jouissant de la vie de famille, afin qu'eux-mêmes puissent profiter confortablement de leurs rentes de situation, c'est qu'il est condamné à l'action par son système même. Celle-ci est toujours un défi et un risque, mais l'inaction serait tout autant dangereuse. Ses ennemis n'ont pas désarmé. Ils ne font qu'attendre le moment propice. S'il cesse d'agir, Alexandre, François I$^{er}$ et Frédéric-Guillaume se coaliseront contre lui, soudés par une solidarité de monarques, menacés dans leur être par le monde nouveau qu'ils ont vu se lever avec la Révolution. Et c'est vrai, un siècle plus tard, leurs descendants auront tous perdu leur trône. Il voit clair dans leur jeu : « Ils se sont tous donné rendez-vous sur ma tombe, mais ils n'osent pas s'y réunir. »

C'est donc son destin de devoir encore une fois s'engager dans une guerre qu'il a tout fait pour éviter. Il ne prend le chemin de Moscou que contraint et forcé par un Alexandre cauteleux et hypocrite qui l'oblige à le combattre en se donnant le beau rôle de la victime agressée. Le paradoxe, c'est que cette épreuve terrible, son plus brûlant échec, n'entamera pas sa légende. Les eaux glacées de la Bérézina qui vont engloutir son armée, l'effroyable retraite sous les assauts des Cosaques jettent sur elle les lumières noires de la tragédie. Elles ne ternissent pas son image, incroyablement tenace. En dépit de la réalité qui le soumet, il reste ce qu'il a toujours été : le général de l'armée des rêves.

## XIX

*Le 8 décembre 1812*

C'est un traîneau qui file à toute allure dans la neige. On dirait qu'il vole sur les chemins glacés. Dans ce paysage monotone de forêts de bouleaux endormis sous l'hiver, seuls les grelots des chevaux qui tintent apportent un peu de vie dans le silence de la steppe. Les arbres dressés, décharnés, couverts de givre faisant face au blizzard pourraient figurer une armée morte. Dans ce véhicule bizarre, une berline montée sur des patins, un froid polaire s'insinue par les glaces et les portières gelées. Emmitouflé dans un énorme sac en peau d'ours endossé sur sa pelisse en loup, chaussé de bottes de fourrure, il grelotte. Des glaçons se forment sur ses sourcils et sous son nez. Si surprenant que cela paraisse, il est de bonne humeur. Parfois, il plaisante. S'il n'y avait pas ce

froid mordant, il montrerait presque de l'allégresse, comme s'il se sentait libéré du poids des
responsabilités. Une page de tournée ! Ne l'agace
que la lenteur des palefreniers aux relais quand
on change les chevaux. Toujours l'impatience ! Il
a hâte de regagner Paris où sa présence, après le
coup d'État manqué du général Malet, fera un
nouveau miracle.

L'homme le plus puissant d'Europe traverse des
pays contre lesquels il était il y a peu en guerre
avec une folle inconscience. Son escorte fond à
chaque étape. Il n'a plus, pour le protéger, que
deux grenadiers napolitains, un garde du corps, le
mamelouk Roustam assis à côté du cocher, et, à
côté de lui, dans le traîneau, Caulaincourt, vêtu
d'une tenue tout aussi extravagante, armé jusqu'aux dents, qui vérifie que leurs pistolets sont
bien chargés. Dans cet équipage de fortune, on
dirait un négociant de Wilna fuyant avec ses comparses de mauvaises affaires. Certainement pas
l'empereur des Français, roi d'Italie, protecteur de
la Confédération du Rhin.

Rien dans ses propos ne le montre abattu, ayant
atteint le fond du gouffre. Personne ne pourrait
imaginer que ce brillant causeur a perdu ce à quoi
il tient le plus : son armée, la prestigieuse Grande
Armée, objet de constante sollicitude. Elle n'est
plus qu'un souvenir. Elle a sombré dans les glaces
de la Bérézina. Seuls des fantômes de soldats,
assaillis par les hourras de Cosaques, cherchent à
tâtons sous la neige le chemin du retour. Mais,
déjà, cette réalité-là ne l'intéresse plus. Il a besoin
de croire que son armée s'est reformée à Wilna,
même s'il vient de dicter à Smorgoni ce vingt-

neuvième *Bulletin de la Grande Armée* qui, pour une fois, laisse entrevoir sous les flonflons de la fanfaronnade militaire un immense désastre.

Si difficile qu'il soit pour lui de l'admettre, il a accumulé les erreurs. D'abord celle de s'être laissé entraîner par le tsar dans cette steppe russe où il s'était juré de ne pas s'aventurer. Il avait trop médité le funeste exploit de Charles XII de Suède dont l'armée s'était enlisée dans les marais de Poltava pour envisager de rééditer sa folle aventure. Il pensait n'avoir qu'à apparaître sur le fleuve Niémen flanqué de son armée de six cent mille hommes pour qu'aussitôt Alexandre prenne peur. D'autant que se profilait pour le tsar la menace de voir ressusciter le royaume de Pologne. Tout au plus serait-il contraint de s'aventurer jusqu'à Minsk ou Smolensk. Il lui suffirait de montrer les dents pour qu'on s'empresse de lui faire des offres de paix. Il se flattait de connaître la personnalité bravache d'Alexandre qui s'effondrerait au premier engagement sérieux.

Il s'est trompé sur toute la ligne : trompé sur la stratégie d'Alexandre, trompé sur son caractère beaucoup plus tenace qu'il ne l'imaginait, trompé sur le peuple russe qu'il pensait avachi dans la vodka et la servitude et dont il a réveillé l'orgueil national ; trompé enfin sur les classes dirigeantes qui ont préféré brûler leurs palais de Moscou plutôt que de les livrer aux envahisseurs. Il était certain de l'emporter par une bataille frontale décisive mais les armées de Bagration et de Barclay de Tolly ont toujours évité le contact. Le seul engagement sérieux a eu lieu près de la Moscova devant Moscou et n'a été qu'une boucherie indécise (cinquante-cinq généraux de la Grande Armée tués). Il s'y est montré un chef très au-dessous de lui-même comme tout au long de cette campagne désastreuse : engourdi dans une torpeur dont il ne sortait que par des accès de mauvaise humeur, il n'a été qu'atermoiement, tergiversation, hésitation, irrésolution.

L'homme à la pensée précise et à l'exécution juste s'est pour une fois laissé imposer la stratégie d'évitement de son adversaire. Loin de le surprendre, c'est lui qui a été surpris. Loin de diriger les événements, ce sont eux qui l'ont conduit dans le piège de Moscou. Rien ne s'est déroulé comme il l'avait prévu : non seulement il ne songeait pas à s'aventurer jusqu'à la ville sainte, mais Moscou une fois atteinte il lui semblait inconcevable que ses habitants pousseraient le fanatisme du sacrifice jusqu'à la brûler. Il avait imaginé une guerre courte, politique, sorte de duel chevaleresque entre les deux empereurs, suivie d'une victoire rapide comme à Friedland qui ramènerait à résipiscence le docile Alexandre. De Wilna, le 22 juin, ne lui avait-il pas adressé un message rempli de bons sentiments et d'esprit d'accommodement : « Si la fortune devait encore favoriser mes armes, Votre Majesté me trouvera comme à Tilsit, comme à Erfurt, plein d'amitié et d'estime. » Étrange naïveté qui l'a leurré sur le caractère faussement inconsistant d'Alexandre. Celui-ci, décidé depuis longtemps à ne pas se laisser emprisonner dans la servitude du blocus continental, se préparait à un conflit inévitable, écrivant au roi de Prusse, un an auparavant, qu'il emploierait vis-à-vis de la Grande Armée la tactique de la guérilla qui avait si bien réussi en Espagne. En tout point Napoléon a été dupe du tsar, un homme certes moins génial que lui mais dont la ténacité ajoutée au fanatisme national du peuple russe a eu raison d'une armée de six cent mille hommes ; celle-ci désormais disloquée, réduite à des fantômes en guenilles, les membres gelés, emmitouflés dans les brocarts précieux dérobés dans les palais moscovites, est en déroute dans la neige, harcelée par les Cosaques et le blizzard.

Pourquoi avoir choisi Armand de Caulaincourt, duc de Vicence, son ancien aide de camp dont il a fait un ambassadeur à Saint-Pétersbourg, pour l'accompagner dans cette fuite en traîneau ? Certes, celui-ci connaît bien le tsar Alexandre dont il a exploré la psychologie labyrinthique. Et c'est un ami personnel de Talleyrand. Surtout, pour un long périple — quinze jours entre Smorgoni et Paris —, il a tenu à s'adjoindre un compagnon avec lequel la conversation sera la plus excitante. Pas un fade courtisan flagorneur. Il veut un interlocuteur qui n'ait pas peur de l'affronter dans la discussion, car, s'il est un temps pour agir, il est aussi un temps pour parler, s'épancher, remuer des idées, ressaisir par la pensée en marche l'action incertaine. Aussi a-t-il abandonné sans scrupules le lourd et besogneux Berthier, pâle de colère, qui se ronge les ongles de dépit. Un maréchal chef d'état-major général n'est pas forcément un bon compagnon de voyage. Son choix s'est aussi porté sur un homme qui a du sens pratique, de l'entregent, parle couramment le russe et l'allemand, avec suffisamment d'autorité pour lui faciliter une expédition dangereuse qui doit demeurer secrète. L'incognito est sa sauvegarde. Les chevaux des relais sont réservés au nom de Caulaincourt, et l'illustre personnage qui l'accompagne se fait passer pour son secrétaire. Étant donné la nature hostile des pays à traverser, surtout la Prusse, une publicité donnée à ce voyage risquerait de susciter des tentatives d'attentats, d'enlèvements et autres désagréments.

Cette perspective lui donne l'occasion de montrer son flegme et son humour.

« Si on nous arrêtait, Caulaincourt, que nous ferait-on ? Croyez-vous qu'on me reconnaisse, qu'on sache que je suis ici ?

— Personne ne se doute que c'est l'Empereur qui chemine si modestement dans ce mauvais équipage. Quant au grand écuyer, il n'a pas assez d'importance pour que les Prussiens se compromettent en l'enlevant.

— Si les Prussiens nous arrêtaient, que nous feraient-ils ?

— Ne sachant que faire de nous, ils nous tueraient. Il faut donc nous défendre jusqu'à la dernière extrémité. Nous pouvons avoir une bonne chance, nous sommes quatre.

— Mais enfin, si on vous prend vivant, que fera-t-on de vous, monsieur le duc de Vicence ? dit l'Empereur sur le ton de la plaisanterie.

— Si on me prend, ce sera à cause de mon secrétaire. Alors on me fera un mauvais parti.

— Si on nous arrête, on nous fera prisonniers de guerre comme François I$^{er}$. La Prusse se fera rendre ses millions et en demandera même d'autres.

— Sire, nous n'en serions pas quittes à si bon marché.

— Vous avez raison. Ils ont trop peur de moi. Ils voudront me garder !

— C'est fort probable.

— Craignant que je ne m'échappe ou de terribles représailles pour me délivrer, les Prussiens me livreraient aux Anglais.

— C'est possible.

— Vous figurez-vous, Caulaincourt, la mine que vous feriez dans une cage de fer sur la place de Londres ? La figure que vous feriez dans cette cage enfermé comme un nègre condamné à être mangé par les mouches parce qu'on l'enduit de miel ? »

Et l'Empereur, à cette idée, rit aux éclats.

Ce qui frappe au cours des premières étapes du périple de Smorgoni à Wilna, puis sur la route de Varsovie, c'est la grande illusion dans laquelle il s'enferme. Il croit non seulement que la Grande Armée va se reformer à Wilna, mais qu'elle va recevoir bientôt de formidables renforts de toute la Pologne, soulevée contre l'ennemi héréditaire russe. Il rêve. Il imagine Alexandre I$^{er}$ au bord de la négociation. Son comportement continue cependant de le dérouter :

« L'incendie des villes, celui de Moscou sont des bêtises. Pourquoi brûler s'il comptait tant sur l'hiver ? On a des armes et des soldats pour se battre. C'est de la folie de dépenser tant d'argent et de n'en pas tirer parti. Il ne faut pas commencer par se faire plus de mal que l'ennemi ne pourrait vous en faire. La retraite de Koutouzov est le comble de l'ineptie : c'est l'hiver qui nous a tués. Nous sommes victimes du climat. Le beau temps m'a trompé. »

Il croit que son passage à Varsovie va électriser les Polonais :

« S'ils veulent être une nation, ils se lèveront en masse contre leurs ennemis. Alors j'armerai pour les défendre. Je pourrai faire par la suite à l'Autriche les cessions qu'elle désire tant et nous proclamerons alors le rétablissement de la Pologne. »

À chaque étape, il ouvre un nouveau chapitre de sa vie. Tantôt c'est pour s'en prendre au caractère « faible et faux » d'Alexandre, tantôt pour vitupérer l'ennemi.

« Les Russes doivent paraître un fléau à tous les peuples ; la guerre contre la Russie est une guerre toute dans l'intérêt bien calculé de la vieille Europe et de la civilisation. L'empereur d'Autriche et M. de Metternich le sentent si bien qu'ils me l'ont souvent répété à Dresde. »

Qu'il est loin, et pourtant proche, le temps où, allié d'Alexandre, il voulait épouser une princesse russe !

Devant la steppe monotone qui défile sous ses yeux, son esprit s'évade des contingences. Il rêve à l'homme qu'il aurait été si l'Angleterre s'était résolue à conclure la paix :

« Après Austerlitz, après Tilsit, c'est l'Angleterre qui m'a poussé, forcé à tout ce que j'ai fait. Si elle n'avait pas rompu le traité d'Amiens, je serais resté tranquille chez moi. La crainte de compromettre les capitaux de mon commerce m'eût maintenu. Je n'aurais rien entrepris au-dehors, car ce n'était pas dans mon intérêt. Je me serais rouillé, accoutumé au repos. Rien n'est plus doux. Je ne suis pas plus ennemi qu'un autre des douceurs de la vie. Je ne suis pas un Don

Quichotte qui a besoin de quêter les aventures. La seule différence entre moi et les autres souverains, c'est que les difficultés les arrêtent et que j'aime les surmonter quand le but est grand et noble, digne de moi et de la nation que je gouverne. »

Après un moment de silence, il reprend :

« On se trompe. Je ne suis pas ambitieux. Les veilles, les fatigues, la guerre ne sont plus de mon âge. J'aime plus que personne mon lit et le repos. »

Le traîneau s'arrête à l'aube au relais de poste de Pułtusk. Toujours affublé de sa peau d'ours, il descend et se dégourdit les jambes. Puis il monte chez le maître de poste et commande du café et du lait. Une jeune et jolie servante, à moitié habillée, réveille un mauvais feu dans l'âtre tandis que la femme du maître de poste prépare une soupe et du café. Après s'être lavé les yeux et le visage, les jambes allongées sur un divan, il s'informe de ce que gagne la pauvre servante. Devant la modicité de la somme qui peut à peine suffire à l'entretien de ses vêtements, il lui fait donner par Caulaincourt quelques napoléons pour lui servir de dot. Ému par la pauvreté de la jeune fille, il se fait sentimental :

« Il me tarde bien que la paix soit générale pour me reposer et pouvoir faire le bon homme. Nous voyagerons dans l'intérieur. J'irai à petites journées avec mes chevaux. Je verrai l'intérieur des chaumières de cette belle France. On a beau faire, c'est moi qui ai créé l'industrie en France. Dans dix ans, on me bénira autant qu'on me hait peut-être aujourd'hui. »

Déjà, il faut repartir. Il pénètre dans l'abri gelé

de son traîneau. Le postillon siffle et fait claquer son fouet. Les chevaux ont les naseaux qui fument. La berline s'envole sur la glace et reprend sa course folle dans un tintement de grelots. Les voyageurs frigorifiés se remettent à leur discussion. Sans cesse, il revient sur l'affaire espagnole.

« Sans doute, il aurait mieux valu finir la guerre d'Espagne avant de se lancer dans cette expédition de Russie. La guerre d'Espagne n'existe plus que dans les guérillas. Le jour où les Anglais seront chassés de la péninsule, ce ne sera plus que de la chouannerie. »

Il se tait un instant et s'enflamme à nouveau :

« L'héroïsme que l'on prête maintenant à la nation espagnole en haine de la France ne tient qu'à l'état de barbarie de ce peuple demi sauvage et à la superstition que les fautes de nos généraux ont encore surexcitée. C'est par paresse et non par égoïsme que le paysan espagnol préfère les dangers des contrebandiers et des guets-apens de grand chemin à la fatigue du cultivateur. »

Nouveau relais de poste. On change de chevaux. Une soupe, du café. C'est encore long. Impatience ! On repart. La conversation roule sur les Bourbons. Il parle du duc d'Enghien :

« Quoique l'on ait beaucoup bavardé à Paris sur cet événement, je ferais la même chose si la même circonstance se représentait. Cependant, il est possible que j'eusse fait grâce si Murat m'eût fait connaître ce désir du prince qui demandait à me voir. Certes, il n'aurait pas péri si je l'avais reçu. Excité par les révolutionnaires, Murat a agi avec précipitation en le faisant passer devant une commission militaire sans que je lui donne un consentement positif. »

Il médite en silence. Il regarde la neige qui tombe en lourds flocons. Le givre rend opaques les vitres de la berline qui file à toute allure. Il reprend :

« J'ai toujours regardé la mort de Louis XVI comme un crime, et j'avais cette opinion avant d'être roi. J'ai assez montré, depuis que je le suis, que je veux fermer la porte aux révolutions. Les souverains me doivent d'avoir arrêté le torrent de l'esprit révolutionnaire qui menaçait leurs trônes. Ce n'est pas à moi, ce n'est même pas aux hommes de la Révolution que les Bourbons doivent s'en prendre de leur expulsion : c'est Coblentz qui a été la cause de la mort du roi. Il y a aux Archives des pièces qui dévoilent les intrigues qui compromettent la haute immigration. On a sans doute commis un grand crime en faisant périr le roi. Étranger à cette catastrophe, les Bourbons n'ont pas le droit de conspirer contre ma vie. Je n'occuperais pas le trône qu'il serait occupé par un autre, car la nation ne veut pas d'eux. »

Poursuivant toujours sa course à une folle allure, la berline montée sur des patins traverse la Pologne. Au fur et à mesure qu'on approche de Varsovie, sa colère monte contre l'ambassadeur, l'abbé de Pradt, archevêque de Malines :

« J'ai été mal servi à Varsovie. L'abbé de Pradt a eu peur, a fait l'important et le vilain au lieu d'être un grand seigneur. Il s'est occupé de ses intérêts et a fait du bavardage de salon et de gazette. Rien pour les affaires. Il n'a pas donné d'élan aux Polonais. Les levées ne sont pas effectuées. Tous les moyens sur lesquels je devais compter m'ont manqué. Bassano (Maret, duc de Bassano, le ministre des Relations extérieures) a manqué l'affaire de Pologne, comme celle de Turquie, comme celle de Suède. J'ai eu bien tort de me fâcher contre Talleyrand. »

Son jugement sur Bassano recoupe celui de Talleyrand qui ironisait : « Personne n'est plus bête que M. Maret, si ce n'est le duc de Bassano. »

Sa fureur est telle contre l'abbé de Pradt qu'il refuse de loger à sa résidence et préfère s'établir à l'Hôtel d'Angleterre — ce qui est un comble ! — dans une mauvaise chambre : une petite salle basse, glacée, les volets à demi fermés pour protéger son incognito. Une vieille servante polonaise souffle sur un mauvais feu de bois vert qui enfume la pièce.

Il fulmine à l'arrivée de l'abbé de Pradt que Caulaincourt a fait chercher. Celui-ci surprend les paroles de l'Empereur qui parle de lui sans aménité :

« Il a gâté toutes mes affaires par son farniente. Il bavarde comme un régent de collège, et voilà tout. Talleyrand m'a bien manqué ici. »

L'abbé de Pradt est pâle. Caulaincourt veut s'éclipser pour éviter à l'ambassadeur l'humiliation de la présence d'un tiers, mais l'Empereur le retient. Il décharge alors sa hargne contre lui. Il l'assomme de griefs, il lui reproche de faire des plans de campagne et de jouer le militaire alors qu'il n'y entend rien :

« Vous deviez vous borner à faire de la politique et à dire votre messe au lieu de ne faire que des bêtises. »

L'abbé de Pradt se défend autant qu'il peut.

L'ecclésiastique, aussi fourbe que talentueux mémorialiste, emmagasine sa rancune. Il se défend comme un beau diable, ne réussissant qu'à redoubler la colère de l'Empereur.

Excédé par la présence de l'ambassadeur, il remarque une carte sur la cheminée, la prend avec vivacité et écrit rapidement quelques mots. Puis il la tend à Caulaincourt. Celui-ci lit : « Délivrez-moi de ce faquin. » Suit l'ordre à donner à Maret de destituer immédiatement l'abbé de Pradt de son ambassade.

L'abbé de Pradt, après avoir vainement tenté de se justifier, est congédié.

« Exécutez sur-le-champ l'ordre que je vous ai donné », dit l'Empereur à Caulaincourt.

Les voyageurs remontent dans leur traîneau. À nouveau, les grelots, l'impatience au relais de poste et tous les risques que comporte un itinéraire qui passe par la Prusse.

Maintenant, il jette sa bile sur Fouché :

« Ce n'est qu'un intrigant. Il a prodigieusement d'esprit et de facilités pour écrire. C'est un voleur qui prend de toutes mains. Il doit avoir des millions. Il a été un grand révolutionnaire, un homme de sang. Il croit racheter ses torts ou les faire oublier en cajolant les parents de ses victimes et se faisant en apparence le protecteur du faubourg Saint-Germain. Il est très capable, mais je ne puis jamais avoir confiance en lui. »

Puis, évoquant ses manigances et ses complots :

« Quelle imprudence ! Les hommes sont-ils assez fous ! Je n'ai pas assez d'estime pour eux pour être, comme on le dit, méchant et me venger. »

Le 18 décembre, à minuit, la folle équipée se

termine. La berline s'arrête devant les marches des Tuileries après être passée sous l'arche de l'Arc de Triomphe.

Un des suisses qui gardent le palais sort de sa somnolence en voyant apparaître deux fantômes qui boitent et s'appuient l'un sur l'autre. Ils ont une barbe de quinze jours et dégagent un fumet sui generis pas très ragoûtant. Éberlué, il s'écrie :

« C'est l'Empereur ! »


## XX


*Le 29 juin 1813*

Un chapeau. Le fameux bicorne gît sur le tapis au milieu de la galerie, sur un tapis d'Aubusson. Il l'a jeté sur le sol avec rage, une humeur sans doute feinte pour impressionner Metternich qui conserve un air impassible. Il veut l'éprouver : le chancelier autrichien va-t-il le ramasser comme il l'aurait fait dans d'autres circonstances ? Le ministre s'en garde bien. Il se contente, mi-sérieux, mi-goguenard, d'observer le chapeau du coin de l'œil tandis que l'orage éclate sur sa tête. Mais il en faut beaucoup plus pour que Metternich perde ses moyens. Les a-t-il jamais perdus ? Cet homme froid, calculateur, tout en contrôle de soi et en duplicité, a beaucoup appris de Talleyrand lors de son ambassade à Paris. Il reste imperturbable devant les reproches qui le cinglent.

« J'ai promis à l'empereur François de rester en paix avec lui tant que je vivrais. J'ai épousé sa fille. Je me disais alors : tu fais une folie. Mais elle est faite. Je la regrette aujourd'hui. »

Son intention n'est pas d'émouvoir Metternich — on ne réchauffe pas un marbre —, mais de mettre devant ses responsabilités politiques celui qui a contribué, plus qu'un autre, à cette union. D'autant qu'il reste persuadé que l'empereur François et la cour de Vienne n'auront pas le cœur d'ouvrir les hostilités contre lui. Il s'illusionne encore. Il croit que la fibre paternelle de l'empereur autrichien finira par jouer en sa faveur.

Il insiste pourtant :

« J'ai commis une faute impardonnable. En épousant une Autrichienne, j'ai voulu unir le présent et le passé, les préjugés gothiques et les institutions de mon siècle. Je me suis trompé et je sens aujourd'hui l'étendue de mon erreur. Cela me coûtera peut-être mon trône, mais j'ensevelirai le monde sous mes ruines. »

Metternich, sans s'émouvoir, réitère les conditions que les alliés lui proposent. En fait, un piège qui consisterait à lui faire abandonner toutes les possessions françaises en dehors des frontières naturelles. Il s'insurge :

« Quoi ! Non seulement l'Illyrie, mais la moitié de l'Italie et le retour du pape à Rome ! Et la Pologne, et l'abandon de l'Espagne ! Et la Hollande, et la Confédération du Rhin, et la Suisse ! Voilà ce que vous appelez l'esprit de modération qui vous anime ! Vous ne pensez qu'à profiter de toutes les chances. Vous n'êtes occupé qu'à transporter votre alliance d'un camp à l'autre pour être toujours du côté où se font les partages, et vous venez me parler de votre respect pour les droits des États indépendants ! Ah, Metternich, combien l'Angleterre vous a-t-elle donné pour vous décider à jouer ce rôle contre moi ? »

Nous sommes à Dresde, le 29 juin 1813. Napoléon a été de déconvenue en déconvenue. Et ce n'est pas fini. À Königsberg, il a retrouvé ce qui reste de la Grande Armée dans un état pitoyable. La Prusse, son alliée, après la trahison du général prussien Yorck qui a rallié les Russes, se retourne à nouveau contre lui. La défaite en Russie, le désastre espagnol qui s'esquisse et sera bientôt total, la conspiration avortée du général Malet ont redonné à Frédéric-Guillaume du poil de la bête. Celui-ci, exalté par l'esprit de revanche du peuple prussien, veut se venger de son humiliation.

Mais le vieux lion a encore des griffes et il sait mordre. Même si une partie de la Grande Armée s'est évanouie en Russie, et qu'une autre partie est enlisée en Espagne, il dope la conscription de nouvelles recrues et réussit à battre les Prussiens à Lützen où il a le malheur de perdre Duroc, emporté par un boulet. Celui-ci, en guise de testament, laisse ces paroles qui ont démoralisé une armée qui se bat déjà sans illusions : « Nous y passerons tous. » Il gagne encore la bataille de Bautzen et s'arrête sur l'Oder où, faute de cavalerie pour exploiter sa victoire, il signe l'armistice de Pleiswitz.

Cet armistice est une erreur. L'illusion d'une paix possible va donner aux Alliés le temps d'organiser leur coalition contre lui. Leur plan est simple. Gagner du temps en lui faisant des propositions de paix comme gage de leur bonne volonté, mais des propositions qu'ils savent inacceptables. Ainsi, devant son refus, il apparaîtra aux Français comme un incorrigible fauteur de guerre qui se moque de faire couler le sang des Français et dont ceux-ci doivent se débarrasser s'ils veulent enfin vivre en paix.

Dans la galerie, le chapeau est toujours par terre. Napoléon finit par le ramasser d'un geste agacé. La discussion repart. Metternich, qui ne se prend pas pour une queue de cerise, est flatté d'être en face d'un homme qu'il admire et redoute à la fois. Sans doute est-il beaucoup moins sévère dans ses jugements que son maître, l'empereur François, qui n'a pas beaucoup d'idées à longue portée sous sa casquette ; pour lui, Napoléon est toujours le boutefeu de la Révolution, un Robespierre à cheval avec des mains rougies par le sang de son oncle et de sa tante. Metternich voit beaucoup plus loin. Il commence à être inquiet du réveil des nationalités, du bouillon de culture des idées démocratiques. Napoléon lui apparaît comme l'homme qui a su au contraire maîtriser les poisons de la Révolution, restaurer l'Église, la monarchie, « conjurer cet esprit de nouveauté qui parcourait le monde ».

Mais Metternich est d'abord un ambitieux qui doit, pour plaire à l'empereur François, entrer dans ses vues étroites. Il n'aime la paix que parce qu'il aime ses plaisirs et que la guerre n'est propice ni aux fêtes ni aux amours. Plein de duplicité, ce n'est pas un homme qui, comme Alexandre I$^{er}$, change de politique parce qu'il est mû par des aspirations contradictoires. Metternich, lui, n'a aucune démangeaison progressiste, c'est un pur conservateur, convaincu que, si on change une seule pièce

306

à l'édifice vermoulu, tout va s'effondrer. Sa duplicité colle très bien à la politique autrichienne ultra-conservatrice et ultraprudente que ses alliés lui reprochent : tirer les marrons du feu sans jamais prendre de risques militaires. Tout se passe dans les chancelleries, en accords secrets, en trahisons, en sournoiseries, en faux-semblants, en fils invisibles que ces lilliputiens nouent autour du géant pour l'entraver. Napoléon a compris ce jeu des Autrichiens. Il le dégoûte. Il n'aime pas les peuples sans courage.

En face de Metternich, il ne perd rien de sa superbe.

« Pensez-vous me renverser par une coalition ? Plus vous serez nombreux, plus je serai tranquille. J'accepte le défi. Au mois d'octobre prochain, nous nous verrons à Vienne. »

Puis il use de sa botte secrète, le charme.

« Savez-vous ce qui arrivera ? Vous ne me ferez pas la guerre ! »

Le pire, c'est qu'il le croit. D'ailleurs, il va s'empresser de faire venir Marie-Louise à Mayence pour qu'elle attendrisse son père.

Metternich revient sur ses offres de paix.

« Sinon ?

— Vous êtes perdu, Sire. »

Il ignore que les Alliés ont scellé son sort : quelles que soient ses propositions, l'Autriche lui déclarera la guerre. Les Alliés n'admettent aucun contre-projet. Ce qu'ils veulent, c'est attacher au cou de l'Empereur un grelot : celui de l'homme qui refuse de négocier et veut toujours faire la guerre. C'est son départ et rien d'autre qu'exigent les Alliés. À partir de là, les avis divergent : le tsar voudrait mettre sur le trône Bernadotte; les Anglais sont favorables au retour des Bourbons; quant à Metternich, il voudrait imposer une régence de Marie-Louise. Ainsi l'emblème de l'Autriche pourrait devenir une aigle à trois têtes.

Le 10 août, à minuit, Russes et Prussiens reprennent les hostilités. L'Autriche se joint à eux. Elle feint d'y être contrainte par un traité d'alliance et d'avoir tout fait pour sauver la paix. Et, pour comble, Bernadotte apporte à la coalition le renfort de ses Suédois. Il donne aux Alliés un conseil de traître : attaquer les troupes de Napoléon partout où il ne sera pas là en personne. Même le général Moreau vient rejoindre la coalition. C'est l'hallali.

Le 26 août, à Dresde, il repousse encore les ennemis. Avec un curieux pressentiment, il fait pointer son artillerie sur l'état-major russe. Un boulet vient frapper directement le général Moreau. Le pur jacobin tombe raide mort à côté du tsar, au milieu des rois.

Mais la chance a tourné. Définitivement. L'état-major est en rébellion. À Leipzig, le 16 octobre, c'est le début de la débâcle. Le grand Empire s'effondre. Il est comme indifférent au désastre. Il écrit à Cambacérès : « Je suis fâché de ne pas être à Paris. On m'y verrait plus tranquille et plus calme que dans aucune circonstance de ma vie. »

C'est avec un calme olympien, en effet, qu'il voit s'écrouler son œuvre. Toute son ingrate famille est entraînée avec lui : Joseph, après la défaite de Vitoria, abandonne une nouvelle fois Madrid pour n'y plus jamais revenir; Jérôme est chassé de Westphalie; Murat, qui vient de quitter la Grande

Armée vaincue pour assurer son trône de Naples, va essayer de tirer son épingle du jeu en entrant en négociations avec l'Angleterre sans savoir que, malgré sa trahison, il va à sa perte ; Eugène, le fils adoptif, perdu dans ses tergiversations, espère conserver sa couronne d'Italie, se gardant bien de courir le moindre risque en apportant le soutien de ses troupes à son beau-père. Les trahisons commencent. Elles ne s'arrêteront plus.

Quelques jours plus tôt, après une énième déconvenue, il déclarait :

« Eh bien, voilà la guerre ! Bien haut le matin et bien bas le soir. »

Et il se met à réciter un passage de *La Mort de César* de Voltaire. Quelles que soient les circonstances, il ne peut renoncer au seul bien qui lui importe : sa place dans l'histoire ; sa véritable généalogie : les hommes illustres.


## XXI


*Le 7 février 1814*

La nuit est tombée. Il arrive à Nogent. On lui a trouvé un logis Grand'Rue-Saint-Laurent, en face de l'église. À l'épuisement s'ajoute l'écœurement : il vient d'apprendre la trahison de Murat. Quelle atmosphère lugubre ! Il pleut. Un froid humide glace les os. Une odeur de bois brûlé et de poudre flotte sur la ville avec des relents de défaite. On s'empresse de créneler les maisons qui donnent sur la campagne. Les sapeurs s'affairent autour des arches du pont qui enjambe la Marne pour les miner. Dans la ville, les soldats affamés errent en quête de pitance. Ils ont le regard vide et douloureux des futurs vaincus. C'est une atmosphère de déroute. Le pays alentour est ruiné. Les troupes n'ont pas le moral. Comment l'auraient-elles dans cet inexorable mouvement de retraite ! Les armées de Blücher et de Schwarzenberg les enserrent dans un étau. Que peuvent quarante mille hommes devant des forces trois fois supérieures ? Et des soldats dont beaucoup n'ont pas l'expérience du feu : ceux qu'on surnomme les « Marie-Louise » ont à peine dix-huit ans et, pourtant, ils font les braves à côté des vieilles moustaches. Mais les uns et les autres le sentent : s'ils y croient encore, les généraux, eux, n'y croient plus. Ils sont arrivés à une bien compréhensible, mais bien funeste, conclusion quand il s'agit de se battre : ils n'ont plus envie de mourir.

Il est dans la bibliothèque, toujours au travail. Il confère avec ses deux plus proches collaborateurs : Maret pour la négociation, Berthier pour la guerre. M. de Rumigny est introduit. Il apporte une dépêche de Caulaincourt qui poursuit les tractations avec les Alliés à Châtillon. Il ouvre l'enveloppe avec fébrilité, la parcourt et la froisse rageusement. Le visage sombre, il se retire sans un mot dans sa chambre.

Après un moment d'hésitation, Maret et Berthier décident de le rejoindre. Ils le trouvent plongé dans une sombre méditation, le coude appuyé sur la table, le front comprimé par une de ses mains, l'autre tombante, tenant la dépêche froissée. Ils l'interrogent.

« Quoi ! Quoi ! Vouloir que je signe un traité pareil ! Que je foule aux pieds mon serment ! Des revers inouïs n'ont pas pu m'arracher la promesse de renoncer à mes conquêtes ; mais que j'abandonne celles de la République ! Que je viole le dépôt qui me fut remis avec tant de confiance ! Que je laisse la France plus petite que je l'ai trouvée ! Jamais. Le pourrais-je sans trahison, sans lâcheté ? Si nous renonçons à la limite du Rhin, ce n'est pas seulement la France qui recule, c'est l'Autriche et la Prusse qui avancent... »

Pourtant, les deux hommes insistent pour qu'il accepte les conditions qu'on lui propose. Eux aussi en ont assez de la guerre, de l'aventure, des gîtes de fortune, de cette existence de bohémiens impériaux. Berthier voudrait retrouver Mme Visconti, sa terre de Grosbois, ses chasses, et Maret aimerait bien profiter des fabuleux profits qu'il a réalisés. Alors la guerre...

« Répondez ce que vous voudrez. Moi, je ne signerai jamais ! Dites à Caulaincourt que je rejette ce traité. Je préfère courir les chances les plus rigoureuses de la guerre. »

Et il se jette sur un lit de camp. Maret et Berthier se retirent.

Il a compris que les Alliés exigeront toujours plus. Leurs conditions s'accroîtront au fur et à mesure. Ils n'ont qu'une idée en tête : son éviction du pouvoir. En fait, c'est la Révolution honnie qu'ils rejettent et ses conquêtes. Ils veulent effacer vingt années d'un coup de plume. L'heure de la revanche a sonné pour eux. Cette France insolente et conquérante qui a semé des ferments de désordre et d'anarchie dans leurs royaumes, ils veulent la punir en la réduisant à sa plus simple expression géographique. Et c'est ce patrimoine qu'il veut défendre envers et contre tous, contre ses généraux qui, eux aussi, comme Maret et Berthier, comme tous les Français, n'en peuvent plus de la guerre et en sont presque à souhaiter le grand repos de la défaite, quel qu'en soit le prix.

Alors commence une nuit terrible. Il se débat avec ses erreurs et ses fautes qui l'accusent. Bien sûr, il a pris trop de risques, mais, sans ces risques, aurait-il été lui-même ? À partir de quand la machine a-t-elle commencé à se détraquer ? L'affaire d'Espagne, l'affaire russe ? L'erreur de Tilsit, d'Erfurt, son inexplicable confiance dans le fourbe tsar Alexandre ? Sa non moins naïve confiance dans l'alliance autrichienne ? Et commencent à défiler les visages de ceux qui l'ont trahi ou sont en passe de l'abandonner : Bernadotte, Murat, le « Bernadotte du Sud ». Il se murmure à lui-même :

« C'est dans ma destinée de me voir constamment trahi par l'affreuse ingratitude des hommes que j'ai le plus comblés de bienfaits. »

Mais, au-delà de lui-même, c'est surtout son œuvre qu'il lui importe de sauver. Pourquoi le destin le punit-il ? N'a-t-il donc fait monter la France aussi haut que pour assister à sa descente au plus bas ?

Cette nuit où cet homme lucide se livre à son autocritique, Louis Madelin l'appelle l'heure de la Némésis : l'heure fatale de la déesse de la compensation où tous les succès, la gloire sont balayés en un instant par la conjuration des malheurs. Tout ce qui a été donné est repris. La chance, cette grâce, se retourne en malchance. La lumière est réinvestie par l'ombre.

Pourtant, l'esprit de la lutte ne l'abandonne pas. Dix fois au cours de cette nuit, il fait éteindre les lumières, puis les fait rallumer. Le sommeil l'a fui. Il réunit toutes les forces de son intelligence pour trouver le point faible de son ennemi. Que de combinaisons il échafaude! Il cherche une faille dans la coalition des forces alliées contre lui. Il doit la trouver.

Il écrit à Joseph, dont il se méfie : « S'il arrivait bataille perdue et nouvelle de ma mort, vous en seriez instruit avant les ministres. Faites partir l'impératrice et le roi de Rome pour Rambouillet. Je préférerais que l'on égorgeât mon fils plutôt que de le voir jamais élevé à Vienne comme un prince autrichien. Je n'ai jamais vu représenter *Andromaque* que je n'aie plaint le sort d'Astyanax survivant à sa maison et que je n'aie pas regardé comme un bonheur pour lui de ne pas survivre à son père. »

Au matin, une nouvelle dépêche arrive. Il la lit. Son visage s'éclaire. Son regard s'enflamme. C'est comme s'il voyait son étoile réapparaître. Il crie :

« Mes cartes… mes cartes! »

Il vient d'apprendre par Marmont que Blücher et Schwarzenberg ont commis la faute de séparer leurs armées. Les zizanies, en effet, se font jour dans le camp des Alliés : le tsar veut que Blücher investisse Paris le plus vite possible afin d'installer Bernadotte sur le trône et faire capoter une régence de Marie-Louise, solution qui a la faveur de Metternich qui, lui, au contraire, veut ralentir l'armée de Schwarzenberg afin de ne pas effrayer les Parisiens. L'un va donc vers Paris par la Seine, l'autre par la Marne. C'est la faute qu'il attendait.

Berthier et Maret font un long nez. Décidément, il est incorrigible ! Adieu la paix, adieu Grosbois, adieu la Visconti !

Lorsque Maret vient lui apporter la réponse qu'il a rédigée pour Caulaincourt, il le trouve plongé dans ses cartes. Et plein d'entrain.

« Ah, vous voilà. Il s'agit maintenant de bien autre chose. Je suis en ce moment en train de battre Blücher à l'œil. Je le battrai demain, je le battrai après-demain. La face des choses va changer. Ne précipitez rien. Il sera toujours temps de faire une paix comme celle qu'on nous propose. »

C'est le sursaut du fauve traqué. Aussitôt les ordres crépitent. Les estafettes partent au galop sous la pluie. Dans les pires conditions — des troupes démoralisées, de jeunes soldats inexpérimentés, des généraux qui regimbent —, il insuffle aux soldats une formidable énergie. Il retrouve sa détermination d'Arcole, de Marengo, de Wagram, ces victoires construites sur des défaites. Sa première proie : Blücher qui, dans sa hâte d'atteindre Paris, a étiré son armée comme un long serpent. Il va lui assener « trois grands coups de hache ». C'est Champaubert, c'est Montmirail, c'est Vauchamps et, en prime, Château-Thierry. Dans la boue, les marais glacés, il surprend et défait les six mille hommes du général Ousulfuev qui, culbuté, est fait prisonnier avec ses officiers. Il se tourne dans la direction de Montmirail et inflige une défaite aux vingt mille hommes du général Sacken qui manque d'être capturé et s'enfuit, son corps à moitié détruit ; les quatre mille cavaliers de Grouchy se jettent sur les vingt mille Prussiens de Blücher qui abandonnent le terrain. Les troupes de Sacken mettent bas les armes. En cinq jours, il a renversé la situation. L'ennemi a subi de lourdes pertes. Le moral des soldats remonte.

Champaubert, Montmirail, Vauchamps, comme ces victoires brillent d'un éclat particulier dans la nuit de la défaite ! À quelle mystérieuse ressource de l'âme les soldats vont-ils puiser leur bravoure ? On est avec eux, on les soutient, on les applaudit. Leur combat est tellement inégal ! Et ce sacrifice pour l'honneur ne leur accorde même pas la gloire qu'ils méritent. Qui, hormis de vieux stratèges et quelques colonels à la retraite, connaît encore ce prodigieux déploiement d'héroïsme qui a eu lieu en dehors des grandes avenues de l'histoire ? Quel génie militaire il déploie ! C'est vraiment l'énergie du désespoir. Le pire, c'est que la victoire sur l'ennemi devient subitement possible. Il suffirait que les maréchaux et les généraux aient encore envie de gagner. Mais leur corps est absent et leur esprit ailleurs. Loin de lui.

Sans se laisser abattre, il écrit à Augereau qui commence à flancher. Pour lui faire honte. « J'ai détruit quatre-vingt mille ennemis avec des bataillons composés de conscrits n'ayant pas de gibernes et mal habillés… Soyez le premier aux balles ! Il faut reprendre ses bottes et sa résolution de 93. » Mais ni Augereau ni Clarke ne se pressent pour lui apporter les renforts dont il a besoin pour son ultime coup de boutoir. Il est seul avec Mortier, la vieille garde, Oudinot, Victor, Marmont.

Dans le camp des Alliés, c'est l'affolement. Ils prennent peur. Ce n'est pas à un homme qu'ils ont affaire, c'est au diable. D'autant qu'il continue à les culbuter. C'est Montereau. Il balaie les sept mille Wurtembourgeois de Blücher qu'il refoule jusqu'à Langres. Schwarzenberg demande un armistice. De la poudre aux yeux ! En fait, les Alliés, sonnés, veulent un moment de répit pour se réorganiser. Ils signent entre eux le traité de Chaumont. Ils se déclarent « liés pour vingt années contre la France ». Désormais, il n'y a plus de discorde chez l'ennemi. C'est un front uni, un énorme mur, qui s'ébranle pour en finir avec cet homme que rien ne peut abattre.

Schwarzenberg décide une contre-offensive. Il lance ses cent mille hommes contre les vingt-trois mille soldats de l'Empereur, décidé à l'écraser sous sa masse.

À Torcy-le-Grand, Napoléon entend la canonnade. Il se précipite à Arcis-sur-Aube où la bataille fait rage. Un incendie s'est déclaré. La ville est en feu. Il se retrouve au milieu de la mêlée, l'épée à la main. Les Français se battent avec une énergie folle. La ville est reprise deux fois. Les boulets pleuvent, la mitraille crépite. Un obus tombe à côté de son cheval et explose. Il est couvert de sang, mais indemne. On se bat au milieu des flammes. Un mouvement de panique se produit. Il se précipite sur un pont pour arrêter la débandade.

« Qui de vous passera devant moi ? »

C'est Arcole qui recommence !

La Garde parvient à contenir le flot des fuyards. L'épée toujours à la main, il continue à se battre. Tant de gens qui ne veulent pas mourir tombent autour de lui. Il reste épargné au milieu de la mitraille. Les balles, les boulets semblent vouloir l'éviter.

Exelmans, le voyant assailli de toutes parts au milieu de sa garde, veut aller l'avertir du danger qu'il court. Sébastiani le retient :

« Laissez-le donc ! Vous voyez bien qu'il le fait exprès. Il veut en finir. »


## XXII


*12 avril 1814*

Une fenêtre faiblement éclairée. Le château de Fontainebleau est plongé dans la nuit. Étendu sur son lit, il se tord de douleur. Il est en sueur, agité de spasmes, le ventre en feu. Il sent sa fin proche. Sur la table de chevet, un verre d'eau et un sachet de papier vide. Il vient d'avaler du poison. Une dose d'opium mêlé de belladone capable de tuer deux hommes. La préparation que lui a concoctée Yvan, son chirurgien, en Russie après le hourra de Malojaroslawetz au cours duquel il a failli être pris par les Cosaques. Depuis, il la portait suspendue à son cou dans une enveloppe de taffetas noir. Puisqu'il n'a pas trouvé la mort à Arcis-sur-Aube, il a choisi de mourir en Romain. Il n'a pas voulu se servir d'une arme à feu, moyen plus expéditif. Il a craint d'être défiguré. Il veut que son visage reste intact dans une expression impassible, tel que ses soldats l'ont vu si souvent au milieu du champ de bataille et tel qu'il souhaite qu'ils le voient une dernière fois quand ils viendront saluer sa dépouille. C'est à eux que va sa dernière pensée : ses grenadiers, sa garde. Eux qui lui sont restés fidèles. Les seuls qui ne l'aient pas trahi.

Son pouls est de plus en plus faible. Les accès de fièvre alternent avec les sueurs froides. Une grimace de souffrance déforme son visage. Il fait appeler Caulaincourt par le valet de chambre.

« Approchez-vous, Caulaincourt, asseyez-vous, dit-il d'une voix faible. Donnez-moi votre main, embrassez-moi ! »

Caulaincourt a compris. Il veut aller chercher du secours, mais Napoléon le serre fortement contre lui pour l'en empêcher.

« Je ne veux que vous, Caulaincourt. »

Les hoquets augmentent. Ses membres se raidissent. Tout son corps semble vouloir se soulever pour vomir. Les spasmes se calment. Il dit d'une voix faible :

« Qu'on a de la peine à mourir ; qu'on est malheureux d'avoir une constitution qui repousse la fin d'une vie qu'il me tarde tant de voir finir. »

Les nausées deviennent plus violentes. Il finit par vomir un liquide blanchâtre. Une odeur âcre emplit la chambre. Les vomissements se succèdent.

« Qu'il est donc difficile de mourir dans son lit quand si peu de choses tranchent la vie à la guerre. Dans peu, je n'existerai plus. Portez alors ma lettre à l'impératrice. Gardez les siennes avec le portefeuille qui les renferme pour les remettre à mon fils quand il sera grand. »

Constant, le valet de chambre, a prévenu Yvan, le chirurgien, qui lui prend le pouls. Il lui réclame une dose plus forte afin d'en finir plus vite. Le médecin s'insurge, disant qu'il est près de lui pour le soigner, non pour remplir le rôle d'un assassin.

Les nausées redoublent. Yvan, bouleversé, fond en larmes. Il quitte la chambre pour éviter d'être sollicité à nouveau. Il descend quatre à quatre l'escalier du château, monte sur un cheval et s'enfuit dans la nuit.

Dans la chambre, les hoquets reprennent. À nouveau, les sueurs froides. Caulaincourt, brisé par l'émotion, pleure. Ses larmes coulent sur les mains de l'Empereur.

Ce suicide, qui n'est pas dans son caractère, il a fallu des circonstances folles pour l'amener à s'y résoudre. L'idée n'est pas nouvelle chez lui. À vingt-cinq ans, à Paris, il envisageait de se jeter devant la première voiture venue; en Italie, au plus fort des infidélités de Joséphine, il aspirait à la mort. Maintenant, ce n'est pas seulement une femme qui l'a trahi, c'est la vie. L'Europe conquise a cédé sous ses pieds. En six mois, il a tout perdu. Comme si le destin avait décidé de lui reprendre tout ce qu'il lui avait donné. Quelle brutale dépossession! L'Empire s'est effondré comme un château de cartes. Son règne lui semble aussi éphémère qu'une « monarchie de huit jours ».

Ce n'est pas le désastre qui le décide à mourir. Il lui en faut plus que l'effondrement de son empire pour entamer son caractère d'acier. Les échecs, loin de le décourager, l'ont toujours stimulé. Il n'a jamais cru les défaites définitives. Il est toujours resté serein, même devant ces engrenages de malchances qui semblent s'enfanter les unes les autres. Il s'est prémuni d'avance contre les aléas du destin : que les humiliations succèdent aux moments de gloire, son ignominieuse déchéance proclamée par le Sénat après son sacre, la Bérézina après Austerlitz, tout cela lui semble appartenir à un ordre des choses contre lequel il serait vain de s'insurger. Seuls le ciel et l'étoile qui le protège en connaissent les raisons.

C'est la trahison qui a eu raison de lui. Elle seule a atteint son principe vital. Faire face à ses ennemis, vaincre l'adversité, c'est dans la nature de son génie. Être trahi par ses proches — Murat, son beau-frère, Caroline, sa sœur, Marmont, dont il a fait la fortune —, cela le laisse désemparé. Et que dire de ces hommes, maréchaux, généraux, qui sont venus ici lui extorquer son abdication ? Et tous ceux qui, derrière eux, ministres comme Cambacérès, se sont déjà abouchés avec les Alliés pour sauver leur carrière ! Lui qui ne s'est jamais fait d'illusion sur la nature humaine a cependant cru à ce minimum vital de dignité de ceux qui lui doivent tout.

Dans son agonie, comme elle le hante, cette scène au cours de laquelle Ney, Lefebvre, Moncey et Macdonald, faisant irruption dans son cabinet, sont venus lui porter le coup de grâce.

Ces hommes devant lui, qu'il a connus obséquieux, quémandeurs de prébendes, flatteurs, semblent le défier. Il sent leur arrogance nouvelle. Il feint de n'en rien voir et les rappelle à leur devoir.

« Les Alliés ! Je vais les écraser dans Paris. Il faut marcher sur la capitale sans tarder.

— Nous ne pouvons pas exposer Paris au sort de Moscou, rétorque Macdonald.

— Je ferai appel à l'armée, dit l'Empereur d'un ton cassant.

— L'armée ne marchera pas, dit Ney.

— L'armée m'obéira ! crie Napoléon.

— Sire, l'armée obéit à ses généraux », déclare Ney.

Devant ces paroles insolentes, Napoléon est décontenancé. Autant que César au Capitole devant les stylets de ses amis soudain levés contre lui.

« Enfin, que voulez-vous donc, messieurs ?

— L'abdication ! » disent d'une même voix Oudinot et Ney.

Si prompt à la fureur qu'il soit, Napoléon semble sonné. Sa voix est maintenant empreinte de douceur. Il parle avec calme, comme si ce qu'on lui proposait était la chose la plus naturelle du monde. Mais les maréchaux s'accrochent à leur résolution. Ils ont décidé de ne plus céder devant son charme. À cet instant, ils partagent la pensée vulgaire de Lefebvre qui rabâche : « Croit-il donc que, lorsque nous avons des titres, des hôtels, des terres, nous nous ferons tuer pour lui ? » Comme si ces terres, ces hôtels, ces titres, ce n'est pas à lui qu'ils les doivent ! Mais c'est aussi tout un passif de rancœurs, de jalousies, d'envies, d'humiliations qui remontent à la surface et s'aigrissent en ingratitude. Combien de fois dans leur for intérieur ou en face de leurs épouses ambitieuses n'ont-ils pas avoué que, s'il n'avait tenu qu'à eux, ils auraient pu être à sa place ! Oui, Premier consul et, pourquoi pas ? empereur ! N'avaient-ils pas autant de mérites militaires que lui, autant de courage, de savoir-faire, d'intelligence ? Il y a tout cela dans leur silence.

« Eh bien, messieurs, puisqu'il en est ainsi, j'abdiquerai. »

Mais, devant ces maréchaux désormais décontenancés par son attitude, il change soudain de ton. Il se jette sur un canapé et, se frappant la cuisse de la main, il lance, comme s'il ne se sentait nullement lié par ce qu'il vient de dire :

« Bah, messieurs, laissons cela. Notre situation n'est pas mauvaise. Marchons demain. Nous les battrons devant les murs de Paris ! »

Sa dernière botte secrète : faire appel à leur instinct de soldat, à leur devoir, à des sentiments qui ne peuvent être complètement éteints dans leur cœur.

Mais ils restent de marbre. Ils lui soutirent l'abdication conditionnelle en faveur de son fils. Deux jours plus tard, ils reviennent pour lui arracher l'abdication sans condition. Il n'a plus le choix : Marmont est passé avec son armée du côté des Alliés.

Les maréchaux sont à nouveau devant lui. Une aube sale blanchit les vitres. Il leur propose de continuer la résistance dans la vallée du Rhône et, pourquoi pas ? en Italie. Il tente de réveiller l'ardeur de leur jeunesse. Aucune réponse. Seulement le mur d'un lourd silence.

Alors il lance :

« Vous voulez du repos ? Eh bien, ayez-en ! »

Et il écrit à la plume le texte de son abdication : « Les puissances ayant déclaré que l'Empereur Napoléon était le seul obstacle au rétablissement de la paix en Europe, l'Empereur Napoléon, fidèle à ses serments, déclare qu'il renonce pour lui et ses enfants au trône de France et d'Italie, et qu'il n'est aucun sacrifice, même celui de sa vie, qu'il ne soit prêt à faire à l'intérêt de la France. » Il signe puis murmure :

« Je suis humilié que des hommes que j'ai élevés si haut se ravalent si bas. »

Et encore ne sait-il pas tout de l'ampleur des défections, des reniements, des trahisons! Il ignore que Joséphine et Hortense fêteront à la Malmaison le tsar et le roi de Prusse; qu'aucun de ses ministres ne se déplacera pour lui dire un dernier adieu; que Berthier, le fidèle Berthier, va l'abandonner, pressé comme tous les autres purs jacobins d'aller faire ses dévotions aux Bourbons. Oui, même le mamelouk Roustam, qui dormait sur le seuil de sa porte. Il s'en va. Constant, son valet de chambre, le quitte aussi.

Et encore, il n'a pas eu connaissance de ce que disent de lui ses proches. Murat : « Il n'est que trop juste qu'il soit rayé de la liste des souverains, enfermé et réduit à ne plus être en état de faire le malheur du monde entier. » Ou son frère Jérôme : « L'Empereur, après avoir fait notre malheur, se survit. »

Alors la mort! Mais elle ne veut pas de lui. À 7 heures du matin, il finit par s'assoupir. Puis il s'éveille et montre les signes du plus profond accablement. Caulaincourt l'aide à se lever et le soutient jusqu'à la fenêtre ouverte. La brise fraîche lui fait du bien. Il dit :

« Puisque la mort ne veut pas de moi, j'écrirai l'histoire de mes braves. »

Cinq jours plus tard, depuis le grand escalier en fer à cheval du château, il fait ses adieux à ses soldats. Ils sont en larmes. Ces hommes endurcis par les combats sentent monter en eux une tendresse infinie pour cet homme qui a toujours su leur parler, qui a su les faire rêver, qui a su les aimer. Ils se sont battus pour l'accompagner dans son exil. Aucun ne veut l'abandonner dans son malheur.

À 8 heures, par un temps brumeux, le général Drouot crie d'une voix de stentor :

« L'Empereur ! »

Il apparaît en haut de l'escalier. Le 1$^{er}$ régiment de grenadiers à pied et les marins de la jeune garde sont alignés sur deux files.

Il descend l'escalier dans un roulement de tambours. Puis il s'adresse à eux.

« Officiers, sous-officiers, soldats de ma vieille garde, je vous fais mes adieux. Depuis vingt ans, je vous ai constamment trouvés sur le chemin de l'honneur et de la gloire. »

Sa voix s'enroue sous l'émotion.

« Je pars. Vous, mes amis, continuez à servir la France. Ne plaignez pas mon sort. Adieu, mes enfants. Je voudrais vous presser sur mon cœur. Que j'embrasse au moins votre général et votre drapeau. »

Le général Petit, qui commande la garde, s'avance. Ses yeux sont noyés de larmes. Napoléon l'étreint.

« Qu'on m'apporte l'aigle. »

Des grenadiers de la garde d'honneur s'avancent, portant le drapeau du 1$^{er}$ régiment. On y lit, brodés en lettres d'or, des noms de légende : Marengo, Austerlitz, Iéna, Eylau, Wagram, Moskova...

Napoléon embrasse longuement le drapeau.

« Chère aigle, que ce dernier baiser retentisse dans le cœur de tous mes soldats. »

Dans le silence, on entend des reniflements, des bruits de gorge, des sanglots étouffés.

Napoléon, ému, reprend d'une voix qui se veut ferme :

« Adieu. Encore une fois, mes vieux compagnons, que ce dernier baiser passe dans vos cœurs. »

Dans un silence funèbre, chargé d'émotion, les soldats regardent leur Empereur gagner la voiture qui l'attend, suivi du général Petit, secoué par les sanglots. La voiture s'éloigne. Ils demeurent immobiles, comme s'ils ne voulaient pas croire à la scène à laquelle ils viennent d'assister. Soudain, les grognards brisés par l'émotion pleurent à chaudes larmes. Ils ont tellement vécu pour la guerre, l'excitation, la fièvre, la fraternité, transportés par l'enthousiame dans un monde imaginaire. Qui désormais les aidera à porter leur gloire ? C'est lourd, la gloire ! Lourd de souvenirs, d'orgueil, de joies, de blessures. C'est un sentiment trop fort pour la solitude. On ne peut le partager qu'avec ceux qui comprennent. Ils savent qu'ils vont maintenant mourir à petit feu dans la paix. Des demi-solde ! Des demi-vivants !

D'un même élan spontané, les soldats brûlent leurs drapeaux et leurs aigles afin que personne ne s'approprie jamais cette gloire qui n'appartient qu'à eux, cette part ineffable de leur vie. Certains mettent les mains dans le brasier et en avalent les cendres. Dernière image de Fontainebleau tandis que l'Empereur s'éloigne : ces grands bougres de soldats qui pleurent comme des enfants devant des feux où se consument leurs drapeaux, la moustache maculée de cendres.

## TROISIÈME PARTIE

# Prométhée enchaîné

Je me sens poussé vers un but que je ne connais pas. Quand je l'aurai atteint, un atome suffira à m'abattre.

N.

## I

*1ᵉʳ septembre 1814*

Il a tourné la page. En apparence. Il est gai. Tout
porte à croire qu'il s'est résigné à son sort. Soulagé
d'être délivré du poids d'une énorme responsabilité. Les douze mille habitants de l'île d'Elbe pèsent
d'un poids bien léger en comparaison des quatre-
vingts millions d'Européens qui étaient sous sa
férule. C'est aussi dans son caractère de savoir
s'adapter aux circonstances. Si le destin l'a décidé,
pourquoi ne pas accepter une pause ? Un moment
de repos après tant d'orages. Et puis il est revenu
dans un pays de soleil, une île qui ressemble à celle
de son enfance. La Corse, il l'aperçoit de la terrasse de sa résidence des Mulini à Portoferraio, à
l'ombre de la citadelle. Par temps clair, elle émerge
de la brume de chaleur. Il peut imaginer Bastia, sa
forteresse génoise, San Martino di Lota où le
comte de Marbeuf, protecteur de sa famille, possédait un relais de chasse. En quelques heures, un
voilier pourrait l'y porter. Dans cette île, il retrouve
tout ce qui fait le charme de la Corse, de beaux
paysages, une population pastorale, une rusticité
patriarcale et des habitants aux mœurs plus

dociles, moins enfiévrés par les passions politiques, qui l'ont accueilli avec des marques de vénération. Ce qui manque à Elbe, c'est l'odeur de la Corse. Elle n'a pas de parfums. Lui fait défaut une autre qualité : elle n'est pas la France. Et, pour lui, cela n'est pas rien.

Pourtant, il s'est ménagé une existence qui pourrait faire croire qu'elle lui donne toute satisfaction. Il organise, réforme, administre son île avec le soin qu'il donne à toutes choses, entrant dans les détails de la gestion, du salaire des jardiniers à la plantation des mûriers, à la limitation des chèvres. D'abord parce que l'inactivité n'a jamais été son fort, mais aussi parce qu'il entre dans son jeu politique de faire croire aux Alliés, qui vont se réunir en congrès à Vienne, qu'il s'est assagi, qu'il n'est plus une menace pour eux. Il a beau faire, ceux-ci ne le croient pas. Tant qu'il vivra, ils ne seront pas en paix. Quelque chose leur dit que ce diable d'homme n'est pas de la nature dont on fait les retraités.

Côté femmes, il s'est aménagé des liaisons avec deux dames peu farouches, Bellina et Lise Le Bel, facilement éblouies par sa gloire. Mais ces relations, quasi ancillaires, ne le satisfont pas. Après avoir tenu Marie-Louise à distance pour qu'elle plaide sa cause auprès de son père, l'empereur François à Vienne, il a réitéré des demandes pour qu'elle vienne le rejoindre. La chaleur des lettres de Marie-Louise a beaucoup baissé : passionnées et enflammées au printemps, elles sont devenues raisonnables et tièdes avec l'été. Elle qui jurait n'avoir pas d'autres désirs que celui de le rejoindre au plus vite : « Tourmentée, t'aimant plus tendrement que jamais, je passe des journées entières à me désespérer de ne pas te voir » ; elle emploie maintenant des formules dilatoires. Entre-temps, un homme, chargé à la fois de la protéger et de l'espionner, est entré dans sa vie : le général comte de Neipperg, un borgne, séducteur professionnel qui ne compte plus les bonnes fortunes. Metternich l'a choisi ès qualités pour détourner Marie-Louise de Napoléon. Dans quelques petites semaines, l'irréparable sera consommé. Elle deviendra sa maîtresse. Pour l'instant, elle penche irrésistiblement vers lui pendant sa cure à Aix-les-Bains. Dès qu'il la touchera, après une course romantique en montagne sous l'orage et la pluie, il ne sera plus question d'aller à l'île d'Elbe. Mais cette trahison, après combien d'autres, il ne la connaît pas encore. Il espère.

Ce jour-là, pourtant, il est soucieux. Si l'impératrice ne se montre pas empressée de venir, en revanche, une autre visiteuse ne s'est pas fait prier. Tout en passion, en élan, véritable Polonaise, Marie Walewska arrive pour une visite incognito. Il l'attend avec une fébrilité et l'angoisse d'un homme marié sur qui les yeux de l'Europe sont fixés et qui craint que la cour d'Autriche n'en profite pour avertir l'impératrice de cette visite galante.

Aussi a-t-il pris mille précautions pour que les habitants de l'île ne s'aperçoivent pas de l'arrivée de la visiteuse étrangère. C'est bien difficile dans une île cancanière où il ne se passe désespérément rien et où la venue du moindre visiteur suffit à remplir la chronique locale.

Marie Walewska, accompagnée de sa sœur et de son fils, débarque de nuit d'un brick qui mouille dans une baie isolée. Escortée par le général Bertrand, elle se rend en calèche à l'ermitage de la Madone, un lieu isolé sur le mont Giove. Des porteurs de torches l'éclairent. Ce n'est qu'à minuit que, tantôt à cheval, tantôt à pied, la petite troupe parvient devant un ancien couvent où la tente impériale a été dressée au milieu des châtaigniers. Un souper les attend.

Puis les deux femmes et l'enfant regagnent le couvent tandis que le ciel s'obscurcit. Le vent souffle, la tempête se déchaîne, une pluie diluvienne se met à tomber. Napoléon, en robe de chambre, rejoint Marie Walewska. Au petit matin, il regagne sa tente.

La journée s'annonce belle. Le vent a chassé la pluie. Marie Walewska et Napoléon se promènent autour de l'ermitage, dans les forêts de châtaigniers. Rien ne doit signaler la présence de la belle étrangère aux habitants de l'île qui attendent la venue de l'impératrice.

Le soir, nouveau dîner. Marie Walewska détache le magnifique collier de perles qu'il lui avait offert pour la naissance de leur fils Alexandre.

« Je sais que vous avez besoin d'argent. Acceptez que je vous rende tous les bijoux. »

Il refuse. Il est ému. Cette fidélité, après tant de trahisons, le touche. Mais il y a longtemps qu'il a cessé d'écouter son cœur. Il la rejoint encore dans la nuit. C'est pour lui annoncer qu'elle doit partir le lendemain. Les habitants de l'île commencent à jaser. Les domestiques ont parlé. Pour Marie Walewska, c'est une nouvelle humiliation. Elle devra quitter l'île, la nuit, à la sauvette.

Le lendemain soir, ils se disent adieu. Par

crainte des racontars, il renonce à l'accompagner jusqu'au brick qui mouille au large de Marciana Marina. Elle part dans la nuit. Le vent se lève à nouveau. Le ciel s'obscurcit. Une violente tempête commence à se déchaîner. Pris de scrupules, assailli de remords, il lui fait porter un message : « Ne partez pas ! » Et il se précipite à cheval sous l'orage vers Marciana Marina sans savoir que le capitaine du brick a décidé d'abriter son navire à Porto Longone. Quand, à l'aube, trempé, il arrive en face du mouillage, c'est pour voir le bateau secoué par les vagues écumantes s'éloigner, ballotté par la tempête au milieu des éclairs. Il la reverra une dernière fois à la Malmaison, dans huit mois. Deux ans plus tard, elle épousera le général Philippe d'Ornano, comte d'Empire, et mourra l'année suivante des suites d'un accouchement, à trente et un ans. Maurice Barrès aurait pu la réunir à ses grandes héroïnes d'*Amori et dolori sacrum* : vouée à l'amour et à la douleur.

Bien sûr, la cour de Vienne est aussitôt prévenue de l'escapade de Marie Walewska. On s'empresse d'en informer Marie-Louise, ce qui accélère son penchant, déjà vif, pour le général de Neipperg.

Resté seul, il médite. De toutes parts, surtout de Vienne où les puissances alliées s'apprêtent à tenir conclave, lui viennent des propos alarmants. Seul le tsar reste fidèle à sa promesse de le maintenir à l'île d'Elbe. Les Autrichiens et les Anglais, et même Talleyrand, craignent son retour et veulent l'éloigner de Naples où il pourrait rejoindre Murat. On parle d'un exil aux Açores et même, déjà, de Sainte-Hélène.

Mais Louis XVIII, lui aussi, a des idées sur son

avenir qu'il aimerait bien raccourcir : fidèle à ses anciennes marottes, il juge, lui, plus expéditif de le faire assassiner. De nombreux sicaires se proposent pour remplir la besogne. On a nommé en Corse comme administrateur un certain chevalier de Bruslard, ami de Cadoudal, qui se fait fort de réussir là où son complice a échoué. Un Corse nommé Mariotti a également proposé ses services à Talleyrand pour enlever l'Empereur : il communique avec son agent, un marchand d'huile d'olive qui le tient au courant de tous ses faits et gestes. Napoléon a lui aussi ses espions. Les uns l'informent des bruits qui courent à Vienne sur le sort que les Alliés lui réservent. D'autres le renseignent sur la situation en France où l'image des Bourbons se dégrade de jour en jour. Ce n'est plus Louis XVIII qui règne, c'est le mécontentement.

Avec un art consommé de la dissimulation, Napoléon feint de n'être au courant de rien de ce qui se trame. Surtout il s'ingénie à paraître content de son sort afin d'endormir les soupçons. Ainsi il abuse le colonel Campbell, un des commissaires alliés chargé de l'escorter à l'île d'Elbe et qui reste dans l'île officiellement comme correspondant des Alliés mais, en fait, pour le surveiller.

« Je n'existe plus pour le monde. Je vous l'ai dit et je vous le répète, je suis un homme mort. Je ne m'occupe plus que de ma famille et de ma retraite, de ma maison, de mes vaches et de mes mulets. »

Et, pour mieux tromper son monde, il organise lui-même les festivités du carnaval qui doit avoir lieu le 13 février. Le 26 de ce même mois, il prendra la poudre d'escampette.

Dans la préparation de sa fuite, il a trouvé un

allié de poids. Un allié inattendu : l'amour. Et un allié plus inattendu encore, bien qu'involontaire : le colonel Campbell chargé de le surveiller. Cet Écossais à l'âme romanesque, gravement blessé lors de la campagne de France, dont il a fait la conquête en lui parlant des poèmes du barde Ossian, n'a pas décidé de rester en poste à l'île d'Elbe uniquement pour les beaux yeux de Napoléon. Ce rouquin aux yeux bleus est tombé follement amoureux d'une séduisante et fastueuse Florentine, la comtesse Miniaci, qui a des résidences à Lucques, à Livourne et un palais à Florence. Elle y accueille volontiers son amant qui partage sa vie entre son devoir et de folles escapades qui peuvent durer jusqu'à un mois. On comprend que le colonel ait tenu à donner des nouvelles rassurantes à son gouvernement et à son chef, le suspicieux lord Castlereagh. Il se serait bien vu passer de longues années voluptueuses, réchauffé par le soleil et par l'amour.

C'est le 18 février que débarque à l'île d'Elbe un curieux personnage déguisé en marin, un ancien sous-préfet un peu infatué et mythomane sur les bords, qui se présente comme venant de la part de Maret, duc de Bassano. Napoléon le reçoit avec un peu d'appréhension. N'est-il pas un de ces assassins qui ont reçu la mission de le tuer ? Mais l'ancien sous-préfet montre patte blanche : la preuve de ses relations étroites avec Maret. Napoléon l'écoute alors.

Fleury de Chaboulon brosse un portrait de la déliquescence du règne de Louis XVIII. Le mécontentement grandit. Les acquéreurs de biens nationaux sont inquiets. La France est dégoûtée des

Bourbons, de leurs perruques poudrées, de leur étiquette d'Ancien Régime.

Napoléon l'écoute en silence, ne laissant rien voir de ses projets.

Sa résolution est prise. Depuis longtemps. Pas besoin des conseils de Fleury de Chaboulon qui se vantera d'être son inspirateur.

Une semaine plus tard, les ordres claquent. Le millier de soldats sous les ordres de Bertrand et de Drouot embarque sur le brick *L'Inconstant* et trois autres navires de moindre importance. À la nuit tombée, Napoléon monte à bord. On hisse les voiles. Les vents sont favorables. Sir Neil Campbell, à Livourne, file le parfait amour. Il ne se doute de rien. Quand il revient enfin, c'est pour découvrir que l'aigle s'est envolé.

Napoléon, à bord de *L'Inconstant*, est d'humeur joyeuse. Il joue aux échecs. De l'île d'Elbe, il n'a emporté que deux uniformes, un de chasseur, un de grenadier, des chemises, et rien d'autre. Sinon une cocarde tricolore. Tandis que la petite flotte a mis le cap sur Golfe- Juan, elle aperçoit au loin deux frégates françaises, La *Melpomène* et La *Fleur de lys*, chargées de la surveillance de l'île, qui ne prêtent pas attention à la flottille. Mais, à ce moment, un autre navire de guerre français, Le *Zéphyr*, fonce droit sur *L'Inconstant*. Aussitôt Napoléon ordonne aux cinq cents grenadiers, facilement reconnaissables à leur bonnet à poil en ourson, de s'allonger sur le pont.

Les deux capitaines qui se connaissent se hèlent avec leur porte-voix. Le capitaine de *L'Inconstant* répète les paroles que lui souffle Napoléon, caché derrière la dunette.

« Où allez-vous ?

— À Livourne ! Et vous ?

— À Gênes. Avez-vous des commissions ?

— Non ! Et comment se porte le grand homme ?

— À merveille ! »

Et Le *Zéphyr* s'éloigne. Après une chance aussi insolente et d'aussi heureux présages, comment pourrait-il ne pas y croire ? Son étoile est revenue.

Dans sa cabine, il prépare la proclamation qui sera diffusée dès son débarquement à Golfe-Juan. Rarement il a été autant inspiré.

« Soldats, nous n'avons point été vaincus. Deux hommes sortis de nos rangs ont trahi nos lauriers, leur Prince, leur bienfaiteur.

Soldats, dans mon exil, j'ai entendu votre voix. Je suis arrivé à travers tous les obstacles et tous les périls.

Reprenez ces aigles que vous aviez à Ulm, à Austerlitz, à Iéna, à Eylau, à Friedland, à Tudela, à Eckmühl, à Essling, à Wagram, à Smolensk, à la Moskowa, à Lützen, à Wurchen, à Montmirail. Pensez-vous que cette poignée de Français aujourd'hui si arrogants puisse en soutenir la vue ?

Soldats, venez vous ranger sous les drapeaux de votre chef. Son existence ne se compose que de la vôtre, ses droits ne sont que ceux du peuple et les vôtres. La victoire marchera au pas de charge, l'aigle avec ses couleurs nationales volera de clocher en clocher jusqu'aux tours de Notre-Dame. »

Les mots qui lui viennent flambent sur le papier. C'est du feu qu'il rapporte de l'île d'Elbe. Un feu qui embrasera le cœur des Français.

Ceux-ci sentent à quel point l'histoire de cet homme exceptionnel, c'est leur propre histoire. Ils ne peuvent l'en retrancher sans se renier.

## II

*1er avril 1815*

Les Tuileries. Un palais à demi déserté par le faste impérial que la nuit et la pluie rendent fantomatique. Dans le bureau, deux hommes les plus dissemblables qui soient, que seules des circonstances exceptionnelles peuvent faire se rencontrer. Tout les sépare, le caractère, les idées, les ambitions. L'un a dominé le monde ; l'autre a une pathétique incapacité à se dominer lui-même. Et il le sait. Il n'est que contradictions, velléités, rêves inaboutis. L'un est un monstre de cohérence entre l'action et le rêve, l'autre un phénomène d'incohérence proche de la dislocation mentale. Et pourtant, folie de l'histoire, ils ont rendez-vous ensemble. Le despote a besoin du libéral, l'homme d'action du légiste. Napoléon fait face à Benjamin Constant.

L'inconséquence pathologique de Benjamin Constant est dans sa nature. Il n'a jamais pu prendre un parti sans voir les avantages du parti opposé. Il est aussi volage dans ses idées que dans ses amours, véritable marqueterie de qualités et de défauts, de vices et de vertus, dont il est lui-même l'observateur curieux et fataliste. C'est un psychologue à la pointe acérée qui s'adonne à l'autoportrait sans pitié. Nature femelle, ondoyante, tendre sous le cynisme, toujours en recherche d'une volonté forte qui puisse dominer ses épuisantes contradictions, il était naturel que sa complexion de mollusque s'attachât à un rocher. Et quel rocher plus solide que Napoléon ! Du basalte chauffé au feu du volcan.

Mais le Napoléon qui est en face de lui n'est plus celui d'Austerlitz et de Tilsit. C'est un Napoléon à la fois volontaire et désemparé en proie — et cela le rapproche de Benjamin — à de terribles contradictions qu'il est trop intelligent pour ne pas voir. Revenu de l'île d'Elbe en trombe, il a vu se rallumer sur son passage les foyers mal éteints de la Révolution. À travers lui, c'est la cocarde tricolore qu'on acclame, le Robespierre à cheval, le continuateur. Certes, il y a les inconditionnels, ses soldats, qui l'aimeront toujours. Surtout, on le préfère à l'impotent Louis XVIII qui a rétabli l'étiquette et les insupportables prétentions de l'ancienne cour. C'est la France républicaine qui l'a acclamé de Grenoble à Lyon, de Fontainebleau à Paris. Tout cela dans des relents de *Carmagnole*, de « Ça ira » qui l'inquiètent. Même s'il admet cette part révolutionnaire de lui-même, d'où il tire son origine, il ne peut ni ne souhaite tirer un trait sur son couronnement, son titre d'empereur, ses prérogatives monarchiques.

Comment, avec tant d'aspirations contraires, rédiger une Constitution qui ait l'air libérale sans être un frein à son pouvoir ?

Car il ne s'agit entre les deux hommes de rien de moins que cela : faire une Constitution adaptée à la situation nouvelle. On est revenu à l'époque de Sieyès. Sauf que Benjamin Constant a des idées très arrêtées sur le sujet. C'est bien le seul domaine, d'ailleurs, où ses convictions soient invariables.

En face de lui, il y a un homme qui a le despotisme éclairé dans le sang. Mais qui a toujours su s'adapter à son seul maître : les circonstances. Au « Paris vaut bien une messe » de son lointain prédécesseur, ce génial opportuniste répond « Paris vaut bien une Constitution ». Quitte à abjurer cette manie démocratique à la première occasion en réduisant autant que faire se peut cette représentation nationale à laquelle — il faut lui rendre justice — il a toujours tenu. À condition que ce soit à très petites doses. Et avec une discrétion de bon aloi.

Les deux hommes pourraient parler de littérature si les circonstances s'y prêtaient mieux. Mais, alors, Benjamin n'est connu que comme un idéologue fumeux qui a traîné son insatisfaction et son caractère velléitaire de Mme de Staël en mauvais lieux, jusqu'à sa récente passion rédemptrice pour la froide Juliette Récamier qui le regarde avec indifférence brûler d'amour à ses pieds.

Entre ces deux joueurs, c'est une partie de poker qui commence. Napoléon veut une Constitution, à laquelle Benjamin Constant apporte sa garantie de libéralisme, pour apparaître comme un homme qui a renoncé au despotisme. Il accepte le frein d'un régime représentatif à son arbitraire. C'est bien le moins qu'il puisse faire puisque Louis XVIII lui-même a accordé une charte. Même si la représentation nationale est en l'occurrence lilliputienne : quinze mille électeurs composent le collège électoral.

Benjamin voudrait, lui, convertir Napoléon au régime libéral, à une sorte de démocratie à l'anglaise.

La première rencontre se passe bien : il s'agit de généralités. Napoléon veut montrer sa figure de démocrate tandis que Benjamin est trop heureux de voir que l'Empereur ne lui tient pas rigueur de l'article assassin qu'il a publié deux semaines plus tôt où, entre autres amabilités, il le comparait à Attila et à Gengis Khan. Il se voyait fusillé à Vincennes il y a quelques jours. Maintenant, il se voit ministre. Conseiller d'État pour commencer ! Et, pour lui montrer à quel point il l'a bien compris, Napoléon lui verse trente mille francs d'acompte sur son futur traitement de conseiller, exactement la somme que Benjamin vient de perdre au jeu. Napoléon tient l'information de Fouché lui-même qui a servi d'intermédiaire pour leur rencontre. C'est tout Benjamin : la vertu du démocrate et les vices du joueur inextricablement mêlés.

Qu'on trouve la patte de Fouché dans cette abracadabrante association entre le despote et l'idéologue, voilà qui aurait dû inquiéter le principal intéressé. Il est en train de sauter à pieds joints sur la plus grossière erreur qu'il pouvait commettre en prenant les rênes du pouvoir : se mettre entre les mains des adversaires qui l'ont toujours combattu, moins les royalistes que les idéologues, les « avocats », qui tentent d'instaurer une démocratie à l'anglaise.

Cette erreur, parmi tant d'autres à la même époque, il la reconnaîtra à Sainte-Hélène devant Montholon :

« J'ai fait une faute en ne prenant point la

dictature. Le peuple me l'offrait lorsqu'il m'accompagnait aux cris frénétiques de "À bas les traîtres! À bas les nobles!". Les souvenirs de ma jeunesse m'effrayèrent. Je ne vis de freins possibles aux rancunes populaires que dans le règne des idées constitutionnelles et libérales. »

Ce n'est évidemment pas ce discours qu'il tient avec Benjamin, le soir de leur première rencontre. Il veut désamorcer ses préventions :

« Je serai l'homme du peuple. Des discussions, des élections libres, des ministres, je veux tout cela, la liberté de la presse surtout : l'étouffer est absurde. Je vous charge de me rédiger un projet de Constitution. »

Benjamin rentre chez lui en effervescence. Il note dans son journal intime : « C'est un homme étonnant. » Peut-être se dit-il en commençant à rédiger sa Constitution que la gloire s'offre à lui, qui va lui permettre peut-être de forcer le cœur de l'imprenable Juliette Récamier. Car, chez lui, tout se mêle dans un salmigondis de désirs : l'amour, les idées libérales, les dettes de jeu. Et, pour ne rien simplifier, sa passion pour l'histoire des religions. Deux mois plus tôt, il n'en avait que pour Bernadotte. Le voilà, sans transition, devenu Aristote auprès d'Alexandre.

Quand Constant revient le lendemain aux Tuileries, portant fièrement son projet, il ne suscite pas l'enthousiasme escompté. Il a négligé une toute petite chose, rien, une broutille : l'Empire. Le malentendu commence.

L'Empereur est mécontent :

« Ce n'est pas là ce que j'entends. Vous m'ôtez mon passé, je veux le conserver. Que faites-vous donc de mes onze ans de règne ? J'y ai quelques droits, je pense. Il faut que la nouvelle Constitution se rattache à l'ancienne. Elle aura la sanction de la gloire.

— Votre Majesté a plus besoin de popularité que de gloire », rétorque Constant.

Un mot d'auteur. Napoléon hausse les épaules.

Ce n'est plus le chef décidé, péremptoire, sûr de lui comme de l'univers qu'a devant lui Benjamin, mais un homme que les abandons et les trahisons ont miné. Son audace, qui lui a si bien réussi, s'effiloche en velléités et en indécisions. S'il a quitté l'île d'Elbe, c'est parce qu'il n'avait pas le choix : l'épée dans les reins, la menace de l'empoisonnement ou d'une déportation dégradante. Mais, maintenant, qui est-il ? Vers qui se portent les acclamations, les applaudissements, l'espoir ? L'Empereur ? Rien n'est moins certain : en dehors de ses grognards, le monarque rappelle trop la guerre meurtrière et porte avec lui des relents d'Ancien Régime qui agacent. La nomination de frères plus ou moins incapables, portés arbitrairement sur des trônes, se concilie mal avec la religion du mérite. On aspire à retrouver le Premier consul : l'Empereur, mais mis à nu, débarrassé de son étiquette de pacotille, de sa cour d'opérette, de ses mômeries de monarchie qui choquent la fibre républicaine.

Si Napoléon penche maintenant vers les libéraux, quitte à se dénaturer, ce n'est pas par goût, c'est par peur de réveiller l'hydre révolutionnaire, les démons de la guerre civile. Il le dit lui-même : c'est par peur de la populace et de ses furies.

S'il était toujours lui-même, d'abord, il n'aurait

pas vu Benjamin Constant. Il aurait compris que cette cuisine aux ingrédients contradictoires entre son passé, l'Empire, l'autoritarisme et ce libéralisme de façade, ne le menait à rien. Après avoir été tant trahi, le voilà qui se trahit lui-même. En fait, il essaie de se servir de ce trop corruptible Benjamin pour corriger son image de despote, mais celui-ci est lui-même manipulé par un intrigant hors pair : Fouché.

Serait-on dans une époque paisible, sans menaces extérieures, il pourrait donner le change en se déguisant en libéral. C'est tout le contraire. Les Alliés menacent. La coalition s'est reconstituée. La situation est critique. C'est dans ce contexte terriblement périlleux que Napoléon se lie les mains et demande des conseils au moins doué des hommes d'action, au plus désorganisé des idéologues, à une intelligence ultrabrillante mais spéculative en proie à une anarchie intérieure permanente. Benjamin, si romanesque que soit leur rencontre, ne peut dans ces circonstances que rajouter des problèmes et de la confusion, comme s'il n'y en avait pas déjà assez.

Benjamin au comble de ses contradictions se sent tellement déchiré qu'il confie sa tempête intérieure à La Fayette, « l'homme de France dont l'amitié lui est la plus précieuse ». Et ce qu'il lui avoue dans ces circonstances est proprement affolant : on dirait qu'il se caricature à plaisir, empêtré dans les scrupules, rongé par l'irrésolution, faisant le pathétique aveu de la faiblesse de son caractère et de son affligeante carence comme homme d'action. « Je suis dans une route sombre et douteuse et je crains d'avoir conçu une entreprise au-dessus de mes forces. Je vois l'Empereur revenir par moments à d'anciennes habitudes qui m'affligent. Il a pour moi de la bienveillance. Peut-être ne serai-je pas toujours impartial. On ne peut guère auprès du pouvoir répondre de soi-même. Souvenez-vous de ce que je vous dis maintenant : surveillez-le et si jamais il vous paraît marcher au despotisme, ne croyez pas ce que je vous dirai dans la suite. Ne me confiez rien ; agissez sans moi et contre moi-même. » Napoléon est bien mal parti avec un tel conseiller d'État emberlificoté dans ses états d'âme ! Quant à La Fayette il n'entendra que trop bien le propos de Benjamin.

Ces Cent-Jours ne sont qu'une inexorable suite d'erreurs commises par un génie qui a cessé de croire en lui-même et se raccroche aux illusoires leviers d'un pouvoir qu'il a perdu. Homme de guerre déguisé en homme de paix, despote grimé en démocrate, empereur sans empire, se défiant de ses soutiens révolutionnaires qui voudraient faire de lui le « roi de la jacquerie », tiraillé par des partis opposés, submergé de conseils contradictoires, craignant de faire une guerre qui est plus que jamais nécessaire, qui plus est malade, attristé par l'infidélité de Marie-Louise et la captivité de son fils, c'est désormais un joueur décavé qui n'a plus pour perspective que de miser son va-tout avant de se tirer une balle dans la tête. Ce n'est pas par hasard s'il trouve en Benjamin, autre joueur déboussolé, un complice.

Après plusieurs entrevues et une foule d'amendements, la « Constitution » est enfin sur pied. Elle s'appellera Acte additionnel aux Constitutions de l'Empire. Le pouvoir exécutif appartient à l'Empereur qui exerce le pouvoir législatif avec deux chambres : une Chambre des pairs, nommés par Napoléon, une Chambre des représentants, qui est élue au suffrage censitaire et renouvelable tous les cinq ans. Le collège électoral passe de quinze mille à cent mille électeurs. L'Empereur aura le droit de dissoudre la Chambre des représentants. La liberté de la presse est consacrée.

Napoléon renâcle à se voir bridé par une assemblée délibérante.

« On me pousse dans une voie qui n'est pas la mienne. On m'affaiblit, on m'enchaîne. La France me cherche et ne me trouve plus. La France se demande ce qu'est devenu le vieux bras de l'Empereur, ce bras dont elle a besoin pour dompter l'Europe. Que me parle-t-on de bonté et de justice abstraites, de lois naturelles. La première loi, c'est la nécessité; la première justice, c'est le salut public. »

Finalement, mécontent, il cède. Personne n'est satisfait. Tous les partis jugent cette « Constitution » inepte. On l'appelle la « benjamine ». C'est un journaliste, Montlosier, qui lui a trouvé ce nom. Fureur de Benjamin qui le provoque en duel. Voilà l'ambiance ! Benjamin Constant, qui passe sa vie à harceler Juliette Récamier de protestations d'amour, menace de se suicider ou de se faire tuer en duel, tout en défendant tant bien que mal une Constitution qui frustre tout le monde. « Je suis dans un véritable désespoir. Je vous conjure de me dédommager et de me dire quand je pourrais vous voir », écrit-il à Juliette après son entrevue avec l'Empereur. Lui qui, pour plaire à Mme Récamier, a publié quinze jours plus tôt un article dans *Le Journal des débats* où il proclamait son ralliement aux Bourbons ne sait plus où donner de la tête pour se faire pardonner son revirement. Dans son affolement, il écrit aussi à l'Empereur pour s'excuser de son duel : « Je regrette, Sire, d'avoir eu si peu de temps pour vous prouver mon zèle. J'emporte au tombeau une profonde reconnaissance et mes derniers vœux sont pour deux choses inséparables : la gloire de Votre Majesté Impériale et la liberté de la France. » Trois jours plus tard, chez Juliette, il lit pendant trois heures, adossé à la cheminée, son roman *Adolphe*, qui émeut tellement Juliette qu'elle éclate en sanglots, suivie bientôt de toute l'assistance.

Une atmosphère qui n'est pas propice à résoudre une situation politique dramatique. Un amoureux qui menace de se suicider et ajoute un duel à sa situation confuse de farouche opposant fraîchement rallié, auteur d'une Constitution hybride qui ne suscite que des mécontentements, décidément, en Benjamin Constant, Napoléon n'a pas choisi l'homme le plus propre à le rassurer sur son avenir. Il n'a pas tort de penser qu'il a commis une erreur : personne autant que ce subtil écrivain n'est plus apte à le guider vers la catastrophe.

III

*1er mai 1815*
Napoléon, en l'anoblissant, lui avait confectionné un blason qui le dépeint bien : un serpent

enroulé autour d'une colonne d'or. Fouché, duc d'Otrante, est au meilleur de sa forme dans cette période déliquescente. Cette atmosphère de fin de règne, de trahison, de double jeu, de manœuvres, de complots est de celles qui aiguisent son sens inné de l'intrigue. Traître, il ne l'est pas puisqu'il reste fidèle à lui-même : à ce goût du pouvoir qui est sa drogue, à l'amour de l'argent, sa passion. Il est ce qu'on pourrait appeler au vu de ses agissements un animal nuisible. Sauf que ces bêtes de mauvaise réputation ont dans l'ordre naturel une grande utilité. Elles s'attaquent aux plus faibles, aux blessés dont elles accélèrent l'inéluctable trépas.

Comme si Napoléon n'était pas dans une situation assez confuse, il fait appel à Fouché comme ministre de la Police. Emploi où il excelle à la condition qu'il y trouve son intérêt. Or, avec son flair infaillible, Fouché a senti que le retour de Napoléon serait de courte durée. Il lui donne trois mois d'existence. Trois mois qu'il va pourrir de son pouvoir de nuisance pour se ménager un refuge du côté des Bourbons. On n'a jamais trahi avec plus d'impudeur, presque de franchise — si ce n'était pas le mot le plus impropre pour le qualifier — et surtout avec autant d'impunité.

Napoléon le connaît mieux que personne. Il le pratique depuis plus de quinze ans. Il sait sa compétence et ses turpitudes, son intelligence et ses abîmes. Il ne se fait aucune illusion sur lui. Pas plus que sur Talleyrand. Alors pourquoi le prend-il à ses côtés à un poste clé ? Parce que régicide, il incarne comme Carnot le vieux fonds révolutionnaire qui le soutient. Mais il y a belle lurette que Fouché a abjuré sa foi républicaine. Combien sont-ils d'ailleurs à lui être restés fidèles? Tous ces fiers jacobins, Moreau et Augereau en tête, ont fait allégeance aux Bourbons.

L'explication, c'est la fatigue qui le rend influençable. La paresse à chercher des têtes nouvelles. Au moins celui-là, il l'a sous la main. Quant à le suspecter de le trahir, depuis Fontainebleau, c'est un procès qu'il n'a l'idée de faire à personne tant la trahison lui semble ancrée dans la nature de l'homme faite de boue comme son corps. Fouché lui est indispensable car, comme une araignée, il a tissé une immense toile qui va des anciens révolutionnaires jusqu'aux libéraux et même aux royalistes, à qui il a rendu des services — en évitant que certains complices des attentats contre l'Empereur ne soient fusillés, un service appréciable qu'on n'oublie pas.

En cas d'insuccès, cette toile patiemment constituée à coups de secrets de famille, de dossiers d'alcôves et de finances qu'un ministre de la Police sait collectionner à toutes fins utiles, pourrait contribuer à le maintenir au pouvoir. En cas d'échec du « fou furieux », comme il l'appelle, qui est son hypothèse de travail, elle lui permettra de se mettre à son compte. Elle peut même servir de marchepied pour rabibocher ce régicide avec Louis XVIII. Ce n'est pas une entreprise des plus faciles. Mais cette difficulté même excite l'habileté manœuvrière de cet inlassable nageur en eaux troubles.

Pour commencer, il feint de sauver la vie du marquis de Vitrolles, ami personnel du roi, emprisonné à Vincennes. D'après la rumeur, on prétend que Napoléon va le faire fusiller comme un nouveau duc d'Enghien. Cette rumeur, Fouché l'accrédite, l'amplifie pour se rendre indispensable auprès de Mme de Vitrolles et gagner ainsi la faveur de Louis XVIII. La manœuvre réussit parfaitement, même si Napoléon n'a jamais songé à faire fusiller le marquis de Vitrolles.

Non content de prendre des assurances à Gand où le roi s'est réfugié, il entretient une correspondance secrète avec Metternich qui a compris depuis longtemps qu'il a affaire à un autre Talleyrand dans un avatar encore moins sentimental. L'ennui, c'est que le messager de Metternich se fait prendre par la police personnelle de Napoléon après avoir déposé un message de son maître au ministre de la Police.

Après des scènes rocambolesques au cours desquelles on fait intervenir Fleury de Chaboulon, Fouché, placé en face de son forfait, apporte de lui-même la lettre de Metternich à Napoléon dont il avait « oublié de parler à Sa Majesté ». C'est alors qu'a lieu la scène de rage impuissante qui fait pendant à celle qu'il a eue avec Talleyrand cinq ans plus tôt.

« Vous me trahissez, Monsieur le Duc d'Otrante, j'en ai les preuves. »

Et, lui tendant un couteau à papier :

« Prenez plutôt ce couteau et enfoncez-le-moi dans la poitrine. Ce sera plus loyal que de faire ce que vous faites ; il ne tiendrait qu'à moi de vous faire fusiller et tout le monde applaudirait à un tel acte de justice. Vous vous demandez peut-être pourquoi je ne le fais pas ? C'est que je vous méprise, c'est que vous ne pesez pas une once dans ma balance. »

Colère pathétique puisqu'elle n'est suivie d'aucun effet. Fouché reste à son poste et continue à trahir avec maintenant l'assurance de ne rien risquer. Napoléon finit même par accepter le double jeu de son ministre avec un fatalisme presque amusé. Un jour que l'on évoque les possibles personnalités qui vont composer le ministère fantôme que le roi est en train de constituer à Gand en prévision d'un retour prochain, il s'exclame, presque goguenard :

« Quant au titulaire du ministère de la Police, ne cherchez pas, c'est sûrement Fouché ! »

Comment douter alors de l'issue de cette aventure politique minée si profondément de l'intérieur par celui qui devrait en être le principal soutien ?

Pire que la trahison de Fouché — et peut-être même en est-elle une des causes ? —, l'indécision de l'Empereur qui n'est plus le même. L'œil de l'aigle ne semble plus rien voir ; son instinct aux intuitions fulgurantes s'est assoupi. Cette machine à décider s'égare dans des querelles subalternes avec Lucien, dans des questions d'étiquette, dans d'incessants allers-retours d'une pensée qui n'a plus de fulgurance.

Pathétique illustration d'un homme qui ne sait plus où il va, la cérémonie qu'il organise au Champ-de-Mars et qu'on va appeler le « champ de mai ». Trente mille personnes sont réunies pour le voir proclamer la Constitution adoptée par plébiscite. Il arrive en carrosse devant le vaste amphithéâtre qui a été dressé. Dès qu'il apparaît sous un beau soleil, les spectateurs n'en croient pas leurs yeux : ils s'attendaient à voir surgir le légendaire

Napoléon dans son habit vert de colonel de la garde, la tête couverte de son chapeau de castor, le voilà dans une tenue carnavalesque semblable à celle qu'il avait revêtue pour le sacre à Notre-Dame : le manteau et la tunique nacarat, des culottes de satin blanc et une toque de velours noir surmontée de plumes blanches. Intensément ridicule ! Tel est l'avis unanime des spectateurs, venus pour voir une légende, qui se retrouvent en face d'un homme travesti pour une mascarade.

Tout le reste de la cérémonie est à l'avenant. Serment sur l'Évangile de respecter la Constitution, discours dans lequel il proclame son amour pour la France, puis défilé des troupes et distribution des aigles. Serments divers des soldats de servir la patrie jusqu'à la mort qui retentissent comme autant de promesses de malheurs.

La cérémonie, où le ridicule l'a disputé à la grandiloquence, n'a pas produit l'effet escompté. Il a déçu l'attente des Français.

Un nouveau camouflet lui est infligé dès le lendemain. Les chambres élues en vertu de la Constitution sont le théâtre de bagarres, de chamailleries et de mouvements d'opposition. La représentation parlementaire offre, dans une circonstance grave, son pire visage : les intrigues s'y déchaînent, orchestrées en sous-main par Fouché à propos d'une éventuelle présidence de Lucien à la Chambre des représentants. Celui-ci est écarté au profit de Lanjuinais, un opposant à l'Empereur qui a voté sa déchéance et soutenu Louis XVIII. Les bonapartistes n'obtiennent sur leur candidat que quarante et une voix sur une chambre composée de six cent trente-neuf membres. Voilà l'ancien despote mis en minorité par son Parlement. Pour des raisons différentes, Fouché et Benjamin Constant peuvent être satisfaits. Ils ont rendu la France ingouvernable. Le cafouillage ne serait qu'une péripétie si les Alliés n'étaient aux frontières, réunissant leurs troupes entre la Sambre et la Meuse.

La défaite est là. Napoléon s'est vaincu lui-même bien avant d'aller affronter l'ennemi. La suite est une formalité. Il ne lui reste plus qu'un geste symbolique, forcément militaire, à accomplir pour parapher le désastre.

La veille de son départ, il donne un dîner à ses proches au palais de l'Élysée. Il parle de littérature, son sujet préféré dans les grandes circonstances. Il prend à part Mme Bertrand, la femme du général, et lui murmure avec un humour grinçant :

« Pourvu que nous ne regrettions pas l'île d'Elbe. »

L'esprit est toujours là. Mais plus la volonté de vaincre.

IV

*18 juin 1815*

Des cadavres. Il y en a partout. Ils jonchent la route, les fossés, les champs. À demi nus : les paysans du Brabant les ont détroussés. Certains bougent encore et gémissent. Les autres, raides, le visage grisâtre, nus et impudiques, luisent dans

la clarté froide de la lune. De toutes parts, les soldats fuient pour ne pas leur ressembler, pour ne
pas devenir eux-mêmes des cadavres. Une terrible frousse s'est emparée d'eux depuis qu'ils ont
vu, oui, de leurs yeux vu, cette chose impossible
se produire : la Garde qui recule. La Garde, les
immortels, ces hommes invincibles ont battu en
retraite sous la mitraille des habits rouges de
Wellington. Ils refluent. Eux non plus n'ont pu
dépasser le chemin creux d'Ohain où l'élan des
deux charges de cavalerie de Ney s'est brisé.
Seules quelques troupes formées en carré continuent de résister, immense radeau immobile au
milieu du fleuve tumultueux des fuyards. Le
deuxième bataillon du 1er chasseurs de la Garde,
sous les ordres du général Cambronne, qui,
haché par la mitraille, refuse de se rendre. Cambronne lance son fameux « merde » avant d'être
frappé par une balle en plein front et d'être laissé
pour mort. Victor Hugo l'immortalise : « Fou-
droyer d'un tel mot le tonnerre qui vous tue, c'est
vaincre. »

Napoléon, à cheval, avec son état-major, semble
défier la mort. Peut-être l'attend-il comme à Arcis-
sur-Aube? Cette fois encore, les boulets et les
balles qui pleuvent semblent l'éviter. Une muraille
d'hommes le protège. Ce carré formé par le
1er régiment des grenadiers de la Garde, immua-
bles, figé entre Plancenoit et la ferme de Ros-
somme, est l'un des rares à tenir au milieu de la
débâcle. Autour de lui, c'est la débandade. Les
fuyards décampent, abandonnant leur fusil pour
échapper à la cavalerie prussienne de Blücher qui
les poursuit et les moissonne à coups de sabre.

Bientôt, le flot de ce torrent d'hommes pris de panique est si fort qu'il risque d'emporter le carré. Napoléon ordonne au général Petit de battre en retraite vers Genappe. À minuit, la troupe atteint le village. L'Empereur prend place dans sa berline de voyage lorsque des cris retentissent :

« Les Prussiens ! Les Prussiens ! »

Napoléon sort en hâte de sa voiture et monte à cheval. Escorté de quelques cavaliers, il s'enfuit dans la nuit. Il fuit Waterloo comme il a fui l'Égypte, comme il a fui la Russie. Ce n'est pas manque de courage. Personne ne lui a fait ce procès. S'il s'en va si précipitamment, c'est qu'il craint d'avoir à affronter maintenant un autre ennemi. L'ennemi intérieur toujours prêt à relever la tête à la faveur d'une défaite. Cet ennemi, il a un inspirateur, Fouché ; un porte-parole, La Fayette ; des soutiens, la quasi-totalité des parlementaires.

Dans la nuit claire de Waterloo, sous la pleine lune, le paysage donne tous les signes de la dévastation ; des feux brûlent, Hougoumont et la Haye-Sainte sont la proie des flammes. Les bivouacs des soldats anglais, au-delà de la fatigue, s'allument sur les collines et à Mont-Saint-Jean. Mais tous ces feux peu à peu s'éteindront : il n'y aura plus que les cendres et l'oubli. Sauf que ce feu en a allumé un autre qui brûle encore et, celui-là, à jamais : c'est ce long passage des *Misérables* où le cœur de Hugo s'enflamme. Pourquoi ce météorite en fusion est-il tombé au milieu de ce sublime roman-feuilleton sans aucune nécessité romanesque ? Pour offrir le plus bel hommage qui soit à la défaite. De toutes les émotions, les souffrances, les rages, de ces hommes vaincus, blessés, humiliés, cette part humaine, émouvante mais si éphémère, il va brosser un morceau épique.

Soudain, on est saisi par le sentiment de la grandeur. Des larmes viennent aux yeux. Quelque chose de beau, d'infini, agrandit le cœur. On est dans la défaite : on la respire, on la boit, elle vous étouffe. Et, miracle de l'art, elle se transforme en beauté tant elle traduit l'inéluctable destin humain qui est de perdre, de souffrir, de périr. On n'a jamais rendu ainsi justice au courage des soldats quand ils sont dans la situation la plus humaine des hommes : vaincus. Hugo donne aux combattants de Waterloo une éternité aussi belle que celle du ciseau de Rude dans les bas-reliefs de l'Arc de Triomphe. Il nous entraîne dans la cavalcade des cuirassiers de Lefebvre-Desnouettes, sur le chemin d'Ohain, quand, soudain, frappés par la mitraille, ils découvrent avec horreur le ravin dans lequel ils s'abîment dans un épouvantable méli-mélo de chevaux, de ruades, de cavaliers ; on est avec eux au fond du gouffre sous les sabots ferrés des chevaux qui déchirent le visage du cavalier, brisent ses dents, lui volent sa vie : « Si quelque chose est effroyable, s'il existe une réalité qui dépasse le rêve, c'est ceci : vivre, voir le soleil, être en pleine possession de la force virile, avoir la santé et la joie, rire vaillamment, courir vers une gloire qu'on a devant soi, éblouissante, se sentir dans la poitrine un poumon qui respire, un cœur qui bat, une volonté qui raisonne, parler, penser, espérer, aimer, avoir une mère, avoir une femme, avoir des enfants, avoir la lumière, et tout à coup, le temps d'un cri, en moins d'une minute, s'effondrer dans un abîme, tomber, rouler, écraser, être écrasé, voir des épis de blé, des fleurs, des feuilles, des branches, ne pouvoir se retenir à rien, sentir son sabre inutile, des hommes sous soi, des chevaux sur soi, se débattre en vain, les os brisés par quelque ruade dans les ténèbres, sentir un talon qui vous fait jaillir les yeux, mordre avec rage des fers de chevaux, étouffer, hurler, se tordre, être là-dessous et se dire : "Tout à l'heure, j'étais un vivant!" »

Sur son cheval gris, Wellington parcourt le champ de bataille. Il sait ce que cela signifie d'avoir vaincu un tel adversaire. Il est mélancolique. C'est le destin de l'homme après l'amour, après la guerre. Il laisse tomber :

« Rien n'est plus triste qu'une bataille gagnée, si ce n'est une bataille perdue. »

Napoléon est rentré à l'Élysée à l'aube. Caulaincourt l'attend sur le perron.

« Eh bien, Caulaincourt, voici un grand événement : une bataille perdue. Comment la nation supportera-t-elle ce revers ? Les Chambres me seconderont-elles ? »

Toute la question est là. Étrange qu'un homme aussi lucide se fasse autant d'illusions ! Il commande un bain bouillant et s'y jette, perdant un temps précieux à délibérer alors qu'il faut agir vite dans une course contre la montre pour ne pas laisser l'initiative à l'Assemblée.

Il a convoqué le conseil des ministres pour 10 heures. Comme s'il pouvait attendre le moindre soutien de ce côté-là ! Il prend la parole :

« J'ai besoin, pour sauver la patrie, d'être revêtu d'un grand pouvoir, d'une dictature temporaire. Dans l'intérêt de la patrie, je pourrais me saisir de ce pouvoir, mais il serait utile et plus naturel qu'il me fût donné par les Chambres. »

On est au cœur de sa contradiction. Ce Parlement qu'il a créé, pourquoi a-t-il confié à Fouché la charge de le composer ? Celui-ci, depuis le début, mène son propre jeu et s'est empressé de faire élire des députés à sa botte et, pour la plupart, hostiles à l'Empereur.

Les ministres sont divisés. Carnot veut déclarer la patrie en danger et mettre Paris en état de siège. Caulaincourt ménage la chèvre et le chou, la résistance et le Parlement. Davout est pour la dissolution des Chambres :

« En de pareils moments, il ne faut pas deux pouvoirs. Il n'en faut qu'un seul, assez fort pour mettre en œuvre tous les moyens de résistance. »

Fouché sort alors de son long silence. Sans qu'il en laisse rien paraître, il est inquiet. Il craint de voir son plan s'effondrer. La dissolution des Chambres, c'est la guerre qui reprend et le risque de voir l'Empereur l'emporter sur les Alliés. Que deviendra-t-il, lui, Fouché ? N'a-t-il pas déjà pris langue avec Louis XVIII qui lui a promis de l'employer ?

« Pourquoi tant de paroles ? Ne vaut-il pas mieux faire tout simplement confiance à l'Assemblée ? Les élus ne refuseront certainement pas de soutenir la politique de l'Empereur. »

Jamais mensonge n'a été prononcé d'une voix plus doucereuse et faussement confiante.

Mais le ministre d'État Regnaud de Saint-Jean d'Angély, lui, n'y va pas par quatre chemins. Il dit carrément que le Parlement considère que l'Empereur n'est plus en état de sauver le pays. Cette déclaration sans ambages jette un froid.

« Parlez franchement ! C'est mon abdication qu'ils veulent ?

— Je le crains, Sire. Et je crois que, si vous n'offrez pas votre abdication de votre propre mouvement, c'est la Chambre qui vous la demandera. »

Un silence de plomb s'installe. Chacun regarde ses souliers. Les regards coulissent vers Fouché, impénétrable. Lucien s'exclame :

« Puisque la Chambre ne paraît pas disposée à se joindre à l'Empereur pour sauver la France, il faut qu'il la sauve seul ! »

Napoléon opine :

« La présence de l'ennemi sur le sol national rendra, je l'espère, aux députés le sens de leurs devoirs. La nation ne les a point envoyés pour me renverser, mais pour me soutenir. Je ne les crains point. Quoi qu'ils fassent, je serai toujours l'idole du peuple et de l'armée. Si je disais un mot, ils seraient tous assommés. Notre cause n'est pas désespérée. Voici mon plan : avec cent mille hommes, je me fais fort de contenir les coalisés à peine plus nombreux qu'ils ne sont maintenant. Dans quelques jours, j'irai en personne prendre le commandement de l'armée à Laon. Paris sera fortifiée. »

Et le voilà qui brosse un extraordinaire panorama des actions à entreprendre. Les ministres sont médusés. Tous se reprennent à y croire tant le magnétisme de l'Empereur a d'emprise sur eux. Tous sauf Fouché qui, absorbé dans ses pensées, compte les minutes.

Soudain, un aide de camp survient. Il apporte un pli officiel du Palais-Bourbon. Napoléon lit :

« Toute tentative pour dissoudre la Chambre est un crime de haute trahison. Quiconque se rendrait coupable de cette tentative serait traître à la patrie et jugé comme tel. »

Napoléon jette le pli sur la table.

« Ah, j'aurais dû congédier ces gens-là avant mon départ. C'est fini. Ils vont perdre la France. »

Un instant de silence. Il reprend :

« J'abdiquerai s'il le faut. La séance est levée. »

Il se dirige vers la fenêtre. Aux grilles du palais, la foule s'est amassée et crie :

« Vive l'Empereur! »

Il l'entend, mais il n'est plus lui-même : le ressort est cassé. Il ne veut pas finir en hors-la-loi, en séditieux. Rattrapé par son erreur, il doit boire la coupe jusqu'à la lie. Pourtant, comme un mourant, il a des mouvements convulsifs de résistance. Il envoie Lucien pour tenter de convaincre les représentants. C'est le 18-Brumaire qui recommence à l'envers. Lucien est éloquent : il prêche l'unité nationale devant l'ennemi.

La Fayette lui répond avec morgue :

« Depuis plus de dix ans, trois millions de Français ont péri pour un homme qui veut lutter encore contre l'Europe. Nous avons assez fait pour lui. »

Le lendemain, un orateur propose de demander à l'Empereur d'abdiquer.

« Non, s'exclame La Fayette, pas d'abdication, la déchéance ! »

Finalement, on vote pour l'abdication.

Dans le crépuscule, il se promène dans le jardin du palais de l'Élysée en compagnie de Benjamin Constant. Napoléon n'est pas un lion que l'on met en cage, cette cage serait-elle une Constitution. Les odeurs d'été se diffusent dans l'air tiède. De l'autre côté de la grille du Coq, montent des acclamations :

« Vive l'Empereur ! »

Spontanément, le peuple sillonne les Champs-Élysées pour lui exprimer son soutien.

« Vous les entendez ? Ce ne sont pas ceux-là que j'ai comblés d'honneurs et de richesses. Je les ai trouvés pauvres, je les ai laissés pauvres. Mais l'instinct de la nationalité les éclaire, la voix du pays parle par leur bouche. Mais non, je ne suis pas revenu de l'île d'Elbe pour que Paris soit inondée de sang. »

Constant note sa répugnance pour les moyens extrêmes et, plus encore, « un sentiment intérieur d'épuisement et de lassitude ». Benjamin s'est maintenant sincèrement attaché à ce grand vaincu. Lui qui n'a jamais cru à rien a trouvé dans cet empereur auquel il s'est opposé toute sa vie l'homme auquel il aurait pu se dévouer sans limites. Trop tard.

Deux jours plus tard, il signe l'acte d'abdication en faveur de son fils. Il le tend à Fouché qui, avec une politesse glacée, s'incline. C'est ce qu'il attendait depuis trois mois. Le complot sournois qu'il a ourdi se termine à son avantage. Il est désormais l'homme de la situation.

La veille, Napoléon a de nouveau reçu Benjamin Constant. Décidément, ces deux-là ne peuvent plus se séparer. Benjamin devient sentimental. « Je crois que je porte malheur au parti que j'embrasse. » Son attachement à l'Empereur l'enflamme, comme s'il ne pouvait se résigner à abandonner cette belle cause perdue. Il note dans son journal intime où, comme à son habitude, tout se mêle dans une atmosphère d'échec politique et amoureux : « Dîner chez Juliette. L'Empereur m'a fait demander. Il est toujours calme et spirituel. Les misérables, ils l'ont servi avec enthousiasme quand il écrasait la liberté, ils l'abandonnent quand il l'établit. Fini la soirée chez Juliette. Elle a été bien tendre parce qu'elle prévoit que je vais être malheureux. À demain, 1 V.D.D.S.F. »

Ces signes cabalistiques montrent le désarroi de Benjamin. « V.D.D.S.F. » signifie « la volonté de Dieu soit faite ». Le chiffre 1 est un des dix-sept nombres qu'emploie Benjamin pour dissimuler sa vie cachée à un lecteur indiscret : 2 signifie « désir de rompre mon éternel lien avec Mme de Staël » ; 4 : « travail » ; 6 : « attendrissement sur mon père » ; 10 : « retour d'amour vers Mme Lindsay » ; 12 : « amour pour Mme du Tertre » ; 13 : « incertitude sur tout », c'est le chiffre qui revient le plus souvent avec ce chiffre 1 mystérieux en tête des préoccupations de ce séducteur fou amoureux de Juliette et prêt à mourir pour elle. 1 signifie : « jouissance physique ». Ce chiffre révèle tout simplement qu'après avoir vu l'Empereur, dîné en amoureux frustré avec Juliette, Benjamin est allé noyer son désespoir au bordel.

Napoléon s'est réfugié à Malmaison auprès d'Hortense et des souvenirs du passé. L'ombre de Joséphine, morte six mois plus tôt, flotte dans le parfum des glycines et des héliotropes. Mais il n'est plus l'Empereur, et pas seulement parce qu'il vient d'abdiquer. Il n'est même plus Napoléon. Il n'est plus qu'un homme qui hésite, qui tergiverse, prend tantôt un parti, tantôt un autre, ballotté entre deux conseils, deux résolutions : se rendre aux Anglais, partir en goélette pour l'Amérique ? À Rochefort puis à l'île d'Aix, il continue à virevolter sans savoir ce qu'il veut vraiment. Une sorte d'aboulie, d'à quoi bon a rongé son caractère d'acier. À force d'hésitations, il s'approche dangereusement de la cage que les Anglais lui ont préparée. Ce sont eux qui, finalement, choisissent pour lui, ou le destin qui veille : ce sera Sainte-Hélène. Une malchance pour l'homme, une chance pour le héros. Le rocher du martyre pour Prométhée.

## V

*20 novembre 1815*

L'air est tiède et langoureux quand le soleil des tropiques ne fait pas régner une chaleur despotique. La propriété des Briars, achetée par William Balcombe, un brasseur, jouit d'une vue magnifique : située sur une colline qui prolonge la vallée de Jamestown, la capitale de l'île, elle fait face à un gigantesque rocher, semblable à une énorme molaire aux parois abruptes, sur lequel l'océan vient se fracasser. En attendant que sa résidence de Longwood soit remise en état, il a loué un cottage à M. Balcombe. Celui-ci a une fille de quatorze ans qui a appris le français. D'abord impressionnée, elle s'amuse à le taquiner. Il se prête de bonne grâce à son jeu. Plus tard, elle ne résistera pas, elle non plus, à la manie de publier ses souvenirs qu'elle intitulera avec un peu de présomption *Une idylle de Napoléon à Sainte-Hélène*. Elle le décrit ainsi : « Je n'ai connu personne qui se prêtât mieux que Napoléon à la plaisanterie. Il avait le laisser-aller, l'espièglerie, la simplicité d'un enfant. »

Chaque matin, quand il n'est pas l'objet des farces et des facéties de Betsy Balcombe, il fait sa promenade dans le petit jardin en compagnie du comte de Las Cases, son interlocuteur préféré dont il apprécie les travaux historiques, notamment son *Atlas*. Celui-ci, un petit homme fluet que les compagnons de l'Empereur surnomment « le jésuite » en raison de ses manières doucereuses et cauteleuses, manifeste avec un peu trop de zèle sa dévotion. Il boit ses paroles. Il ne se contente pas de l'écouter, il l'interroge et note toutes les précieuses confidences que lui fait l'illustre proscrit. Il n'est pas le seul à tenir un registre des propos de l'Empereur déchu. Tout le monde vit la plume à la main dans son entourage : le pompeux maréchal Bertrand, le comte de Montholon, flanqué de sa pimpante et ambitieuse épouse Albine, l'irascible et querelleur général Gourgaud. Et même le médecin O'Meara qui, en bon Irlandais, a pris fait et cause pour cette victime emblématique de l'arrogance anglaise. Tous ont conscience de la chance qu'ils ont d'être les derniers témoins de l'exil d'un grand homme que le monde continue de craindre ou de vénérer et qui reste une énigme.

Ces petits cahiers où ils notent à la lueur des chandelles ses moindres faits et gestes, ses reparties, ses souvenirs de campagne, ses jugements à

l'emporte-pièce sur ses contemporains, ses médi-
tations philosophiques, puis, sur la fin, les misères
de son agonie, ils savent qu'ils vaudront de l'or,
qu'ils leur rapporteront fortune et célébrité. Aussi
se disputent-ils comme des chiens la faveur d'un
entretien. Si Napoléon croyait avoir enfin trouvé
la paix dans sa relégation aux confins des terres
habitées, il s'est bien trompé. C'est la guérilla qui
règne entre ses évangélistes qui, dans ce huis clos
tropical, pourrissent sa vie d'intrigues, de commérages, de médisances. Comme s'il n'avait pas assez
à faire de lutter pied à pied contre les autorités
anglaises mesquines et tatillonnes — et encore le
pire est à venir avec le nouveau gouverneur
Hudson Lowe —, il doit à chaque instant calmer
une jalousie, apaiser une querelle, rabibocher
entre eux ses compagnons d'infortune qui s'insultent, se calomnient et sont même prêts à se battre
en duel. Cette petite cour du bout du monde, au
fond, ne le dépayse pas trop. C'est la réplique en
minuscule de ce qu'il a connu sous les ors du pouvoir : des proches qui se déchirent dans son intérieur sans égard pour la menace de l'ennemi
extérieur. Mais lui-même n'est pas exempt de
responsabilités : il excite les chamailleries en feignant de vouloir les calmer. Les rivalités domestiques, les luttes d'influence pour obtenir sa faveur,
se faire coucher sur son testament, c'est l'atmosphère dans laquelle il a toujours vécu. Une médiocrité qui le réchauffe comme la vie même.

Chaque fois qu'il se promène avec Las Cases
dans le petit jardin des Briars, il croise Tobie, le
jardinier, un vieil esclave métis d'Indien et de
Malais qui semble gaiement résigné à son sort. Il

a été enlevé par des marins anglais et vendu à Sainte-Hélène. Débonnaire et fataliste, le menton appuyé sur le manche de sa bêche, il ignore qui est cet homme corpulent au large chapeau de planteur dont on semble faire tant de cas et qu'il appelle « *the good man* » car, chaque fois qu'il le voit, il lui fait remettre un napoléon en or. S'il ne s'interroge nullement sur l'identité de son bienfaiteur, celui-ci en revanche s'intéresse beaucoup à lui. À chaque rencontre, il le harcèle de questions — que Las Cases lui traduit : il veut savoir d'où il vient, comment il vit, ses origines, la manière dont il a été enlevé, s'il est content de son sort, s'il regrette sa terre natale. Il semble insatiable comme si les douloureuses péripéties de la vie de cet esclave étaient pour lui une énigme qu'il veut à tout prix résoudre. S'il l'interroge avec une telle acuité, ce n'est pas par hasard. Le sort de cet esclave alimente sa réflexion sur la question essentielle qu'il n'a cessé de se poser : la destinée. Pourquoi est-il lui et non Tobie ? Qu'eût-il fait s'il avait été à sa place ? Qui décide au-delà du visible de ce que nous sommes, de ce que nous faisons ?

« Ce pauvre Tobie que voilà est un homme volé à sa famille, à son sol, à lui-même, et vendu : peut-il être de plus grand tourment pour lui ? et de plus grand crime dans d'autres ? Si ce crime est l'acte du capitaine anglais tout seul, c'est à coup sûr un des hommes les plus méchants ; mais s'il a été commis par la masse de l'équipage, ce forfait peut avoir été accompli, après tout, par des hommes peut-être pas si méchants que l'on croirait ; car la perversité est toujours individuelle, presque jamais collective. Les frères de Joseph ne peuvent se résoudre à le tuer ; Judas, froidement, hypocritement, avec un lâche calcul, livre son maître au supplice. »

Il se tait un instant, plongé dans sa méditation, et reprend devant Tobie qui le regarde en souriant :

« Ce que c'est, pourtant, que cette pauvre machine humaine ! Pas une enveloppe qui se ressemble ; pas un intérieur qui ne diffère ! Et c'est pour se refuser à cette vérité que l'on commet tant de fautes ! Faites de Tobie un Brutus, il se serait donné la mort ; un Ésope, il serait peut-être aujourd'hui le conseiller du gouverneur ; un chrétien ardent et zélé, il porterait ses chaînes en vue de Dieu et les bénirait. Pour le pauvre Tobie, il n'y regarde pas de si près, il se courbe et travaille innocemment... »

Et, comme si cette réflexion l'incitait à s'élever plus haut encore dans les sphères où s'élabore le destin, il s'enflamme :

« Arrivé au pouvoir, on eût voulu que j'eusse été un Washington, disant cela sans connaissance des temps, des lieux, des hommes et des choses. Si j'eusse été en Amérique, volontiers, j'eusse été un Washington. Mais si lui se fût trouvé en France, sous la dissolution du dedans et sous l'invasion du dehors, je lui eusse défié d'être lui-même ou, s'il eût voulu l'être, il n'eût été qu'un niais et n'eût fait que continuer de grands malheurs. »

La brise se lève. Des bateaux apparaissent à l'horizon, traversant la brume de chaleur. Il s'éloigne en murmurant :

« Il est sûr qu'il y a loin du pauvre Tobie à un roi Richard. »

Las Cases baisse les yeux. Et, comme s'il devinait sa pensée secrète, il le prend par le revers de sa redingote :

« Mais je lis dans vos yeux; vous pensez que Tobie n'est pas le seul de sa sorte à Sainte-Hélène. Mon cher, il ne saurait y avoir le moindre rapport; si l'attentat est plus relevé, les victimes offrent bien d'autres ressources. On ne nous a point soumis à des souffrances corporelles et, l'eût-on tenté, nous avons une âme à tromper nos tyrans. L'univers nous contemple... Nous demeurons les martyrs d'une cause immortelle... Des millions d'hommes nous pleurent; la patrie soupire et la gloire est en deuil... Les malheurs ont aussi leur héroïsme et leur gloire... L'adversité manquait à ma carrière... Si je fusse mort sur le trône dans les nuages de ma toute-puissance, je serais demeuré un problème pour bien des gens; aujourd'hui, grâce au malheur, on pourra me juger à nu. »

Et il regagne sa « hutte » où il retrouve ce qu'il n'a jamais connu : la médiocrité. Médiocrité d'un gîte mesquin, médiocrité d'une petite société provinciale et médisante; médiocrité d'un geôlier vulgaire et tatillon, Hudson Lowe; médiocrité d'une île cancanière, médisante, puritaine, hostile aux étrangers, qui vit sur elle-même avec, pour seule distraction, la chronique funèbre, le récit des cocufiages, la venue des navires qui viennent mouiller à quelques encablures de Jamestown et débarquent leurs marchandises : des nouvelles défraîchies, des soldats, et des rats qui ont choisi là leur terre d'élection.

Il a trouvé un nouveau compagnon dont il avait jusqu'alors ignoré l'existence : l'ennui. Qu'elles sont longues à sonner, les heures de l'horloge du salon de Longwood qui découpe dans le vide des tranches de temps mort.

Le génial stratège a compris comment vaincre son vainqueur. De la prison qu'on lui a assignée, il prend à témoin la postérité de l'injustice qui lui est faite au mépris du droit des gens. D'oppresseur, il devient victime. On craignait le despote, on va plaindre le détenu. Il va opposer à la coalition des principes réactionnaires la guérilla des idées libérales. Toujours cet art de profiter des fautes de l'adversaire, de faire une force de sa faiblesse.

Alors qu'importent les minuscules péripéties de cette existence réduite aux papotages, aux commérages. Que Mme Bertrand découche pour passer la nuit dans le lit de l'amiral Cockburn; qu'Albine de Montholon se livre à l'adultère avec le lieutenant Jackson; que l'Empereur lui-même soit soupçonné d'entretenir un flirt avec Betsy Balcombe, fille de son hôte aux Briars, ou avec Mary Ann Robinson, « la nymphe de la vallée », une jolie fille de pauvres métayers âgée de seize ans ou, plus sérieusement, une liaison avec Albine de Montholon; les crises de jalousie de Gourgaud vis-à-vis de Las Cases; l'expulsion inexpliquée du même Las Cases de Sainte-Hélène; la mystérieuse mort subite du maître d'hôtel Cipriani qui ressemble à un empoisonnement…

Sur son rocher perdu au milieu de nulle part, il est devenu aussi lointain qu'une étoile. La distance et l'océan forment la nuit où il brille. Il obsède l'Europe de toute la force de son silence. La moindre rumeur venant de Sainte-Hélène agite les chancelleries. Tout contribue à la fermentation des esprits : l'île tout en escarpements, en masses basaltiques, le climat insalubre confèrent à cet exil les dimensions d'une relégation d'exception. Comme si les puissances de la terre s'étaient liguées pour repousser aux frontières du monde habité un des leurs, coupable d'un crime de lèse-petitesse : avoir trop aimé la grandeur. Comme si, aucune prison n'étant assez sûre, aucune chaîne assez solide, sa singularité exigeait qu'il fût exilé à la limite des ténèbres. C'est ainsi qu'on crée un mythe. La peur des puissances alliées a sculpté la statue du surhomme. Maintenant, plus qu'un homme, il est devenu un drapeau, une idée : la liberté dans les chaînes.

Tout conspire à magnifier sa légende, même son geôlier. Hudson Lowe, par sa médiocrité même, va exalter sa noblesse. Les Anglais qui n'ont jamais eu de chance avec Napoléon vont devoir, à travers lui, subir la honte de l'histoire. À cause d'Hudson Lowe, c'est le monde entier qui se sent coupable de maltraiter un homme pour le punir. De quoi ? D'être trop grand ?

Hudson Lowe n'a pas le caractère, ni l'éducation qui lui eussent permis de faire face honorablement à son rôle. Ni l'humour, ni l'astuce, ni l'intelligence ne l'ont aidé. Les directives de son gouvernement sont pour lui les tables de la loi. Il veille avec un sot scrupule à leur application à la lettre. Wellington l'enterrera d'un mot : « Je l'ai bien connu : c'était un imbécile. » Outre sa peur panique d'une évasion, il craint plus que tout que l'Europe ne soit renseignée sur ce qui se passe à Sainte-Hélène. Il redoute avec raison que les humiliations qu'y subit l'Empereur ne ternissent sa réputation et celle de son pays. Mais, peu à peu, il s'aperçoit qu'en dépit des précautions prises, il y a des fuites d'information : des marins, des voyageurs se chargent de messages qui passent en contrebande. Hudson Lowe devient fou à force de vouloir fermer hermétiquement l'île. Tout écrit, toute correspondance lui sont suspects. Le moindre cahier lui semble un brûlot. Les mots deviennent ses ennemis. Il en rêve la nuit. Il n'en dort plus. Cette passoire de mots qu'est devenue son île le rend malade. Il ne peut voir une plume et une bouteille d'encre sans y suspecter la malveillance ou une atteinte à ses ordres.

Les cahiers de ses évangélistes noircis, les mots ayant succédé à l'action, les lumières de Sainte-Hélène faiblissent dans le crépuscule. Lui-même dit en parlant de soi, de sa lassitude, de sa maladie : « La lampe n'a plus d'huile. »

Il n'a plus qu'à mourir.


# VI


*Le 15 avril 1821*

Ce jour-là, affaibli par l'ulcère à l'estomac qui le ronge, ne se nourrissant quasiment plus, il écrit son testament.

« Ce jourd'hui, 15 avril 1821 à Longwood, île de Sainte-Hélène.

Ceci est mon testament ou acte de ma dernière volonté.

Je meurs dans la religion apostolique et romaine, dans le sein de laquelle je suis né il y a plus de cinquante ans.

Je désire que mes cendres reposent sur les bords de la Seine, au milieu de ce peuple français que j'ai tant aimé.

Je recommande à mon fils de ne jamais oublier qu'il est né prince français, et de ne jamais se prêter à être un instrument entre les mains des triumvirs qui oppriment les peuples de l'Europe. Il ne doit jamais combattre ni nuire en aucune manière à la France. Il doit adopter ma devise : tout pour le peuple français.

Je meurs prématurément, assassiné par l'oligarchie anglaise et son sicaire ; le peuple anglais ne tardera pas à me venger.

À mon fils, je lègue mes armes ; savoir mon épée, celle que je portais à Austerlitz, mon poignard, mon glaive, mon couteau de chasse, mes deux paires de pistolets de Versailles, mon nécessaire d'or, celui qui m'a servi le matin d'Ulm, d'Austerlitz, d'Iéna, d'Eylau, de Friedland, de l'île Lobau, de la Moskowa et de Montmirail ; les remettre à mon fils lorsqu'il aura seize ans avec ma lunette de guerre, mes ordres, mes lits de camp, mes uniformes, le grand collier de la Légion d'honneur, mes éperons, le glaive de consul, le collier de la Toison d'or, mes trois flacons d'argent où l'on mettait mon eau-de- vie, que portaient mes chasseurs en campagne, le réveille-matin de Frédéric II que j'ai pris à Potsdam, le sabre de Sobieski. »

Personne n'est oublié, ni les domestiques, ni les amis, ni ceux qui, tout au long de sa vie, lui ont rendu service :

« Nous léguons au fils ou au petit-fils du baron du Teil, lieutenant général d'artillerie, ancien seigneur de Saint-André, qui a commandé l'école d'Auxonne avant la Révolution, la somme de cent mille francs comme souvenir de reconnaissance pour les soins que ce brave général a pris de nous lorsque nous étions lieutenant et capitaine sous ses ordres. Nous léguons cent mille francs au fils ou au petit-fils du conventionnel Gasparin, représentant du peuple à l'armée de Toulon, pour avoir protégé et sanctionné de son autorité le plan que nous avons donné, qui a valu la prise de cette ville et qui était contraire à celui envoyé par le Comité de salut public. Nous léguons cent mille francs à la veuve, au fils ou petit-fils de notre aide de camp Muiron, tué à nos côtés à Arcole, nous couvrant de son corps. »

Il semble fouiller dans son passé pour ne pas oublier tous ceux envers qui il a une dette ; la liste s'allonge, démesurément. Enfin, après avoir rajouté codicille sur codicille et légué tout ce qu'il possède, l'humour lui revient, il s'efforce de sourire :

« Maintenant, je suis sur la paille. »

Il lui reste trois semaines à vivre. Vingt et un jours de vomissements, de souffrances, de tracas domestiques, d'agonie. La veille de sa mort, la tempête fait rage. Une bourrasque a déraciné le saule à l'ombre duquel il aimait s'asseoir pour y relire les tragédies de Corneille.

Il meurt le samedi 5 mai à 5 h 49 de l'après-midi. Il fait beau. Un grand soleil règne sur l'île. On l'enterre enveloppé dans le manteau qu'il portait à Marengo, sous un saule, dans un vallon solitaire. Sur sa tombe, une dalle très simple sur laquelle, en raison des tracasseries d'Hudson Lowe, aucune inscription ne sera gravée.

## VII

*1823*

Bientôt les mots vont vaincre. Ils seront la revanche de Waterloo. Ils réduiront en poussière les petits arrangements de la Sainte-Alliance. Déjà, ils s'évadent de Sainte-Hélène discrètement, en contrebande, sous forme de lettres, de missives, de racontars qu'Hudson Lowe, en dépit de son zèle, de ses canons, de ses rondes, enrage de ne pouvoir stopper. L'Europe se nourrit de ce feuilleton où un gouverneur de comédie chicane ses droits à un empereur, l'humilie, ouvre sa correspondance, surveille ses promenades, chipote à propos de ses visites. L'idée s'ancre que l'Angleterre manque singulièrement de fair-play ; que les princes européens, ses complices, doivent être singulièrement peureux pour avoir relégué aux confins de la terre la cage du lion.

Napoléon lui-même, sous les dehors de l'orgueil outragé et d'un auguste laconisme, actionnait en sous-main les protestations sur l'injustice qui lui était faite par le « sicaire de l'oligarchie britannique » occupé à le « tuer à coups d'épingle ». Lui qui prônait en tout le mépris des humiliations et des offenses — « Les plaintes sont en dessous de mon caractère : j'ordonne ou je me tais » —, il n'a cessé d'adresser ses griefs à l'Angleterre, prenant à témoin le monde et la postérité des conditions de sa relégation.

Chez un homme tout politique, habité par les principes de la stratégie, ce n'était évidemment pas sans arrière-pensée. Il avait suffisamment vécu à la dure dans des huttes, partageant la gamelle du grenadier et sa botte de paille, pour ne pas souffrir exagérément de l'inconfort de Longwood.

Il s'efforce d'effacer l'image du monarque, la toute-puissance de l'Empereur vêtu d'hermine, pour que la postérité ne retienne que le petit tondu vêtu de sa redingote verte de colonel de la Garde et de son chapeau en castor. Il veut qu'on le considère désormais comme le petit qui s'est hissé à l'égal des grands, l'homme du peuple détenteur des principes sacrés de la Révolution que les monarchies ont voulu abattre comme un intrus.

Cette image n'aurait pu être durablement enregistrée par l'opinion si elle n'avait pas contenu un grand fond de vérité. Vérité politique, vérité humaine : aucun monarque n'a été plus proche du peuple — sinon Henri IV —, de ses soldats qu'il chérissait comme s'ils étaient sa véritable famille. Il suffisait pour s'en convaincre d'ouvrir ses oreilles : partout en France, le soir, à la veillée, un grognard, un officier, mis en demi-solde et exilé de Paris sur l'ordre du gouvernement de Louis XVIII racontait ses campagnes, ses victoires. Il était intarissable sur les gestes d'affection, de fraternité que l'Empereur témoignait au bivouac où il partageait le pain et les pommes de terre cuites sous la cendre. Ces demi-solde humiliés, blessés dans leur âme après l'avoir été dans leur corps, ne possédant plus rien que leur fierté et leur gloire, n'avaient plus qu'un dieu — la Révolution en liquidant les prêtres avait tué l'autre —, un dieu qu'il leur était arrivé de maudire dans les déserts de l'Égypte ou les plaines glacées de Russie, mais qui, désormais, était la meilleure part de leur vie, de leur jeunesse. Grâce à leurs mots maladroits, leurs histoires fabuleuses qui tenaient en haleine leurs auditeurs, ils créaient une légende qui, partie des paysans, allait faire rêver les écrivains frustrés de vivre dans un monde qui avait perdu son soleil.

Le travail des mots sur une société, d'abord, ne fut pas visible à l'œil nu. Il fut accéléré par la maladresse de Louis XVIII et de Charles X qui transformèrent chaque soldat porteur d'un morceau de la gloire nationale en exilé de Sainte-Hélène. Chacun d'eux pouvait, devant les humiliations de la Garde nationale, s'identifier au séquestré de Sainte-Hélène. Chacun avait sa manière d'exil; chacun son Hudson Lowe; chacun sa perfide Albion, sauf que, pour ces malheureux, c'était, ingrate, leur propre patrie.

Alors se produisit un phénomène véritablement chimique en matière politique et morale. Le bonapartisme cessa d'être une conviction banale, moutonnière, opportuniste. Il devint subversif. Comme si la poudre et le feu, d'où il était né, en imprégnaient l'idée même. Il devenait une secte noire dont les affiliés réchauffaient leur ferveur dans l'adversité; une religion de catacombes, de secrets, de mots de passe, avec des adeptes prêts au martyre qui, par de mystérieux circuits, retrouvaient les anciennes voies désaffectées du christianisme, mais en laïcisant son messianisme et

376

son espérance. Henri Heine, le grand poète allemand, le sentit aussitôt : « Sainte-Hélène sera le Saint Sépulcre où les peuples de l'Orient et de l'Occident viendront en pèlerinage et leur cœur se fortifiera par le grand souvenir du Christ temporel qui a souffert sous Hudson Lowe. »

Il manquait à cette religion une Bible, des Évangiles. Deux ans après la mort de l'Empereur, elle fait son apparition. Le *Mémorial de Sainte-Hélène* de Las Cases déchaîne les passions, réveille les culpabilités, stimule les ferveurs.

L'habile mémorialiste sert admirablement les desseins du grand mort : il réorchestre son calvaire et son existence en en faisant le drapeau du peuple en marche vers la liberté. L'image du despote laisse la place à celle d'un homme malheureux et compatissant, celle de l'ogre à un père de famille débonnaire, plein de mansuétude, qui pardonne à ceux qui l'ont offensé.

Ce livre, ce brûlot, pas un lecteur qui ne le lise sans que les larmes lui viennent aux yeux, pas un adolescent qui ne le chérisse sur son cœur comme un modèle d'existence, véritable antidote de la médiocrité. Il produit, dans la morne société de la Restauration, une extraordinaire fermentation des esprits. Les éditions se multiplient.

C'est alors que les écrivains s'en emparent. Toute la littérature du XIXe siècle va décliner à travers ses héros de roman des aventures calquées, inspirées par le grand homme qui a poussé le destin humain au-delà de ses limites. « Il faut être le Napoléon de quelque chose », proclame Balzac dont tous les héros puisent leur énergie dans son exemple. *La Comédie humaine*, elle-même si peu militaire dans son idéal, si civile dans ses héros, semble avoir tiré son feu, son ambition démesurée au volcan de Sainte-Hélène. Elle devient la Grande Armée du roman avec les Austerlitz de Rastignac et les Waterloo de Rubempré. Le critique Albert Thibaudet la retrouve même dans le style de Balzac qui « s'avance dans un piétinement de chevaux et d'hommes puissant et non musical. Et l'oreille elle-même reconnaît enfin que c'est la Grande Armée qui passe ».

Chateaubriand comprend, mais un peu tard, à la lecture du *Mémorial* qu'au lieu d'être le Tacite du tyran, il eût pu être l'Homère d'une formidable épopée moderne. La légende est en marche. Trop indépendant pour se laisser enfermer dans l'esprit de parti, très sensible à l'évolution des mentalités, il ne veut pas être le dernier à se convertir à cette nouvelle idolâtrie qu'il résume d'une phrase magnifique : « Après avoir subi le despotisme de sa personne, il nous fait subir le despotisme de sa mémoire. Vivant il a manqué le monde, mort il le possède. » Ses déconvenues avec Louis XVIII et le comte d'Artois ne sont sans doute pas étrangères à ce sensible revirement. Il valait mieux rêver les monarques que de les voir de près et mesurer l'ingratitude de ces deux grands infatués qui n'ont même pas pris la peine de lire *Le Génie du christianisme*. Un reproche qu'il ne peut pas faire à l'exilé de Sainte-Hélène qui a clamé son admiration à Gourgaud : « Chateaubriand a reçu de la nature le feu sacré : ses ouvrages l'attestent. Son style n'est pas celui de Racine, c'est celui du prophète. Si jamais il arrive au timon des affaires, il se peut qu'il s'égare tant d'autres y ont trouvé leur perte. Ce qui est certain, c'est que tout ce qui est grand et national doit convenir à son génie. » Des compliments qui, il l'avoue, « chatouillent de son cœur l'orgueilleuse faiblesse ».

Par amour-propre, par une paresseuse fidélité au boulet de la légitimité, Chateaubriand a laissé passer l'histoire. « Pourquoi ai-je été royaliste contre mon instinct, dans un temps où une véritable race de cour ne pouvait ni m'entendre ni me comprendre ? » Qu'à cela ne tienne, il entreprend la biographie du héros national qu'il va insérer dans ses *Mémoires* afin que les deux gloires, la sienne et celle de l'Empereur, soient tissées à jamais dans les pages d'un même livre. « Napoléon et moi », dit-il dans une justification de son rôle d'opposant. « Mon ouvrage *De Buonaparte et des Bourbons* a fait plus pour la monarchie qu'une armée de cent mille hommes. » Ce libelle, il doit maintenant regretter sinon de l'avoir écrit du moins de s'être laissé aller à des excès de plume du genre : « Napoléon est un faux grand homme », « Buonaparte n'a rien de français ni dans les mœurs ni dans le caractère », « Il a fait plus de mal au genre humain que tous les tyrans de Rome ensemble depuis Néron ». Outrance aussi son autoportrait en victime du despotisme : « menacé tous les six mois d'être fusillé, sabré, emprisonné, pour le reste de mes jours, je n'en faisais pas moins ce qui me semblait être mon devoir ». Le temps est venu pour lui d'admettre que le tyran, pour punition de son talent, ne lui a infligé comme prison perpétuelle que d'entrer à l'Académie française. Il y a pire geôle ! Désormais la boucle est bouclée : opposant à son pouvoir, il a fini par se rallier à sa gloire. Les deux hommes ont fini par se réconcilier au nom de leur croyance commune en leur survie dans la postérité. Une amnistie de tombeau à tombeau.

Stendhal, dans la ferveur de son admiration, renonce à une biographie de son grand homme, mais il inocule à Julien Sorel le poison du *Mémorial*; Fabrice del Dongo est l'enfant des campagnes d'Italie. Vigny, Hugo surtout — « Napoléon domine l'horizon de son époque comme le Vésuve domine la baie de Naples » — s'enivrent des exploits de cet « homme miracle ».

Cela ne s'arrêtera plus. Dostoïevski n'a pas seulement mis un couteau dans la poche de Raskolnikov, mais aussi le *Mémorial*. Barrès s'enflamme à son tour. Puis Aragon. La littérature classique avait deux bibles : les Évangiles et Homère. Les écrivains romantiques ont choisi Napoléon comme inspirateur. Et comme la littérature en France est constitutive de la nation, celle-ci intègre Napoléon à la substance profonde de son être. Lui revendiquait d'être le peuple; maintenant, par un phénomène de transsubstantiation, le peuple à son tour revendique d'être Napoléon.


# VIII


*15 décembre 1840*
Il fait beau. Très froid. Quelques brumes dans le ciel. Toutes les boutiques sont fermées. Quelque chose d'étrange flotte sur Paris. Les hommes et

les femmes se sont mis sur leur trente et un. La foule converge vers les Invalides, les soldats aussi. Il y a dans l'air une étrange gaieté, presque de l'allégresse. Partout, les drapeaux pavoisent ; place de la Concorde, des statues de figures héroïques en plâtre se dressent autour de la place. Sur l'esplanade des Invalides, on a construit d'immenses gradins. La foule des spectateurs les remplit et tape du pied sur les planches pour lutter contre le froid. Des nuages noirs chargés de neige traversent le ciel clair.

À midi, le canon de l'Hôtel des Invalides tonne. Traversant la Seine, une double rangée de grenadiers à cheval apparaît. Puis on voit luire des casques de la garde municipale. Ensuite, les lanciers au milieu de la fanfare et des tambours. Et le cortège s'avance : en tête, une mêlée de généraux et de maréchaux étincelants de décorations. On aperçoit le vieux général Bertrand, tout cassé.

Enfin, dans un tonnerre de coups de canon, le char funèbre qui ressemble à une montagne d'or. Une immense clameur retentit. Des maréchaux et des généraux tiennent les cordons du poêle impérial, suivi d'une délégation d'officiers venus de tous les départements.

Un cheval blanc couvert de crêpe violet figure symboliquement le cheval de l'Empereur. Il porte la selle de velours cramoisi du Premier consul à la bataille de Marengo.

Suivent les cinq cents marins de la *Belle-Poule*, le navire du prince de Joinville chargé de la translation des cendres de Sainte-Hélène.

Le char est surchargé d'un salmigondis de symboles impériaux : des abeilles, des aigles recouvertes de dorures et d'or. Sur le sarcophage, sont posés les insignes de l'Empereur : sa couronne, son épée, son sceptre, son manteau. Des drapeaux, trophées des victoires prestigieuses, flottent à l'arrière du char traîné par seize chevaux empanachés de plumes blanches.

Derrière le corbillard, suivent les domestiques de l'Empereur et les soldats de la Garde engoncés dans leurs vieux uniformes, vieillards ayant endossé leurs tenues militaires de jeunes hommes. Ils regardent la foule d'un regard fier et méprisant comme s'ils estimaient qu'eux seuls sont dignes d'être présents à cette cérémonie ; que cette foule, ces officiels ne sont composés que d'opportunistes, de renégats, de traîtres. À 3 heures, le cercueil est déposé dans la chapelle des Invalides. Le prince de Joinville dit au roi :

« Sire, je vous présente le corps de l'empereur Napoléon. »

Le roi lui répond :

« Je le reçois au nom de la France. »

Le *Requiem* de Mozart retentit sous les voûtes de l'église. Le vieux maréchal Moncey, perclus de rhumatismes, s'est fait porter aux funérailles qu'il a suivies sur une chaise roulante. Refusant de faire partie du cortège officiel, il a prié le ciel de lui accorder, dans sa maladie, assez de répit pour pouvoir être présent à ce moment qu'il a tant attendu. Tandis qu'on le reconduit chez lui, il murmure :

« Maintenant, rentrons mourir. »

La foule se disperse. Les cafés des alentours se remplissent. Les conversations vont leur train. Un événement vient de se passer dont on a du mal à mesurer la nature et l'ampleur. C'est comme si une bouffée d'émotion forte, venue du temps passé, venait d'être transportée intacte dans les cœurs. On rit trop fort. On boit trop. Des hommes ont les larmes aux yeux. Ils essuient leurs moustaches et reniflent en murmurant « crénom ».

Les tribunes démontées, la nuit enveloppe Paris, une nuit froide et claire. Un peu partout, des petits groupes se forment aux alentours de l'esplanade des Invalides et dans les jardins avoisinants. On reconnaît à leurs uniformes défraîchis les soldats de la vieille garde, des grenadiers. Ils tapent du pied sur le pavé pour se réchauffer. Ils retrouvent de vieux camarades, se tirent des bourrades dans les côtes. Certains sont encore vaillants, d'autres s'appuient sur des cannes. Il y a des manchots, des unijambistes. Ils n'en reviennent pas de se retrouver dans une circonstance qu'ils n'espéraient plus. Ç'aurait été idiot de mourir avant d'avoir vu ça. Quelle revanche ! Toutes les souffrances, les humiliations qu'ils ont vécues s'effacent, non pas celles du champ de bataille — ça, ce sont les bons souvenirs —, non, après, celles qu'ils ont essuyées comme demi-solde, comme rebuts de la société. Ces soldats, beaucoup d'entre eux ont monté la garde, la veille, avec d'autres compagnons d'armes au pont de Neuilly lorsque la *Belle-Poule* a accosté à Courbevoie. Jusque tard dans la nuit, devant des feux improvisés, en se frottant les mains, ils ont communié avec le passé.

Ce soir encore, ils se retrouvent. C'est comme s'ils ne pouvaient plus se quitter. Cette fraternité, c'est toute leur fortune, toute leur vie. Sans rien dire, ils refont les gestes d'autrefois : ils vont ramasser des morceaux de bois et des vieux papiers qu'ils posent sur les pelouses couvertes de givre, ils sortent quelques pommes de terre de leur besace et les voilà qui reconstituent leur bivouac. Enroulés dans leurs vieux manteaux, les flammes dansent sur leurs visages ridés, leurs yeux délavés par la vieillesse. Ils retrouvent dans ces feux ce qui leur manquait depuis si longtemps : une raison de vivre. Dommage que ce soit si tard, au moment de dévisser sa rondelle.

Ils parlent, ils parlent. Ils se répètent dix fois les mêmes choses. S'écoutent-ils même ? Par moins de dix degrés, ils se réchauffent simplement. Ils pensent à ceux qui y sont restés là-bas à Austerlitz, à Wagram, à la Bérézina, à ceux qui n'auront pas eu la chance de respirer à pleins poumons une journée comme celle-là.

Les conversations peu à peu s'éteignent comme les feux dont les braises continuent de rougeoyer dans la nuit. Certains se sont assoupis, enroulés dans leur manteau, à même le sol gelé. D'autres, assis, méditent comme s'ils continuaient de monter la garde. Plusieurs vont mourir. De froid, de bonheur. On retrouvera leurs corps gelés à côté des cendres de leur dernier bivouac.

## IX

*11 décembre 1969*
Il fait froid. Il a neigé sur la morne campagne, cette Champagne pouilleuse, betteravière, déshé-

ritée, qui n'a jamais produit aucun vin de fête ni aucune bulle de gaieté. Une DS noire à pneus cloutés, légendaire symbole du pouvoir ministériel, glisse sur la route enneigée comme le traîneau de l'Empereur à Smolensk. Elle s'arrête dans la cour d'une gentilhommière à tourelles sans style et sans charme. Un homme vêtu de noir, la mèche plaquée sur le front, le visage agité de tics, en descend. Il est aussitôt accueilli par un vieil homme voûté par le poids de l'histoire. Ils passent dans son cabinet de travail ; un feu brûle dans la cheminée. Malraux est chez de Gaulle. À la Boisserie. Mais, entre les deux hommes, il n'est pas question de détente. Depuis le début entre eux, ils jouent une partie serrée avec l'histoire. Pas question de mettre des pantoufles à la conversation, encore moins des serpentins de Noël qui, pourtant, approche. Aucun témoin : seulement un chat.

Mme de Gaulle passe la tête. Le déjeuner est servi. Deux bonnes en tablier blanc. Aucun tableau sur les murs. Aucun luxe. Des photos souvenirs.

Yvonne de Gaulle a sûrement le trac. Déjeuner avec Malraux l'impressionne. Elle craint de ne pas saisir tout ce qu'il dit, même si, avec son bon sens, elle pense que, chez cet obscur discoureur, il n'y a parfois rien à comprendre. C'est peut-être ça le génie, être le seul à pouvoir se comprendre. Son mari, lui, a l'art de déchiffrer les énigmes : il a même su comprendre la France. Prise entre les deux, elle sent poindre la panique. D'autant qu'elle n'a pas la ressource de se raccrocher aux phrases banales : on ne peut tout de même pas demander à Malraux s'il va aux sports d'hiver pour Noël. Il n'a pas vraiment de famille, pas de femme. Plus rien de normal.

Le Général, heureusement, n'a pas ce genre de préoccupation. Il va directement à l'essentiel. Au pic. Par la face nord.

« Où en êtes-vous avec l'Empereur ?

— Un très grand esprit et une assez petite âme », répond Malraux d'une voix sifflante.

La question ne vient pas par hasard : Malraux devait prononcer à Ajaccio un discours pour commémorer la naissance de l'Empereur tandis que le Général devait, aux Invalides, célébrer l'anniversaire du retour des cendres.

Tout cela a été envoyé aux oubliettes pour cause de référendum et de démission.

Malraux poursuit :

« Il me semble qu'il n'a jamais été en face de l'interrogation métaphysique ou, si vous préférez, religieuse. Lisez le *Mémorial*. On nous parle de ses superstitions comme si les plus grands esprits religieux n'avaient pas été superstitieux ! Mais sa religion, sa vraie religion, n'était sans doute pas très différente de celle de sa mère. Les grands conquérants sont rarement interrogés par le sens de la vie. Alexandre, César, Gengis, Timur... quand ils sont venus devant Dieu, je suppose qu'il les a tous envoyés au catéchisme. »

Mme de Gaulle grimace un sourire de politesse. Ça, elle a compris, mais elle n'aime pas tellement qu'on plaisante avec les affaires de la religion.

« Pour l'âme, il n'a pas eu le temps... Voyez à Sainte-Hélène..., dit le Général. Quand dit-il la phrase que j'ai citée : "Oui, c'est triste comme la grandeur" ?

— Quand il retrouve les Tuileries après l'île d'Elbe.

— Elle n'est pas d'une âme commune.

— C'est vrai. La spiritualité a toujours été étrangère à Napoléon, mais sa relation avec la vie n'est pas à Sainte-Hélène ce qu'elle était à Austerlitz.

— Et puis, dit le Général, chez les personnages historiques, le pouvoir de création légendaire — vous voyez ce que je veux dire? — prend la place de l'âme.

— Qu'auriez-vous dit aux Invalides?

— Il a laissé la France plus petite qu'il ne l'avait trouvée, soit; mais une nation ne se définit pas ainsi. Pour la France, il devait exister. C'est comme Versailles : il fallait le faire. Ne marchandons pas la grandeur. »

Le Général se tait et reprend :

« Et puis, vous savez, le destin historique de Napoléon n'est pas le seul destin historique tissé de beaucoup d'erreurs.

— Tout homme de l'histoire rassemble ses armes avant de choisir celle qu'il emploiera, dit Malraux.

— Encore faut-il qu'il choisisse. Napoléon n'a pas su choisir entre le généralissime et l'empereur. Avant Leipzig, il a passé des heures à signer des décrets. Et, pourtant, son armée n'était plus l'armée française. Comment les choses commencent-elles? Comment basculent-elles? Jusqu'en 1811, son génie ne faiblit pas. La composition de tous les efforts en un seul, l'obstination à doubler la mise, la passion du risque, c'est l'essence de la stratégie. Et, dans le combat, il sait comme aucun autre faire naître la rupture d'équilibre, l'exploiter aussitôt. Sa volonté ne subit l'éclipse ni dans le triomphe ni dans le désastre. La sérénité dans la peine est le premier don pour le commandement, dit Voltaire. Dans chaque destin historique, il y a le moment où tout commence. Tout a commencé à Lodi. »

Il poursuit :

« Mais Napoléon prétend toujours forcer la fortune. Pourtant, les armes comme les choses ont des limites. À partir de 1813, à force de frapper, il avait brisé l'épée de la France. Quand la proportion est rompue entre le but et les moyens, les combinaisons du génie sont vaines. Ce qu'a fait le chef de guerre de la première partie de sa vie est admirablement prémédité. Tout ce qu'il a fait après la retraite de Russie a l'air d'une aventure. »

Malraux fait une drôle de comparaison.

« Joséphine Baker dit qu'il est plus facile de redevenir une star que de le devenir.

— À condition de ne pas se croire une star. Si Napoléon n'avait pas gagné tant de batailles, qui sait s'il ferait celle de Waterloo comme il l'a faite… Mais voyez comme les défaites ont peu atteint la gloire de Napoléon. Voyez la force de son nom, pas seulement pour les Français. Il remue les âmes. Vous connaissez son tombeau. Où avons-nous vu la foule sentir davantage le frisson de la grandeur ?

— Malgré l'indignation de Tolstoï. Après la défaite à Carcassonne, on a fait un énorme bûcher de tout : on est allé chercher un aigle dans une cage pour le brûler vivant sur le bûcher. »

De Gaulle murmure :

« Combien d'hommes sont dignes qu'on brûle un aigle parce qu'on les hait ? »

De Gaulle semble s'abîmer dans une méditation intérieure.

« Il a fait régner l'ambition sur la France. La Révolution avait été un conte fantastique ; il a transformé les conventionnels en préfets. Professeur d'ambition, comme Barrès disait : professeur d'énergie. Mais beaucoup plus d'ambition que d'énergie. »

On a desservi les assiettes à soupe. Les bonnes au tablier blanc empesé servent le sauté de veau et les pommes de terre. Le soleil qui se reflète sur le jardin couvert de neige inonde la nappe blanche et incendie la carafe de bordeaux. Mme de Gaulle est rassurée. Elle s'attendait au pire avec Malraux : ce télescopage de Goya, de Picasso, des grottes de Lascaux et de Michel-Ange qui donne le tournis. Napoléon, c'est un sujet pour les garçons. Mais on peut suivre.

De Gaulle repique dans son sujet préféré. Napoléon, ça permet de parler de tout ce qu'il aime : l'armée, la France, la grandeur. Difficile de quitter un thème comme celui-là.

« Il ne s'agissait aucunement de la passion des grades et des honneurs, mais de l'espérance d'agir sur les grands événements. Mais je crois qu'il a conçu son destin, même à Sainte-Hélène, comme celui d'un individu extraordinaire. Pourtant, c'est peu de chose, un individu en face d'un peuple. »

Malraux l'interroge.

« Ses fervents, je voudrais comprendre pourquoi ils le créditent de ses victoires et ne le débitent pas de ses défaites.

— Il n'a pas toujours été à sa propre hauteur, je sais. Mais il a toujours eu contre lui les pantoufles. Ce n'est pas rien ! Et par qui a-t-il été aimé sinon par le peuple ? Je ne crois guère à la loi du nombre. Les passions collectives existent aussi dans les minorités. Je préfère les passions de la France à celles du Conseil économique ou de l'Académie française. Les corps constitués sont indispensables, mais les passions ne leur valent rien : ils les confondent avec la raison. Napoléon est devenu un homme de génie pour presque tous ses ennemis étrangers. Pour nous, je comprends : il affirme à la France qu'elle vaut mieux que ce qu'elle croit. Et nous, qu'avons-nous fait d'autre ? »

Il se tait et reprend.

« Aucune de ses batailles n'a l'importance de Rocroi. Maurice de Saxe qui n'a pas perdu un seul combat n'égale pas Napoléon qui a fini vaincu. Les victoires qui ne sont que des victoires ne mènent pas loin. Il faut qu'autre chose entre en jeu. Voyez-vous, la France lui est reconnaissante, sans bien le savoir, de ce qu'il a fait des Français. Croyez-moi, la France n'a pas oublié, quoi qu'elle en pense. En 1940, il disait aux Français avec moi qu'ils n'étaient pas ce qu'ils semblaient être. »

On sert de l'île flottante. La conversation vole vers d'autres sujets, forcément plus futiles. Malraux, à la stupeur de Mme de Gaulle, se lance dans une explication psychanalytique de *La Joconde*, expliquant qu'il est le seul portrait de femme auquel les fous s'identifient. Puis il passe en trombe à l'art grec et à la bataille de Salamine, à Jacky Kennedy, à Mao. De Gaulle, qui a l'habitude, laisse passer cette averse de mots, cette tourmente d'idées paradoxales et obscures qui forment l'idiosyncrasie de son génial ami.

Puis, tandis qu'on passe au salon, avec timidité, il l'interroge.

« Vous avez eu l'occasion d'assister aux grandes fêtes des hippies en Californie. La chose m'intéresse, figurez-vous ! Que veulent-ils réellement ? »

Les hippies — qui ont fait mai 68 ! —, c'est un peu comme si, après Waterloo, Napoléon interrogeait quelqu'un sur Wellington. C'est un drôle de mystère quelqu'un qui vous a vaincu !

L'après-midi a passé. Mme de Gaulle a repris son tricot abandonné sur un fauteuil. De Gaulle donne des signes de fatigue. Malraux, ivre de mots, ne sent pas qu'il est temps de prendre congé. Mais la nuit tombe tôt. Elle s'annonce au-dessus des champs de neige. La DS noire réapparaît dans la cour de la Boisserie. Malraux s'en va. De Gaulle salue son vieux compagnon. Ils ne se reverront plus. La DS noire disparaît dans le crépuscule. De Gaulle se remet devant sa table à jeux. Est-ce que cela se lit dans les cartes, la destinée ? Quelle est cette part qui chez certains hommes ne meurt jamais ? Le général murmure : « Nous allons — même quand nous mourons — vers la Vie. »

## REMERCIEMENTS

Même si je me suis senti tenu de respecter scrupuleusement les faits, mon but en écrivant cet essai biographique n'était nullement de rivaliser avec l'histoire universitaire. Je ne crois donc pas utile de citer la liste des ouvrages que j'ai consultés. Quatre livres remarquables m'ont cependant aidé à nourrir mon travail et ma réflexion : l'*Histoire du Consulat et de l'Empire* de Louis Madelin, œuvre magistrale quasiment inégalée ; les *Études napoléoniennes* de Frédéric Masson ; le *Napoléon* de Jacques Bainville et bien sûr le *Dictionnaire Napoléon* de Jean Tulard, grand maître des études napoléoniennes. Je remercie également pour leur aide Mme Mireille Pastoureau, conservateur général de la bibliothèque de l'Institut de France ; Mme Sylvie Biet, conservateur en chef de la Fondation Thiers ; et Thierry Lentz, directeur de la Fondation Napoléon. Enfin je remercie Jean-Claude Lachnitt, vice- secrétaire général du jury de la Fondation Napoléon, qui m'a fait l'amitié de me prodiguer de précieux conseils.

58/
108
121

« Je suis trop vieux pour me courber "

p 268. Impossible ! Je ne connais pas
    le mot-là (aux Polonais en Espagne

273.

à Talleyrand :

    Vous êtes de la merde
    dans un bas de soie "

*Composition par CPI Firmin Didot*
*Impression Maury Imprimeur*
*45330 Malesherbes*
*le 3 mai 2014.*
*Dépôt légal : mai 2014.*
*Numéro d'imprimeur : 189616.*

ISBN 978-2-07-045712-0. / Imprimé en France.

# DU MÊME AUTEUR